民族魂

鲁迅作

陈漱渝 著

民主与建设出版社
·北京·

图书在版编目（CIP）数据

民族魂：鲁迅传 / 陈漱渝著 . —— 北京：民主与建设出版社，2023.9
ISBN 978-7-5139-4296-6

Ⅰ . ①民… Ⅱ . ①陈… Ⅲ . ①鲁迅（1881-1936）-传记 Ⅳ . ① K825.6

中国国家版本馆 CIP 数据核字（2023）第 133325 号

民族魂：鲁迅传
MINZUHUN LUXUN ZHUAN

著　　者	陈漱渝	
责任编辑	刘　芳	
策划编辑	邓湘佳	
封面设计	东合社·安宁	
出版发行	民主与建设出版社有限责任公司	
电　　话	（010）59417747　59419778	
地　　址	北京市海淀区西三环中路 10 号望海楼 E 座 7 层	
邮　　编	100142	
印　　刷	河北朗祥印刷有限公司	
版　　次	2023 年 9 月第 1 版	
印　　次	2023 年 9 月第 1 次印刷	
开　　本	880 毫米 ×1230 毫米　　1/32	
印　　张	10	
字　　数	215 千字	
书　　号	ISBN 978-7-5139-4296-6	
定　　价	78.00 元	

注：如有印、装质量问题，请与出版社联系。

忘不了的人是你

1936 年 10 月 19 日，当你溘然长逝的时候，曾留下遗嘱："忘记我，管自己生活。"然而，多少年以来，你的友与仇从来没有忘记你，在你棺木上覆盖"民族魂"锦旗的人民大众从来没有忘记你。你的死印证了马克思的名言："死亡对于死者并非灾难，对于生者才是不幸。"

1881 年 9 月 25 日，你诞生在绍兴东昌坊口新台门周家。当时，这一天并未因为你的呱呱坠地而显得不同寻常。但在你去世之后，每年的这一天都成了中国人的文化庆典，因为你以"鲁迅"为笔名创造的文化遗产，成了 20 世纪人类最值得夸耀的精神财富之一。

你的文学活动是以失败开始的，但却以辉煌终结。你作品中蕴含的深邃哲理、过人才智、渊博学识，以及深厚的生活底蕴，独特的艺术风格，使你成为"作家的作家"。你在中国读者心中的神圣位置，如同荷马之于希腊人，莎士比亚之于英国人，歌德之于德国人，泰戈尔之于印度人，惠特曼之于美国人……

你在文坛的崇高地位，不仅仅取决于你是一位作家，而首先取决于你是一位战士。中国历史上涌现的作家灿若繁星，但荷戟执戈、毕生鏖战的首推"鲁迅"。你跟重于磐石的黑暗势力搏斗，跟人类灵魂深处的丑陋面搏斗，跟自身的弱点、局限乃至缺点、错误搏斗。在你看来，面对压迫要斗争，对敌宽容是纵恶。你的铮铮硬骨，是支撑中华民族精神大厦的擎天梁柱。

我结识了不少当代作家。他们中的有些人无法讲清他的哪一篇作品受到了你的什么具体影响，但是他们却毫无例外地把你的作品作为人生的教材，努力按照你的风骨品格塑造自己。他们牢记着你的教导：文艺家固然需有精熟的技巧，但尤需有进步的思想与高尚的人格。你的"俯首甘为孺子牛"的精神，你的甘为泥土、甘为人梯、甘为崇楼广厦一砖一石的精神，仍然是当代热切呼唤的时代精神。

是的，你离开我们已经整整八十七年了。三万一千七百多个日日夜夜，这是多么悠长的岁月。但岁月的流水并没有冲淡我们对你的记忆。你的精神背影在我们前进的征程中显得愈益清晰，愈益高大。你没有死！你的事业属于人类，你的生命属于永恒。

作者

2023 年 2 月 6 日

目　录

鲁迅在上海
（1927.10—1936.10）

鲁迅一生的足迹

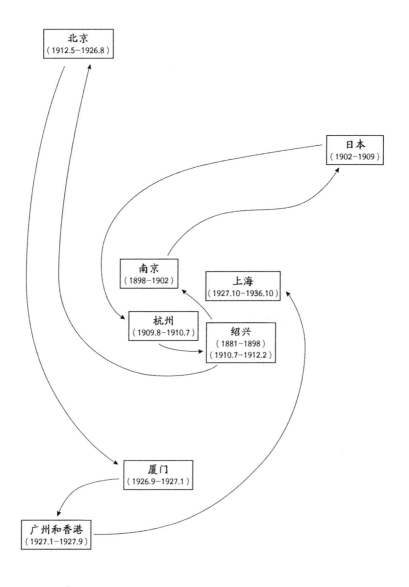

北京
（1912.5–1926.8）

日本
（1902–1909）

南京
（1898–1902）

上海
（1927.10–1936.10）

杭州
（1909.8–1910.7）

绍兴
（1881–1898）
（1910.7–1912.2）

厦门
（1926.9–1927.1）

广州和香港
（1927.1–1927.9）

鲁迅在绍兴（1881—1898）

塾师寿镜吾　百草园　园土

《花镜》　《二十四孝图》

家庭长孙　阿长　三味书屋《山海经》

"孔孟的书，我读得最早，最熟，然而倒似乎和我不相干"

"心到，口到，眼到，读书三到"

社戏　寿　"胡羊尾巴"

周樟寿　《鉴略》

第一章
兽乳养大的英雄

稽山千岩竞秀，鉴湖明澈如镜。我们祖国的如画江山，我们民族的优秀传统文化，世世代代哺育了多少仁人志士！

但是，中华民族的近代是一个蒙尘的时代。1840 年，帝国主义列强用炮舰敲开了古老中国闭关自守的大门。从此，我们这个西方冒险家眼中的"东方黄金世界"，便迅速沦为半封建半殖民地社会。

神州大地，风雨如磐；镜水稽山，黯然失色。就是在这样一个国运艰难、危机四伏的年代，鲁迅在被称为"报仇雪耻之国，历史文物之邦，名人荟萃之地，山清水秀之乡"的浙江绍兴呱呱坠地了。他诞生在 1881 年 9 月 25 日。这时，距鸦片战争爆发有四十一年，距太平天国失败有十七年。鲁迅出世之后，按照绍兴的习俗，家人依次给他尝了五种东西——醋、盐、黄连、钩藤、糖，象征他在未来的生活道路上先要备尝酸辛，经历磨难，最后才能品味到人生的甘甜。事实也恰恰如此，这个被人爱称为"胡羊尾巴"的聪慧灵巧的孩子，自从来到人间，就跟我们的国家、民族一起，过早地承担着时代的忧患。

鲁迅的童年是在一个败落的封建家庭中度过的。他原名周樟寿，后改字豫才，改名树人。祖父周介孚，仕途充满了坎坷。父亲周伯宜，长年卧病在家。母亲鲁瑞是乡下人，思想比较开通。继祖母蒋氏是一个幽默诙谐的老人。每逢夏夜，她常常坐在堂前的桂花树下，一边摇着芭蕉扇，一边给躺在小板桌上纳凉的长孙讲述美妙动听的民间故事，这使鲁迅从小就领悟到一些人生的哲理。善良淳朴的保姆长妈妈，替鲁迅买到了一部他渴慕已久的绘图《山海经》——这是鲁迅"最初得到，最为心爱的宝书"。

然而，骤然而来的风雨打破了这个小康之家短暂的安宁。十三岁那年，鲁迅的家庭遭遇了一场很大的变故：他的祖父因科场贿赂案被捕，在杭州府狱被关押了整整七年。每年秋后，官府都趁机勒索。鲁迅家中仅有的四五十亩水田卖完了，以致不得不靠典当度日。病情加剧的父亲又为庸医所误，终于在三十六岁那年去世。

在家庭败落的过程中，少年鲁迅看透了上流社会人物的虚伪与堕落，对封建科举制度的吃人罪恶有了切身的感受。这种环境的重大刺激，使他对熟识的绅士阶级产生了极度的憎恶；与此同时，他又得到了更多深入农村接触农民的机会。混进"野孩子"群中，呼吸"小百姓"的空气，成为鲁迅后来的回忆中最美好的部分。这段难以忘怀的农村生活，不仅使鲁迅养成了农民化的生活习惯，比如爱吃农家的炒饭，爱听深夜的犬吠；更为重要的，是使他开始跟劳苦大众建立了紧密的精神联系。这对他形成"下等人"胜于"上等人"的观点，以及日后创作以农民生活为题材的作品，都产生了极其明显的影响。

鲁迅外婆家在绍兴水乡，因此鲁迅童年时代能跟母亲来到农村，同农民的孩子一起放牛钓虾，摇船摘豆。最为迷人的，是在朦胧的月色中，乘着大白鱼似的航船，嗅着豆麦水草的清香，到仙山楼阁般的宝殿去观赏社戏……这一切，都激起了鲁迅美好情感的浪花，增强了他对劳苦大众和祖国山河的热爱。然而，旧中国的农村并不像田园诗人描写的那样无忧无虑。自从祖父入狱以后，鲁迅有较长一段时间在乡下避难，对农村有了更为广泛和深入的了解。在跟泥土一样浑厚、淳朴的田夫野老身上，他得到了从称他为"乞食者"的亲戚本家那里所得不到的慰藉和温暖。而劳苦大众"毕生受着压迫，很多苦痛"的非人生活，又激起了他改革进取的强烈愿望。在鲁迅的少年时代，绍兴流传着这样一首民谣："地主租船到，心头别别跳，虚出要实收，像在油里熬……"还有这样一首渔歌："一日七百，一日八百，两日勿落（指两天不下江捕鱼），饿得发白……"在曹娥江边的镇塘殿，鲁迅曾目睹盐工们在炎夏酷暑中一把干柴一把火地熬盐，褐色的脊梁弯成了弓形。在野兽出没的富盛山区，鲁迅又耳闻了这样一个悲惨的故事：一个管坟的劳动妇女，整日辛劳，无暇照管自己的孩子。一天，孩子在门前剥豆，被野狼叼走了，脸上、胸部的肉和肠子都被吃得精光。"城里来的小倌人"啊，你面对这些血泪斑斑的生活图景想到了什么？你可曾想到了儿时的好友章运水？此刻，那位英武矫健的少年正在杜浦村的沙地上如成人般地从事着繁重

的劳动，终日不停的海风刀子似的刮在他紫色的圆脸上。你可曾想起了土谷祠里的阿桂？此刻，他正赤着膊替人舂米，而财主的大竹竿顷刻间就会劈向他的脑门……就这样，少年鲁迅逐渐看清了这样一个铁铸般的事实：劳苦大众并不像古书和师傅所说的那样，过的是花鸟一般的安乐生活。他们正在死亡线上挣扎，连阳光和空气都不能够跟上等人平等地享用。

走出四角高墙的深宅，来到河网纵横的水乡，鲁迅不但了解到了农村的生活状况，懂得了一些农业生产的知识，而且还从那些在生活的重轭下受难而始终不屈的贫苦农民身上，吸取了斗争的智慧和力量。在上演目连戏的戏台上，鲁迅看到了一段《武松打虎》——"这是真的农民和手工业工人的作品"。开始，武松的扮演者拼命地打虎，他对虎说："不打，不是给你咬死了？"接着，演员互换位置，虎的扮演者拼命咬武松，他说："不咬，不是给你打死了？"在后来的斗争生涯中，鲁迅时时记起这个跟《伊索寓言》相比也毫不逊色的杰作，总结出了"被压迫者对于压迫者，不是奴隶，就是敌人，决不能成为朋友"的斗争规律。在海塘边，鲁迅跟农家孩子一起"拨草寻蛇"。他们用竹竿打动塘边的芦苇，几十条受惊的蛇一齐从芦苇丛中钻出，在他们身后紧追。他们来一个急转弯，趁蛇继续前窜的时候，狠狠打它们的七寸。后来鲁迅也跟朋友说起这段往事，并用当年学得的打蛇的方法施之于恶人。至今，在鲁迅寄居过的皇甫庄还流传着一个"鲁迅打狗"的故事：那时，村里有个恶霸养了一条狗，咬伤了十多个穷人。少年鲁迅看在眼里，恨在心头，便跟小伙伴一起打死了这条专欺穷人的势利狗。恶霸气势汹汹地要求赔偿，并提出要用葬人的仪式安葬他的狗。鲁迅挺身而出，驳斥道："你家这条恶狗，不知咬伤了多少人，你要我们赔狗，首先你要赔人。"农民都支持仗义执言的"鲁家外甥"，理屈词穷的恶霸只好悻悻而退。

　　19 世纪俄国伟大的思想家赫尔岑，曾经把那些出身于名门贵族而反抗沙皇统治和农奴制度的"十二月党人"比喻为"野兽的奶汁所喂养大的"。作为绅士阶级逆子贰臣的鲁迅，也正是兽乳哺育的英雄。不过，作为贵族革命家的"十二月党人"因为脱离人民而惨遭失败，而鲁迅却在走过曲折的人生道路之后，最终投入了他的乳母——民众的温暖怀抱，成为民众的忠诚的儿子。

第二章 「从来如此，便对么？」

　　鲁迅在成长的过程中，一方面善于从劳苦大众身上摄取精神养料，另一方面又敢于经常荡涤传统观念的污浊。对根深蒂固的旧传统、旧思想、旧习俗大胆地怀疑，是鲁迅攀登真理高峰的重要起点。

　　在追怀逝去的童年时光时，鲁迅曾经回顾说："我出世的时候是清朝的末年，孔夫子已经有了'大成至圣文宣王'这一个阔得可怕的头衔，不消说，正是圣道支配了全国的时代。政府对于读书的人们，使读一定的书，即《四书》《五经》；使遵守一定的注释；使写一定的文章，即所谓'八股文'；并且使发一定的议论。"童年时代的鲁迅，也跟其他孩子一样，常插上幻想的翅膀翱翔，时而飞上云端，时而潜入蚁穴；他想探寻月亮跟着人走的秘密，他想懂得星星究竟是怎样镶嵌在夜空的。但是，诞生在封建末世的鲁迅，却不能不受当时社会条件的制约。作为大家庭的长孙，他更无法逃脱接受传统教育的命运。在绍兴方言中，形象地把孩子入塾读书比喻为"牛穿鼻"，意思是一进书房，就像牛鼻子被穿上了缰绳，从此就得服服帖帖。然而，鲁迅这头初生的"牛犊"，却并不如师长想象的那样驯良。他不愿盲从传统，善于独立思考，勇于独立判断，最后终于识破了因袭的谎言，砸断了僵化的枷锁，挣脱了旧教育缰绳的羁绊，让真理的光束照进了思维的隧道。他以胜利者的姿态向旧世界宣告："孔孟的书，我读得最早，最熟，然而倒似乎和我不相干。"

鲁迅开始入塾是六岁那年。启蒙老师周玉田是他的远房叔祖。这是一位爱种一点花木的和蔼的老人。他给鲁迅选定的第一本读物是历史教材《鉴略》。这本书从盘古开天地一直讲到清朝，但童年的鲁迅却连一个字的意思也不懂。鲁迅感到有兴趣的，是老人珍藏的一本专讲园艺花卉的书，名叫《花镜》。鲁迅借来以后，又读又抄，还用几种本子比勘校对。为了增长对花木的知识，课余他亲自栽种，每株都插上竹签，写上花名，仔细观察它的生长情况。后来，经过一段实践，鲁迅发现《花镜》中的介绍也有错误。比如书上说，要把映山红从山上移植到家中，必须保留本土才能成活。鲁迅却对这种说法大胆提出了异议。他在书上批注说，这种花"性喜燥，不宜多浇，即不以本土栽亦活"。

十二岁时，鲁迅转入另一个叔祖周子京的书塾。周子京是一个仕途受挫的腐儒，鲁迅的小说《白光》中陈士成一类的人物。他屡试不第，变为呆狂。他夜里做着掘藏得宝的美梦，白天讲课则胡言乱语，信口开河。有一次，他竟把"蟋蟀"解释为"虱子"。为此，鲁迅愤而退出了这家私塾，转入被称为全城最严厉的书塾——三味书屋就读。此后，他在这里生活、学习了四五年时间。

三味书屋的"三味"，是形容读书其味无穷：经书，味如稻梁；史书，味如肴馔；诸子百家，味如调料。书屋的匾下，悬挂着《梅鹿古松图轴》，上绘一株拔地而起的古松，郁郁葱葱的松针密布在半空，鳞甲似的树身上缠绕着老藤，树下匍匐着一只肥胖的梅花鹿，两耳耸峙，栩栩如生。塾师寿镜吾是一个"极方正、质朴、博学的人"，有着爱国忧民的思想。但是，在"圣道支配了全国的时代"，即使像寿镜吾这样令人敬仰的先生，教学内容中也不能不渗透着陈腐的思想意识，教学方法也难免生硬呆板。这些，对一个思想活跃、天真烂漫的少年自然是难以接受的。鲁迅的书案，最初是设在三味书屋的南墙下，后来他以门缝有风为理由，要求移到西北临窗的明亮处，以便伺机偷看藏在抽屉里的小说。他在三味书屋"杂览"的书籍中，印象最深的是古典小说《西游记》。鲁迅后来对友人说，直到看到《西游记》，他才第一次对书籍发生兴趣。他还将《西游记》中的绣像在"荆川纸"上一一描摹下来，订成厚厚一大本，这就又培养了他对美术的爱好。对于《西游记》中蕴含的丰富内容和深刻哲理，少年鲁迅当然不可能一一领会，但是，他却从中受到了对于变化着的事物要多加怀疑的启发。例如《西游记》中洗澡的美人，原来是蜘蛛精的化身；那庄严巍峨的寺庙大门，却原来是一张猴子的尖嘴。鲁迅说："早就受了《西游记》教育，吓得气绝是大约不至于的，但总之，无论对于什么，就都不免要怀疑了。"后来，鲁迅对论敌变化多端的手法始终保持了高度的警觉，看见显着正人君子模样的人物，竟会觉得他也许正是蜘蛛精了。

鲁迅在三味书屋就读期间，还发生过这样一桩有趣的事：鲁迅所住的新台门附近，有一家被称为广思堂的私塾。塾师姓王，身矮头秃须多，诨名叫作"矮癞胡"。他不仅经常体罚学生，没收学生的点心自己吃，而且规定学生小便前还要领取"撒尿签"。鲁迅听到这个消息，便在一天中午跟其他几个爱打抱不平的同学前去"兴师问罪"。不巧，广思堂也放学了，师生都不在。鲁迅便和伙伴们将"矮癞胡"的"撒尿签"全部撅折，将朱墨砚台扔在地上，以示惩戒。这正是鲁迅对腐朽的私塾制度的一次自发反抗。

书塾的生活是枯燥乏味的。书塾以外，禁令则没那么严苛了。渴求知识的鲁迅，该可以接触到一些既有意义而又切合孩子特点的书籍吧！然而，在当时的中国，这样的儿童读物可以说是几乎没有，充斥于坊间的只不过是一些"毒害小儿的药饵"。在这种环境中，帮助鲁迅有效抵制旧思想污染的仍然是探求真理的怀疑精神。鲁迅曾在一张书签上写下了这样的箴言："心到，口到，眼到，读书三到。"所谓"心到"，就包含着善于思索的意思。

囊萤照读、凿壁偷光，这已是千百年来脍炙人口的故事。在封建社会，它们常被用来激励读书人勤奋苦读，以求出人头地，很少有人对它们产生过怀疑。然而鲁迅通过思索，却认为这样的故事不可真信，更不能模仿。试想，每天要捉一袋萤火虫，那岂是一件容易的事情？倘去凿穿邻居的墙壁，那后果将会更糟，不仅会招来邻居的斥骂，而且还要向人赔礼，替人修房。《二十四孝图》是一本宣扬封建伦理的传统教材，那二十四位孝子是被称作楷模供人效仿的。然而，鲁迅却从这些令人炫目的故事中发现了"礼教吃人"这个残酷的事实。年幼的鲁迅并不反对孝顺父母。他所认为的孝顺，"无非是'听话''从命'，以及长大之后，给年老的父母好好地吃饭罢了"，然而，《老莱娱亲》中的老莱子，行年七十，却要在双亲面前手摇拨浪鼓，戏舞装娇痴，这岂不是把肉麻当有趣？至于《郭巨埋儿》，那就更可怕了。郭巨担心儿子会夺母亲的口粮，居然狠心活埋三岁的儿子。鲁迅想，如果他父亲在家境败落时竟学郭巨，那该埋的岂不正是他吗？！于是，当时那些被人视为白璧无瑕的孝子形象，反而在鲁迅幼小的心灵中引起了极大的厌恶和反感，他原先想做孝子的计划也彻底破产了。

在到处布满陷阱的旧社会，要防止受骗，必须学会比较。十四五岁的时候，鲁迅看过一本叫《蜀碧》的书，内容是渲染明末农民起义领袖张献忠在四川如何用酷刑杀人，读后令人毛骨悚然。后来，鲁迅随便翻翻家里的两三箱破烂书，无意中找到了一本明抄木的《立斋闲录》。这本杂录明代朝野遗闻逸事的笔记中，收录了永乐皇帝的上谕，鲁迅读后才知道皇帝是如何用屠戮、敲掠、刑辱压迫人民，使他们忍受非人类所能忍受的苦楚的。两相比较，鲁迅的憎恨就转移到永乐皇帝身上去了。鲁迅从中体会到：比较，这是医治受骗的好方法。

鲁迅在他的第一篇白话短篇小说《狂人日记》中，曾经通过狂人之口发出了振聋发聩的反叛之声："从来如此，便对么？"这种对被视为不可动摇的封建信条大胆怀疑的精神，很早就在鲁迅身上得到了鲜明的体现。

鲁迅在南京（1898—1902）

西方启蒙思潮

《知新报》　戊戌变法　周椒生

江南水师学堂　戊　《瓜分中国图》

《天演论》

"走异路，逃异地，去寻求别样的人们"

"将来必胜于过去，青年必胜于老人"

青龙山煤矿　"吃辣椒御寒"

矿路学堂　周树人

百日维新

第三章 「戎马书生」

　　一份刊登着《瓜分中国图》的《知新报》，触目惊心地展现在鲁迅眼前。据说，当时西方列强准备麇集南京，商讨如何瓜分中国。日本报纸推波助澜，公然登出这张妄图宰割中国的草图，连同《讨清国檄》，将其译成英、俄、德、法几种文字，大肆鼓噪。维新派人士主编的《知新报》获悉这一动态，便在1898年3月12日译载了这张"瓜分图"，以警醒国人。编者在按语中大声疾呼："火及衽席，主者犹鼾睡未觉，其谓之何？爰亟译刊报内，以当头之棒，凡我同类，其能无恫欤？"

　　当时，我们广袤美丽而又灾难深重的祖国，的确已经处于"火及衽席"的险境了。1894年，清朝在甲午战争中惨败。清王朝派李鸿章跟日本签订了前所未有的亡国条约——《马关条约》。洋务派经营了近三十年的"新政"彻底破产。此后，西方列强掀起了瓜分中国的狂潮。就连萧疏荒凉的古城绍兴，也耸立起洋教堂的尖顶。面对四境虎眈、神州破碎的危急形势，青年爱国者鲁迅忧心如焚。他不愿走读书应试的"正路"，也不愿像破落户子弟那样去做幕友或学经商，而决心"走异路，逃异地，去寻求别样的人们"。

1898年5月1日，鲁迅携带了一只网篮，一个铺盖卷，以及仅有的八元川资，告别了垂泪相送的母亲，到南京去投考无须学费的学校。此后，他为自己取了一个别名——"戎马书生"，意思是骑着战马的读书人。这个别名，形象而准确地反映了鲁迅把读书与战斗紧密结合的精神风貌。

鲁迅到南京，首先进入的是坐落在仪凤门和挹江门之间的江南水师学堂。学堂除负担学生膳宿、衣靴、书籍、仪器一应费用，每月还津贴零用钱，被称作"赡银"。鲁迅的一位长辈周椒生在这里担任汉文教习，兼任轮机科的舍监。这位每天清晨都要跪诵《金刚经》《太上感应篇》的守旧派，觉得本家子弟进学堂"当兵"是一件极不光彩的事情，不宜使用家谱上的本名，便取"百年树人"的典故，将鲁迅的原名周樟寿改为周树人。鲁迅后来就一直沿用了这个名字。

鲁迅到南京一个月后，发生了昙花一现的"戊戌变法"。这场以康有为、梁启超为代表的改良运动只有一百零三天的寿命，被称为"百日维新"。"戊戌变法"的那些措施，在今天看来虽然是微不足道的，但当时变法诏书一道道传来的时候，却震撼过不少先进的中国人的心灵，使他们打开了眼界。在"戊戌变法"的高潮中，江南水师学堂的痼疾暴露得更加明显。这所号称洋务派兴办的学堂，由于淹死了一个学生，居然填平游

泳池，盖起了关帝庙。夏历中元节，还特意请来红鼻子的胖大和尚诵经施食，超度怨鬼的亡灵。汉文课上作的是《咬得菜根则百事可做论》一类的烂古文。摆出学者势派的职员却将"钊"读成"钧"，以表白自己的不识字。更为森严可怖的是，大堂上陈列着"令箭"，学生触犯了"军令"，还有被惩处的可能。鲁迅和其他一些同学因为嘲笑那位白字职员，两天之内被接连记了两小过两大过，再记一小过，就要被开除。这个乌烟瘴气的学堂，鲁迅再也待不下去了，便于这年十月转学投考了南京江南陆师学堂附设的矿路学堂。

矿路学堂其实也是洋务运动的产物，办学的目的据说是开采南京城东南的青龙山煤矿。由于学校开设了格致、地学、金石学等课程，鲁迅第一次比较系统地接触到了西方的现代自然科学，这对形成他前期的唯物主义自然观起了积极的作用。入学第二年，俞明震接任江南陆师学堂总办。这是一个坐在马车上阅读《时务报》的新党，考汉文时出的是《华盛顿论》一类的作文试题。学堂设立了阅报处，除陈列《时务报》，还有留日学生创办的《译书汇编》，上面分期译载东西方各国政治法律著作，如卢梭的《民约论》，孟德斯鸠的《万法精理》等，这使鲁迅又接触了西方启蒙思潮。鲁迅在这所学堂求学期间，是全班二十四名同学中年龄最小的一个，也是唯一获得金质奖章的一个。不过，鲁迅并不仰慕虚荣。他得到奖章之后，就立即变卖，除了买书籍，还买了些点心，请同学们大嚼一通。课余，他特别喜欢骑马，曾扬鞭策马凭吊位于南京城东隅的明朝皇城遗址，向当时驻守在那里的清朝八旗士兵示威，表现出藐视清王朝的民族主义思想。鲁迅在生活上十分俭朴，冬天仍穿夹裤，棉袍的两肩已经没有一点棉花。为了御寒，他只得多吃辣椒，以至成了嗜好。

在矿路学堂读书时，由于看新书的风气很盛，鲁迅还知道了有一部叫《天演论》的书。一个星期天，他特意跑到城南夫子庙一带旧书肆，花五百文买来了这部白纸石印的厚书。这本《天演论》原名《进化论与伦理学》，是19世纪英国自然科学家赫胥黎的著作。但是，近代启蒙思想家严复将它介绍到中国时，却是从自己的理解和维新的要求出发，有所增删，有所发挥。书中特别强调了"物竞天择，适者生存"的论点："物竞者，物争自存也。天择者，存其宜种也。"严复认为，生物界这种"物竞天择"的规律，对人类社会同样适用。因此，中国要想自立于世界民族之林，就必须以"与天争胜"的精神变法维新。在义和团运动遭到八国联军野蛮镇压，《辛丑条约》的巨大吸血管又插进我们祖国母亲肌肤的日子里，鲁迅读到《天演论》，就更加惊怵于亡国灭种的危险，更加坚定了民族民主革命的政治立场。书中关于发展变化的观点，又使鲁迅感到了斗争的意义，增强了前进的信心，初步形成了他前期的"将来必胜于过去，青年必胜于老人"的社会发展观。毕业前夕，鲁迅还曾到青龙山煤矿实习，接触了中国第一代产业工人，看到他们在积水半尺深的矿洞里鬼一般工作着，他愈加感到人民生活的痛苦和洋务派的腐败无能。

紫金山上月圆月缺，石头城畔潮落潮生。鲁迅不觉在南京度过了近四年的时光。1902年1月27日，鲁迅以一等第三名的成绩获得矿路学堂的毕业执照；同年3月24日，被两江总督派赴通过"明治维新"取得了成效的日本留学。同窗好友怀着依恋和

钦慕之情为鲁迅送行。有一首赠别诗集中表达了他们对鲁迅的殷
切期望：

英雄大志总难侔，夸向东瀛作远游。

极目中原深暮色，回天责任在君流。

鲁迅在日本（1902—1909）

剪辫子

同乡恳亲会

仙台医学专门学校

弘文学院　　　藤野先生

"求知识于世界"　《域外小说集》

撰写《中国地质略论》《中国矿产志》

翻译《月界旅行》《地底旅行》

"幻灯片"事件　弃医从文　东京

筹办《新生》杂志

第四章

浮槎东渡

1902 年 3 月 24 日，鲁迅乘远洋海轮从南京转道上海东渡日本。他的行囊里携带了三种书：《科学丛书》《日本新政考》《和文汉读法》。海轮在碧海银波上颠簸，鲁迅的心潮也随着海涛起伏不已。远在一千多年前，日本的遣唐船就曾顶着险风恶浪，到中国来寻求友谊、探索知识。而今，曾跟中国一样长期停滞不前的日本，由于"破除旧来之陋习""求知识于世界"，国力变得强盛起来；而中国作为世界文明发达最早的国家之一，却抱残守缺、固步自封。一个伟大的充满自信力的民族，应该像大海一样有容纳新潮的恢宏气魄；而不能像一只贮存死胎的酒精瓶，让科学文化长期保持在胚胎状态。想到这些，鲁迅恨不得化东海之水以为血泪，去冲开锁国愚民的堤防，让蒙羞忍辱的祖国在世界潮流中扬帆竞驶。

到达日本后，鲁迅首先进入了位于东京牛込区的弘文学院。

这所学院是为中国留学生准备投考正式的专门学校而设立的，鲁迅选修的是日本语和"速成普通科"。当时，鲁迅经常跟友人讨论以下三个彼此相关的重大问题：一、怎样才是最理想的人性？二、中国国民性中最缺乏的是什么？三、中国国民性的病根何在？为了逐步解决这些问题，鲁迅首先选择了"科学救国"的道路。他不仅翻译了《月界旅行》《地底旅行》等科学幻想小说，及时把"镭"的发现等最新科学成果介绍给国人，而且还花费很大的精力撰写了《中国地质略论》《中国矿产志》，通过普及科学知识的途径大力进行爱国宣传，配合中国人民捍卫领土资源的正义斗争。鲁迅这种"科学救国"的思想和实践，出发点是为了使国家独立富强和社会进步，跟以实现君主立宪的政治制度为宗旨的资产阶级改良主义有着本质的区别。正因为如此，鲁迅常在课余时间赴集会，听讲演，并参加了以推翻清王朝为宗旨的秘密革命团体的活动，誓做"革命党之骁将"。在弘文学院江南班，他还带头剪掉了象征种族压迫的辫子。在断发小照后面，他题写了一首七言绝句，抒发了愿将全部热血奉献给民族解放事业的宏大抱负：

灵台无计逃神矢，风雨如磐暗故园。

寄意寒星荃不察，我以我血荐轩辕。

这些都有力地表明，在反清革命派与改良派决裂的重要历史关头，鲁迅坚定不移地站在了革命派一边。1903 年初，鲁迅还跟陶成章、许寿裳、经亨颐等二十七位绍兴籍留日学生在东京清风亭举行"同乡恳亲会",联名发表了一封六千余字的致绍兴同乡公函。信中列举大量事实,把当时中日两国在教育、政治、工艺三方面的情况进行了鲜明对比,而后尖锐指出:中国要想洗尽海疆要隘割弃殆尽、人民大众沦为牛马的奇耻大辱,就必须改变闭关自守、锁国愚民的政策,抛弃夜郎自大、固步自封的态度——"欲与各国争,必先师而后争之。欲与各国敌,必先学之而后能敌之"。这封"化东海之水以为血泪"写成的信件,真挚动人地表达了鲁迅等爱国青年满腔的忧愤和匡时济世的雄心。

1904 年 4 月,鲁迅从弘文学院毕业。当时,原矿路学堂选派的留日学生大多想挤进东京帝国大学工科所属的采矿冶金科,而鲁迅却偏偏申请进入位于日本东北部的仙台医学专门学校。他通过阅读史书,知道了日本维新是大半发端于西方医学的事实,于是决定不学开矿而改学医学,以便卒业归国救治像他父亲一样被庸医所误的病人的疾苦;战争时候便去当军医,同时又可以促进国人对维新的信仰。同年 5 月 23 日,仙台医专决定免试接纳鲁迅为该校的第一名外国留学生。该校分医学和药学两科。医学科只招收一百多名新生,报名的却有三百多人,但鲁迅仍被编入了医学科一年级。7 月 15 日,当地出版的《河北新报》刊登了鲁迅将赴仙台的报道。9 月 10 日,当地的《东北新闻》又登载了鲁迅在仙台寻找住宿处所的消息。这座用中国古诗"仙台初见五重楼"中的"仙台"二字命名的文化古城,就这样以诚挚友好的态度欢迎鲁迅的到来。

9 月 12 日,仙台医专举行了入学式。接着,紧张的学习生活就开始了。这所学校一个年度分为三个学期,第一学期共开设八门课程，每天上六节课，每节课一个小时，课间没有休息。鲁迅对这种"奔逸至迅，莫暇应接"的注入式教学法很不满意。他在 10 月 8 日致友人蒋抑卮的信中说："校中功课，只求记忆，不需思索，修习未久，脑力顿锢。四年而后，恐如木偶人矣。"然而担任解剖学课程的藤野严九郎教授却给鲁迅留下了终生难忘的印象。

藤野严九郎是一位不修边幅的老师。他面容黑瘦，八字须，戴眼镜，讲课时操着读古文似的抑扬顿挫的音调——"解剖学者乃初学医者片刻不能离之物也"，惹得有些同学笑出声来。但是，这位老师毫无民族偏见，真心希望通过鲁迅把新的医学传播到中国。他发现鲁迅刚入学时好像日语不够熟练，影响了听课效果，便在课余耐心进行辅导。那时仙台医专没有正式的教科书，因此，记好笔记是学习中很重要的一环。藤野先生每周都详细批改鲁迅的笔记，连一条血管移动了一点位置也给改正过来。有一次测验骨骼系统时，他拿出一些人骨，问这是左手骨还是右手骨，其实那是脚胫骨。可见跟其他老师比较起来，他还很注意培养学生独立思考的能力。在藤野先生的帮助下，第一学年结束时，鲁迅在一百四十二名同学中考了第六十八名，而全班留级的却有三十人。有同学怀疑鲁迅取得中等成绩是由于藤野先生泄露了试题，便找借口检查鲁迅的讲义。学生会干事向藤野先生了解情况。藤野先生回答说："是吗？谢谢，没有那样的事情。"

鲁迅在仙台求学期间，正值日俄战争爆发。这是两个封建军事帝国为争夺势力范围而进行的战争，中国领土成为它们角逐的主要战场。

当时，放演幻灯是日本战时宣传的一种手段。常用幻灯进行细菌教学的仙台医专，也插空在课堂上放演一些日俄战争的幻灯片。

有一次，鲁迅在幻灯片上看到了自己久违的同胞，其中一人因替俄军做侦探而被日军砍头示众，而围着赏鉴这"示众"盛举的同胞却流露出麻木的神情。讲堂里的日本学生拍掌欢呼起来，那刺耳的"万岁"声像利刃似的铰割着鲁迅的心，使他感到强烈的震动和巨大的痛楚。

"幻灯片"事件是促使鲁迅弃医从文的直接动因。细节主要来自鲁迅的回忆散文《藤野先生》，其中有这样的描述："第二年添教霉菌学，细菌的形状是全用电影来显示的，一段落已完而还没有到下课的时候，便影几片时事的片子，自然都是日本战胜俄国的情形。但偏有中国人夹在里边：给俄国人做侦探，被日本军捕获，要枪毙了。围着看的也是一群中国人：在讲堂里的还有一个我。'万岁！'他们都拍掌欢呼起来。"

文中所说的"霉菌学"就是细菌学，教师叫中川爱咲；"电影"指幻灯片。当年放映的幻灯片至今仍留存了 15 张，丢失了 5 张，内容均取材于日俄战争初期的场面，但未发现中国人围观同胞被杀的那一张。

据铃木逸太回忆："幻灯片中好像有喊万岁的场面，但学生大体都是静静地看着。后来才听说这件事成了周树人退学的理由，当时周树人却没有说过这件事。"

那么，《藤野先生》一文中"幻灯事件"的描写是不是存在艺术加工的成分？

据当时报纸报道，仙台市民为庆祝日俄战争中日军的胜利，在 1904 年至 1905 年期间至少举行过五次祝捷大游行。那种欢呼"万岁"的场面，肯定会使鲁迅受到更深的刺激。那张中国人鉴赏同胞被处死的幻灯片虽然至今未被发现，但当时日本报刊确实刊载有类似的图片，当地《河北新报》还有相关报道："听说今天（17 日）下午三点，有俄探被斩首，我恰好走在从兵站部回来的路上，就也跟去看。地点在铁岭街市南面约有五丁（约合一华里多）的坟地里。……看热闹的还是那些华人（'中国佬'），男女老少五千多人，挤得风雨不透。蒜味扑鼻而来，令人非常难受，无法可想。不久时刻到了，被定为俄探的四名中国人，看来都是四十岁左右，被我宪兵牵着绑绳，像屠宰场的羊似地走来了。宪兵又在看热闹人的眼前，拉着转了几遭让人看；这时那四个人脸色变青，没有一点血色。看热闹的人一声不响地凝视着……"

日俄战争发生在 1904 年 2 月至 1905 年 9 月，导因是争夺在中国东北和朝鲜半岛的侵略权益，而战争主要在中国境内进行。这位记者描述的这一幕就发生在辽宁的铁岭。那四位被称为俄探的中国人，是被俄军威逼利诱，到日本兵站的粮仓和弹药库放火未遂的；但他们此前又被日军威逼到日本兵站干活。他们的脑袋被日军用刀砍下，而围观的五千同胞却噤若寒蝉。

日俄战争期间鲁迅正在仙台医专读书，市民游行的场面他肯定会目睹，同胞做无谓牺牲的报道他肯定也会读到。这就促使他认识到，中国民众的麻木不是医学可以疗治的，要改变他们的精神状态必须运用文艺的利器。所以他决心弃医从文，以拯救中华民族的灵魂为急务。

《藤野先生》一文中的某些细节或许和客观事实略有出入，但所揭示出的却是历史的本质真实，表达的是鲁迅的心理真实状况。国人的麻木，正是刺激鲁迅的内在心理动因。

也因此，"幻灯片事件"对鲁迅的思想产生了极大的震动和刺激，他毅然决定中断学医，改用文艺为武器进行革命的启蒙宣传。

他认为，治疗人民的精神麻木症是比治疗他们的疾病更为紧要的事情，因此他毫不犹豫地从振兴中华的需要出发，重新选择了自己的志愿和生活道路。他要拿起文艺的听诊器，去诊察时代的脉搏、社会的病变；他要操起文艺的解剖刀，去戳穿敌人的痈疽，治愈人民的病瘼。

对此，藤野先生为鲁迅不能成为医生而感到惋惜，他把自己的照片送给鲁迅作为留念，并深情地在后面写道：

"惜别。藤野谨呈周君。"

1906 年 3 月 15 日，鲁迅正式从仙台医专退学。他告别了峰峦重叠的青叶山和流水清清的广濑川，从枫叶如丹的仙台回到樱花烂漫的东京，开始了他的文艺活动。

第五章 「新生」运动

柔和的曙光悄悄地透过了窗棂，房东老太太又推开纸门屈身爬出来整理房间了。但身穿和服的鲁迅却刚刚倒在榻榻米上睡着。日本式的房间一般都离地尺许，木板地上铺着草席，每席长六尺，宽三尺，两侧加麻布黑边，叫作"榻榻米"。人们平时两膝踞地伸腰跪坐，倦时则随便卧倒，晚上从壁橱取被摊开，就可以睡觉了。有些中国留学生睡惯了床，到了日本只好将壁橱的上层权做卧榻，鲁迅觉得十分滑稽。长期以来，鲁迅一直过着简易的生活，所以他对这种朴素适用的日本式的房屋倒很欣赏。即使地上只铺着稻草，他照样可以倒头酣睡。房东看到室内矮脚书几上的洋灯罩上熏满了黑烟，浅紫色的"七宝烧"景泰蓝花瓶旁边堆满了书和稿纸，炭盆里插满了香烟头，像是一个大马蜂窝，便知道这位来自中国的青年房客又熬了一个通宵。这是1907年的春天，鲁迅住在东京本乡区东竹町的"中越馆"。

　　鲁迅离开仙台重返东京之后，就开始从事他的"新生"运动。"新生"，原是意大利诗人但丁一本诗集的名字，鲁迅移用来取"新的生命"的意思。当时，同盟会领导的民族革命运动迅速高涨。围绕改革中国的道路问题，积极传播民主革命思想的《民报》与主张君主立宪的改良派的《新民丛报》展开了一场大论战。这两个刊物笔战方酣的时候，在日本的中国留学生几乎都卷入了这场论战。鉴于当时的革命派把主要精力放在组织武装起义方面，作为同盟会机关报的《民报》又偏重于政治和学术，而无暇顾及文艺，于是鲁迅决定筹办一本名为《新生》的文艺性杂志，着重致力于中国国民的劣根性的改造。他认为，要使古老的中华民族获得新的生命，单纯"排满"是不够的，还必须改造旧中国病态的国民性，而文学则是"转移性情，改造社会"的有力武器。

　　一切事情的开头总是困难的，鲁迅从事新生运动的情况也是这样。当时在东京的留学生中，学法政、理化以至警察、工业的人很多，而治文学和美术者却寥若晨星。在冷淡的空气中，他幸而寻得了几个同志，有许寿裳、周作人、袁文薮等。鲁迅当初对钱塘人袁文薮的期望很大，因为他不但答应供稿，还答应资助经费。《新生》杂志的筹办工作开始进行得比较顺利，不仅定印了不少稿纸，而且连封面的图案及插图等都统统预备好了。鲁迅为第一期选定的插图是英国19世纪画家瓦茨的油画《希望》，画面上有一位蒙着眼睛的姑娘，抱着一个只剩下一根琴弦在震动的竖琴，屈腿坐在地球仪上。这幅画的主题是："希望不是期望，它有点类似从那仅有的琴弦上奏出的美妙的音乐。"鲁迅还为后几期选择了一些插图，他特别喜欢俄国反战画家威勒斯卡金所画的髑髅塔，以及英国军队把印度革命者绑在炮口上的几幅画。但是，袁文薮不久即去英国，此后既不投稿，又不出钱，有如断线的风筝，一飞杳无踪影。他一走，由于只剩下不名一文的三个人，拟议筹办的《新生》杂志遂告流产。

但是，一时的挫折并没有使鲁迅灰心。他深深懂得，挫折是冶炼强者的熔炉。博大的心胸，应该表现出这样的气概——用笑脸迎接厄运，用勇气征服困难。于是，他用锲而不舍的精神，在寂寞中坚持进行他的文学活动。他继续如饥似渴地阅读各种文学书籍，孜孜不倦地进行翻译和练笔。当时，中国流行林纾用古文意译的西欧和美国的小说。为了激发国人争取民族解放的斗志，鲁迅着重搜求和译介东欧遭受列强侵略、欺负、干涉的弱小民族的作品。那时，留日官费生每月只发三十六元，支付衣食学费之外，结余寥寥无几。为了购置必要的参考书，鲁迅只得节衣缩食，甚至有时靠校对书稿来补充一些收入。东京的旧书坊大多集中在位于市中心的神田区。书坊左右两壁和中央的大床上都是书，里面深处大抵跪坐着一个精明的掌柜，双目炯炯，很像一只静踞网上的大蜘蛛，在等候自投罗网者的有限的收入。鲁迅只要囊中有钱，便不惜"孤注一掷"，每每弄得袋里空空而归，对友人叹息道："又穷落了！"由于那时弱小民族的文学作品很少有英文译本，只有从几种德文小丛书中才可以得到，于是对德国文学本身并无兴趣的鲁迅坚持自修德文，还列名于东京"独逸语学协会"所设立的德文学校，想用德文为钥匙来打开争自由的"弱小民族的文学"之门。据鲁迅的拟购德文书目手稿，他当时拟购的各种德文书籍就多达一百二十七种。

一个急于求战的战士，总能找到发挥火力的阵地。鲁迅原想在《新生》杂志上阐述的观点，不久终于在《河南》杂志上得到了发表的机会。《河南》杂志是一家具有民族民主革命立场的刊物。1907年12月由河南留日学生在东京创办，其影响足与《民报》相伯仲。从1907年12月至1908年12月，鲁迅先后为《河南》杂志撰写和翻译了《人之历史》《摩罗诗力说》《科学史教篇》《文化偏至论》《裴彖飞诗论》，介绍了西方生物进化学说、西方自然科学史和欧洲进步的社会科学，批判了洋务派、改良派和复古派，表现了他早期的唯物主义自然观、革命的历史进化观和逐渐形成的革命民主主义的政治观。其中以"令飞"为笔名发表于《河南》月刊第二、三号上的《摩罗诗力说》，是鲁迅弃医从文之后撰写的第一篇文学论文，也是中国最早系统地介绍以拜伦为代表的欧洲积极浪漫主义诗人的文艺论文。

"摩罗"一词，是梵文的音译，本意是天上的魔鬼，欧洲人把它叫作撒旦。《摩罗诗力说》这个题目，用白话来说便是"恶魔派诗人的精神"。由于英国消极浪漫派诗人苏赛在长诗《审判的幻影》的序中，把被恩格斯誉为"满腔热情地、辛辣地讽刺现社会"的诗人拜伦诬为"恶魔派"诗人，后来人们便把那些立意在反抗、目的在行动而为世人所不大喜欢的诗人统统归入这一诗派。鲁迅十分崇敬这些刚健不挠、抱诚守真，不取媚于庸众、不随顺于旧俗的诗人。鲁迅在论文中介绍了拜伦的长诗《莱拉》。这首诗的主人公勇于抗拒无法逃脱的命运，虽被飞箭穿胸而不悔。鲁迅认为，要挽救当时垂危的国运，正需要这种傲岸不驯、力抗强者的性格。鲁迅在论文中同时高度评价了"天才的预言家"

雪莱。这位年轻的英国诗人虽然只活了三十岁，但他短暂的一生却如同奇迹一般，本身就是一首无韵的诗篇。他生前曾被那些庸俗浅薄的人称为"狂人"，但鲁迅却决心像他那样，上下求索，永不停歇；勇猛精进，决不退转。鲁迅在论文中还着重介绍了波兰复仇诗人密茨凯维支的诗剧《先人祭》。鲁迅引用了剧本中一个名叫央珂夫斯基的囚徒的歌词："要我当上帝的信徒，那就必须见到耶稣和玛利亚先惩罚那个蹂躏我们国土的沙皇才可以。如果沙皇还存在，就无法叫我呼唤耶稣的名字。"在"摩罗"诗人中，鲁迅最为崇敬的是匈牙利爱国诗人裴多菲，因为裴多菲不仅是诗人，而且是英雄。在抗击俄奥侵略军的战场上，裴多菲宁死不屈。哥萨克士兵用长矛刺穿他的胸膛，他在牺牲前还高呼战斗口号："祖国万岁！俄国佬滚出去！"以前，鲁迅在接触中国文化史的有关资料时，常产生一种凄凉之感，好像是从和暖的春天突然坠入萧瑟的深秋，一切生机都已消逝，只见草木一片凋零。因此，他希望通过介绍这些发出刚健、反抗、破坏和挑战呼声的"摩罗"诗人，来振奋中华民族的精神，使我们这个曾经显露过人类文化的灿烂曙光而到了近代却日趋衰落的祖国，在世界上重新强盛起来。这篇文章虽然存在着对文艺的社会作用估计过高的倾向，但它却系统地表述了鲁迅当时关于爱国主义和启蒙主义的政治观点和文艺思想，表现了鲁迅早期进化论思想和朴素辩证法观点的战斗精神。在为《河南》杂志撰稿前后，鲁迅还接触了日本早期社会主义者，跟光复会的重要成员陶成章、龚宝铨、陶望潮等时有过从，并且成了"有学问的革命家"章太炎的学生。这些，都对鲁迅确立彻底的不妥协的革命民主主义立场产生了积极影响。

　　1909 年 3 月，鲁迅与周作人合译的《域外小说集》第一册出版；同年 7 月，《域外小说集》第二册出版。书中收录了鲁迅翻译的三篇俄国小说：安德列耶夫的《谩》《默》，迦尔洵的《四日》。这本书的出版费用是由一个开绸缎庄的友人垫付的，原计划卖回本钱，再一册册陆续编印下去。但是，由于当时中国读者对外国短篇小说的形式感到颇为隔膜，《域外小说集》第一册卖了半年才卖掉二十册，第二册最后也只卖掉二十册，编译第三册的计划遂告破产，积存的书后来在一次火灾中化为灰烬。《域外小说集》刚问世时虽然有着寂寞的命运，但鲁迅进行"新生"运动的志愿总算部分得到了实现。由于鲁迅不仅将外国文学的译介工作与启发人民觉悟、挽救祖国危亡的斗争紧密结合起来，而且译文字字忠实，丝毫不苟，从而为中国翻译界树立了一座划时代的纪念碑，正如鲁迅在该书《序言》中所说："特收录至审慎，迻译亦期弗失文情，异域文术新宗，自此始入华土。"1909 年 5 月 1 日，日本东京出版的《日本及日本人》杂志第五〇八期的《文艺杂事》栏内刊登了一则消息，介绍了鲁迅兄弟的翻译活动。这则最早介绍鲁迅的文字虽然不长，但表明鲁迅一开始从事文学活动就受到了世界的瞩目。

　　在"五四"新文化运动中，鲁迅以他的《狂人日记》《孔乙己》《药》等短篇小说显示了"文学革命"的实绩，"又因那时的认为'表现的深切和格式的特别'，颇激动了一部分青年读者的心"（《中国新文学大系·小说二集·序》）。鲁迅坦言，他之所以能以这些小说为中国的新文学奠基，"所仰仗的全在先前看过的百来篇外国作品和一点医学上的知识"（《我怎么做起小说来》）。

那么，在《狂人日记》问世之前，鲁迅究竟看过哪"百来篇外国作品"呢？长期以来，我们只知道鲁迅关注过哪些外国作家，而无法确指这些作品的具体篇名。由于鲁迅在作品中从未对此进行具体陈述，这个问题很可能成为一个永远也解不开的疑团。

值得庆幸的是，在鲁迅遗物中，有一本鲁迅留日时期的剪报合订本——《小说译丛》，其中收录了日本翻译的十篇俄国文学作品。

普希金：

《彼得大帝的黑人》，升曙梦译，载于《新小说》第十二年第二卷，1907 年 2 月发行。

果戈理：

《昔人》，二叶亭四迷译，载于《早稻田文学》五月卷，1906 年 5 月发行。

《狂人日记》，二叶亭四迷译，连载于《趣味》第二卷第三号至第五号，1907 年 3、4、5 月发行。

《外套》，西本翠阴译，载于《文艺俱乐部》第十五卷八号，1909 年 6 月发行。

莱蒙托夫：

《东方物语》，嵯峨之家主人译，载于《文艺俱乐部》第十一卷十三号，1905 年 10 月发行。

《宿命论者》，栗林枯村译，载于《新古文林》第一卷第十号，1905 年 12 月发行。

屠格涅夫:

《妖妇传》，嵯峨之山人译，载于《新小说》第二卷，1903年3月发行。

《水车小屋》，嵯峨之山人译，载于《新小说》第九卷，1903年9月发行。

《草场》，升曙梦译，载于《新小说》第十卷，1904年10月发行。

《森林》，长光迂人译，载于《新古文林》第一卷第七号，1905年10月发行。

这个剪报本无疑为研究鲁迅的文学取向提供了一个重要线索，但要了解上述十篇作品的原貌则非易事。这不仅仅因为中国读者阅读时存在文字障碍，更主要的是因为当时日本翻译外国作品并非采取严格的直译，而是任意增删，擅改篇名、人名，就跟随心所欲的"林纾翻译模式"相近，更何况译文本身还常有错误。比如，剪报本中有一篇《妖妇传》，人物都改换成了日本名字（如把主人公叶尔古诺夫改名为久山加太郎），在屠格涅夫的全集中根本找不到一个可以对应的篇名。后来用日译本反复对照俄文原著才知道，这是屠格涅夫创作的《叶尔古诺夫中尉的故事》，最初发表于1868年《俄国通报》第一期。剪报中的《东方物语》和《森林》，开始也搞不清究竟是哪一篇作品。在东北师大孟庆枢教授（他是日本文学和俄国文学研究专家）的帮助下，我们才知道《东方物语》通译为《歌手阿希克·凯里布》，原是土耳其的一个童话故事，后流传到高加索一带，故日文译者将篇名改为《东方物语》，即东方故事。莱蒙托夫在流放过程中将这个童话加以整理，首发于 1846 年出版的文学刊物《昨天与今天》第一期。《森林》通译为《波列西耶之行》，是屠格涅夫 1857 年 2 月 26 日完成的一篇作品，首刊于同年《读书文库》第十期。"波列西耶"，在俄文中的意思是"森林连绵的低地"，故日文译者将篇名改为《森林》。这样，前后经过了十余年的努力，今天我们终于可以将前面十篇作品的通译篇名介绍如下。

普希金：《彼得大帝的黑人教子》

果戈理：《旧式地主》

《狂人日记》

《外套》

莱蒙托夫：《歌手阿希克·凯里布》

《宿命论者》（《当代英雄》中的一章）

屠格涅夫：《叶尔古诺夫中尉的故事》

《叶尔莫莱的磨坊主妇》

《白净草原》

《波列西耶之行》

以上作品，鲁迅在留日时期不仅阅读过，而且准备翻译其中的两篇。在《域外小说集》第一册卷末的预告中，就有俄国都介纳夫的《毕旬大野》（即屠格涅夫的《白净草原》）。该书的《新译预告》中，又有俄国来尔孟多夫的《并世英雄传》（即莱蒙托夫的《当代英雄》）。估计是因为鲁迅与周作人合译的《域外小说集》销路不佳，这一翻译计划最终搁浅。

鲁迅留日时期接触的外国小说当然绝不止于以上十篇。进入鲁迅视野的上述五种日本文学杂志中，就有大量的欧美小说译作。鲁迅正是通过日本的翻译桥走进了世界文学的辉煌殿堂。1903 年至 1909 年，日本春阳堂发行的《新小说》月刊上，刊登了契诃夫、托尔斯泰、梅特林克、莫里哀、显克维奇、高尔基、霍普特曼、安德列耶夫、迦尔洵、王尔德等著名作家的作品。1906 年至 1909 年日本彩云阁发行的《趣味》月刊上，刊登了莫泊桑等人的作品。1906 年至 1909 年早稻田文学社发行的《早稻文学》月刊上，刊登了爱伦·坡等人的作品。1905 年至 1907 年近事画报社发行的《新古文林》月刊上，发表了赫尔岑、雨果、莫泊桑、狄更斯、霍桑、梅特林克、邓南遮等人的作品。1903 年至 1909 年日本博文馆发行的《文艺俱乐部》月刊上，刊登了莎士比亚、巴尔扎克、柯南道尔等人的作品。从日本明治时期出版的上述五种杂志来看，日本当时输入的文学作品内容虽然广泛，但其关注的中心是俄罗斯文学，这跟鲁迅当年进行翻译活动的取向是十分接近的。

对自己所受的俄罗斯文学的影响，鲁迅多次进行过明确的表述。他说："俄国文学，从尼古拉斯二世时候以来，就是'为人生'的，无论它的主意是在探究，或在解决，或者堕入神秘，沦于颓唐，而其主流还是一个——为人生。"（《南腔北调集·竖琴·前记》）又说，早在青年时代，他"就知道了俄国文学是我们的导师和朋友。因为从那里面，看见了被压迫者的善良的灵魂，的酸辛，的挣扎；还和四十年代的作品一同烧起希望，和六十年代的作品一同感到悲哀。我们岂不知道那时的大俄罗斯帝国也正在侵略中国，然而从文学里明白了一件大事，是世界上有两种人：压迫者和被压迫者"（《南腔北调集·祝中俄文字之交》）。1933

年初，鲁迅应美国作家埃德加·斯诺之约编选了一本《短篇小说选集》，准备译为英文，他在这本书的《自序》上说："后来我看到一些外国的小说，尤其是俄国、波兰和巴尔干诸小国的，才明白了世界上也有这许多和我们的劳苦大众同一运命的人，而有些作家正在为此而呼号，而战斗。而历来所见的农村之类的景况，也更加分明地再现于我的眼前。偶然得到一个可写文章的机会，我便将所谓上流社会的堕落和下层社会的不幸，陆续用短篇小说的形式发表出来了。"（《集外集拾遗·英译本〈短篇小说选集〉自序》）鲁迅从内心发出的这种至诚之声充分表明，他早期文学活动的宗旨是为了"传播被虐待者的苦痛的呼声，激发国人对强权者的憎恶和愤怒"，而不是从什么艺术之宫里伸出手来，去采摘海外的奇花异草。鲁迅本人以上的表述，显示了他立场的坚定性和观点的一贯性。这对当今那种曲解鲁迅精神，把鲁迅描绘成只重视"个体尊严""个体生命"而漠视民族尊严和大众命运的观点，无疑是一种有力的反驳和矫正。

1907 年，鲁迅在文言论文《摩罗诗力说》中指出，在 19 世纪初叶，俄罗斯的文学开始革新，重要的作家有普希金、莱蒙托夫和果戈理。鲁迅十分爱读果戈理的作品。他多次赞美这位俄罗斯写实派开山祖师的文才，尤其欣赏果戈理直面社会人生黑暗的精神，悲喜交融、千锤百炼的讽刺艺术，以及能从平常人、平常事中揭示出几乎无数的悲剧的卓越手法。鲁迅感到果戈理作品中的官吏、绅士、医生、闲人，在中国的社会生活中也可以遇见。鲁迅毫不避讳他 1918 年创作的《狂人日记》跟果戈理 1834 年创作的《狂人日记》之间的师承关系，但又如实地说明他的《狂人日记》要比果戈理的同名作品忧愤深广。对普希金和莱蒙托夫，鲁迅既有赞美也有批评。他指出俄国自有普希金以来文学才获得了独立的位置，但普希金的《给俄罗斯的诽谤者》和《波罗金诺的纪念日》两诗却为沙皇的侵略战争辩护，这种"爱国"只不过是一种"兽爱"。鲁迅认为莱蒙托夫的作品想象丰富，充满反抗精神，但内容也有颓废的一面。

在文本介绍的这本剪报集中，数量最多的是屠格涅夫的作品。鲁迅在日后的创作生涯中，还购置了包括这位作家全集在内的多文种译本。留日时期，鲁迅和周作人不仅准备翻译屠格涅夫的《白净草原》《犹太人》《莓泉》，而且特别重视屠格涅夫的小说《父与子》。这部小说中的主人公巴札洛夫有锐气，肯战斗，憎恶伪善，反叛传统，向往意志自由，这些特质都跟鲁迅青年时期的精神追求相一致。鲁迅还借鉴了屠格涅夫的写作技巧。已有研究者指出，鲁迅的《社戏》中孩子们看戏归来偷吃罗汉豆的描写，跟屠格涅夫《白净草原》中的少年煮食马铃薯的场面十分相似。鲁迅《野草》中的一些篇什，也留下了屠格涅夫散文诗（如《门槛》《工人与白手的人》《基督》）的精神和艺术的斑驳投影。

作为鲁迅早期接受外国短篇小说影响的物证，除了前文介绍的《小说译丛》，还有鲁迅跟周作人共同翻译并公开出版的《域外小说集》。这部多国多人的小说合集中，收录了周作人翻译的十二篇小说，鲁迅翻译的三篇小说——安德列耶夫的小说《谩》（通译为《谎言》）和《默》（通译为《沉默》），以及迦尔洵的《四日》（通译为《四天》）。鲁迅当时认为，在中国人的人生中，最缺乏的是"诚"与"爱"。所谓"诚"，即活得真实，言与行、表与里、灵与肉和谐一致。所谓"爱"，主要表现为反对强权者对弱势者的摧残，上等人对受苦人的凉薄。迦尔洵的《四日》通过俄土战争中一位俄国伤兵的自述昭显战争的残酷，呼唤相互救助的人道主义精神。而安德列耶夫的《谩》和《默》则揭示了上流社会的虚伪、欺诈，期盼人与人之间真诚相待，拆除使心灵产生隔膜的精神障壁。翻译这三篇域外小说，正是鲁迅用文艺改造国民性的初步尝试和具体实践。据周作人回忆，鲁迅青年时期最喜欢的俄国作家是安德列耶夫；鲁迅本人也对友人冯雪峰说，在俄国作家中，安德列耶夫对他的影响越过了托尔斯泰和高尔基。鲁迅承认，《药》的结尾部分留着安德列耶夫式的阴冷。鲁迅的散文诗《复仇（其二）》，跟安德列耶夫的《齿痛》也构思相近。至于使"象征印象主义与写实主义相调和"，更是鲁迅和安德列耶夫共同采用的创作手法。《域外小说集》中还收录了周作人翻译的王尔德、爱伦·坡、莫泊桑、安徒生、契诃夫、索洛古勃、显克维奇等人的作品，这些都是他跟鲁迅共同商定之后才着手翻译的，译文又经过鲁迅的加工润饰，所以理所当然地也可视为鲁迅早期接触的外国小说。

最后，想简略介绍一下这个剪报本的发现经过。"文革"初期，红卫兵走向社会大破"四旧"，很多珍贵文物遭到了损毁。1966年9月14日，钱玄同先生的长子钱秉雄给鲁迅博物馆打来电话，说钱玄同遗物中有大量"五四"时期的报刊，还有不少同时代人的信函手稿，如果需要请赶快搬走。鲁迅博物馆的十多名工作人员闻讯，即刻赶到了存放这批资料的"岳家老铺"。这家老铺位于前门大栅栏，有一座四合院格局的两层楼房，楼上楼下存有钱玄同的大量遗物。鲁迅博物馆的工作人员先后三次，从中搬出了十几个书箱。正是在这批资料中，发现了鲁迅致钱玄同的书信，钱玄同本人的日记，还有鲁迅留日时期的两个日式装订的剪报本。除了本文介绍的《小说译丛》，还有另一个剪报本，保存了鲁迅本人的文言论文和译作，以及章太炎、刘师培、陶成章、黄侃、汤增璧等十二位作者的诗文共六十篇，大多刊登在《河南》《浙江潮》《民报》《天义报》等报刊上。这两个剪报本上都有鲁迅手书的目录，可以确认是鲁迅寄放在钱玄同处的遗物。它们逃脱了"文革"的劫难，被保存至今，成为研究鲁迅思想发展和文学创作的第一手宝贵资料。

鲁迅在杭州（1909.8—1910.7）

沈钧儒

任浙江两级师范学堂教员

增韫

许寿裳

《人生象斆》 采集植物标本

"木瓜之役，倏忽匝岁，别亦良久，甚以为怀……"

"拼命三郎" 越栖霞岭 夏震武

"防疾病于未萌" 化学实验爆炸

胡俊

攀玉皇山

第六章 「木瓜之役」

　　1909 年夏天，鲁迅离开日本归国。本来，鲁迅曾准备到德国去继续深造，但是，因为他的母亲在家庭败落之后需要赡养，还在日本立教大学求学而又已经结婚的二弟周作人也希望他能有所资助，这就使得鲁迅不得不结束留学生活，归国谋事，以承担日益沉重的家庭负累。鲁迅后来对友人说："负担亲族生活，实为大苦，我一生亦大半困于此事，以至白头……"然而，在唯利是图的社会里，鲁迅愿意躬行损己利人的人生哲学，无所怨尤。他当时哪里能料到，欲壑难填的周作人在十四年之后竟会对他反目相向呢！

　　当鲁迅重新踏上祖国的土地的时候，正值辛亥革命前夜：一方面，同盟会发动的武装起义已经遍及南方大部分省区，革命的宣传活动也由滨海城市逐渐向清朝的腹心地区发展，反清革命派已经成为一支不容忽视的力量；另一方面，摇摇欲坠的清王朝为了苟延残喘，不但对革命派的活动进行血腥镇压，同时也在整个意识形态领域强化了思想控制。在辛亥革命的产儿呱呱坠地之前，我们的祖国母亲就这样处在痛苦的痉挛之中。

在日本弘文学院带头剪掉辫子的鲁迅，一踏上祖国的土地，不得不首先花四块大洋在上海装了一条假辫子。这种假辫子虽然做得巧妙，不留心观察难以看出破绽，但不戴帽子不行，而且在人堆里还要提防挤掉或挤歪。基于这些不便，鲁迅在一个多月之后就索性将假辫子去掉了，脱去帽子，露着短发在路上走。这样一来，他就享受到一种新的待遇：最好的是被路人呆看，但大抵是冷笑、恶骂。小则说是偷了人家的女人——因为那时捉住奸夫，总是首先剪去他的辫子；大则指为"里通外国"，即所谓汉奸。鲁迅想，即使一个没有鼻子的人在街上走，也未必会遭受如此痛苦。

归国第一年的秋天，经友人许寿裳推荐，鲁迅担任了杭州浙江两级师范学堂初级化学和优级生理学教员，并兼任日本籍植物学教员铃木珪寿的翻译。"救时应仗出群才"，鲁迅就这样走上了归国后的第一个工作岗位——为中国培养"群才"的教育工作岗位。

浙江两级师范学堂坐落在杭州的下城，是在"废科举，兴学校"的高潮中以省城贡院旧址改建的，建筑格局和学制大部分仿照日本东京高等师范学校。所谓"两级"，即分为"优级"和"初级"两部分，优级培养中学师资，初级培养小学师资。原任监督（校长）沈钧儒思想开明，教员中许多人是革命团体光复会的会员或接受过民主思想洗礼的日本留学生。在这所开明空气比较浓厚的学校里，鲁迅的教学活动也充满了民主和科学的精神。

鲁迅开设生理学课程时，用通俗浅显的事例讲授"胚胎学"，驳斥那种"转世轮回"的迷信落后观点。他还勇敢地向封建假道学挑战，破例地加讲了生殖系统一章。他事先只对学生提出了一个条件，就是在他讲的时候不许笑。因为讲的人的态度是严肃的，如果有人笑，严肃的空气就被破坏了。他编译的生理学讲义——《人生象斅》，文字精美，论证有力，科学性和系统性都很强。特别难能可贵的是，他提出了"防疾病于未萌"、重视体育卫生和儿童青少年卫生等先进思想和观点，使这部教材成为我国近代不可多得的优秀的生理卫生学讲义之一。

鲁迅教化学时，十分重视实验。有一次，他在教室里试验氢气的燃烧，因为忘了携带火柴，临时走出教室去取。出门前，他再三叮嘱学生，一定不要触动氢气瓶，以免混入空气，在燃烧时炸裂。但他取回火柴一点火，玻璃瓶却爆炸了，手上的鲜血溅满了雪白的西服硬袖和点名簿。鲁迅抬头一看，发现前两排留着空位：原来坐在这里的学生故意将空气混进氢气瓶之后，悄悄地躲到后排去了。鲁迅后来谈到这事时说："他们也相信我，也不相信我。如果相信我的话，那就无须放进空气试看是否会爆炸了；如果不相信，认定不会炸，那就不用离开座位远避了。"

杭州的风景是美丽的，确如苏东坡的名句所描绘的那样："水光潋滟晴方好，山色空蒙雨亦奇。"但是，沉潜于工作之中的鲁迅却无暇流连于湖山胜迹，只有在采集植物标本的时候，他才得以徘徊于吴山胜水之间。仅 1910 年 3 月，鲁迅就攀玉皇山，越栖霞岭，前后十二次，采集了七十三种标本。有时仅为采一种标本，他就得付出几天的跋涉之劳。鲁迅还计划编一部《西湖植物志》，后因环境变迁，未能遂愿。

鲁迅在杭州执教期间最有意义的一段经历，是参加了痛击教育界封建顽固势力的"木瓜之役"。这是他归国后投入的第一次战斗。

"木瓜之役"的发生不是偶然的。在此之前，有一位革命者潜隐在浙江巡抚增韫的抚署做幕友，后来活动暴露，突然潜逸。这位革命者的妻弟胡俊是两级师范的学生，因为替姐姐、姐夫传递过信件，一度受到株连。特别是胡俊姐姐的一封亲笔信，更引起了增韫的疑窦，因为信中写道："你对我所说之事，待我宽松几天后，再听吩咐。"色厉内荏的增韫以为这是革命党人联络的暗语，惶恐万分，立即派卫队闯进两级师范学堂逮捕了胡俊。经审讯，增韫才知道信中所说的"事情"，其实是那位革命者希望妻子放脚并来杭州读书。虽然胡俊一案纯属杯弓蛇影，但增韫仍然心有余悸。为了防止两级师范学堂跟绍兴大通学堂、安庆巡警学堂一样，成为反清革命活动的重要基地，他乘学堂监督沈钧儒被选为省咨议局副局长的机会，推出了一个绰号叫"木瓜"（比喻木头木脑，顽固守旧）的富阳人夏震武继任沈钧儒的职务。夏震武原任浙江教育总会会长，一贯以道学家自命。他不但仇视推翻帝制的革命活动，而且就连从根本上维护帝制的"君主立宪"也极力反对。增韫以为驱赶着这个顽固派上阵，就能加强对浙江教育界的控制。

1909 年 12 月 21 日，即夏震武上任的前一天，他写了一封信给前任监督，内附礼单，要求全体教师各按自己的品级穿戴礼服，用当时官场下属见上司的"庭参"礼节和他相见；还要求设立"至圣先师"孔子的牌位，由他率领全体师生"谒圣"。22日早上八点左右，夏震武头戴清朝的红缨帽白石头顶子，身穿天蓝色大袍，外罩天青色套子，脚蹬一双黑靴，"冠冕堂皇"地来到学校；更为威风的是，他身后还带了十六名教育总会会员。到校后，夏震武首先带领学生向孔子神位行了三跪九叩礼，而后声嘶力竭地进行了一番所谓"廉耻教育"的说教，并在讲演中攻击两级师范的教师"高谈平等自由，蔑伦乱纪，诳惑学生"。接着，他又在会议室召见全体教师。教师诘问他带人入堂的理由，回答是："两级师范学堂名誉甚坏，教育总会理应调查，并行整顿。"本来就对"庭参""谒圣"这一套做法极为反感的教员们，面对夏震武的信口诬蔑，再也按捺不住怒火。在他们看来，名誉是人的第二生命。他们愤然责问夏震武："'名誉甚坏'四字，跟学堂全体人员都有关系，而教员的责任更大，请你明示证据，以付公论。如能指出腐败确据，我们立刻自行出校。"很多人还七嘴八舌地骂起来："你这个假道学！""你这个假孝子！""你这个老顽固，怎配当我们的校长？"

夏震武见教员们哄然而起，自知形势不妙，便在一群随从的簇拥下夺门而逃。

23日上午八点，夏震武派人往学校送了三封信：一封斥责教务长许寿裳"非圣""蔑礼""侵权"；另一封责备全体教员贻误学生；第三封劝令学生全部自修。一贯主张"教员反抗则辞教员，学生反抗则黜学生"的夏震武，原以为依恃强硬手段就可以迫使师生屈服，不料搬起石头砸了自己的脚。12月26日，鲁迅、许寿裳、杨莘士、张宗祥等二十五位进步教师全体辞职。一些原来住校的单身教师卷好铺盖，整理好行李书籍，一齐住进了黄醋园湖州会馆。夏震武进校后，只见教员部渺无一人，办事部亦空空荡荡，呼唤不应，茶水不备，大有进退维谷之势。在走投无路中，他只好宣布"提前放假"，妄图借此苟延残喘。

两级师范学堂教员的正义斗争，得到了进步学生的大力支持。省内教育界和京沪报刊也群起声援。夏震武开始还虚张声势，扬言"兄弟不敢放松，兄弟坚持到底"，后来种种诡计都未得逞，只好被迫辞职。在这场风潮中，鲁迅一直站在前列，勇敢坚定，因此被拥护夏震武的一派称为"拼命三郎"。教职员复职后，在大井巷的一家饭店聚餐，共庆胜利，戏称为"吃木瓜酒"。鲁迅畅饮之后，用筷子夹着一块肥肉，模仿夏震武的语调说："兄弟决不放松。"大家都被逗得大笑起来。这场在笑声中胜利结束的"木瓜之役"，给鲁迅留下了难忘的印象。一年后，鲁迅在致友人许寿裳的信中特意提道："木瓜之役，倏忽匪岁，别亦良久，甚以为怀……"

鲁迅回归故里（1910.7—1912.2）

剪辫风潮

南洋劝业会

《越铎日报》

笔名 "黄棘"

任绍兴府中学堂博物教员

"纾自由之言议，尽个人之天权，促共和之进行，尺政治之得失，发社会之蒙复，振勇毅之精神"

《〈越铎〉出世辞》

武昌起义

越社

任山会初级师范学堂监督

《怀旧》

第七章

迎接光复

1910 年 7 月，鲁迅辞去浙江两级师范学堂教职，回故乡任绍兴府中学堂博物教员；9 月，兼任该校监学。当时学制为五年，每班约四十人，全校学生约二百人。

绍兴府中学堂创办于 1897 年，原名"绍郡中西学堂"，著名的民主革命家蔡元培、徐锡麟等曾先后在此任职。1908 年上半年，同盟会会员陈去病还在该校组织了南社的分社——越社，并以国文教员的身份为掩护，积极开展反清革命活动。清政府为了控制这所学校，瓦解学校的革命力量，一方面多次派遣忠于清廷的顽固分子担任学校的"总理""监督"等要职，另一方面又利用地域观念在学生中制造宗派纠纷，甚至酿成大规模武斗。待鲁迅到该校任教时，学校有关教务的文件竟片纸不存，就连授课时间表也没有。鲁迅未曾想到，好端端的一个学堂竟被糟蹋成了这个样子。

鲁迅到绍兴府中学堂任教后，立即受到了师生的欢迎。不少教员是从日本留学归来的，他们了解鲁迅在日本的文学活动和社会活动；学生们也知道鲁迅与徐锡麟、陶成章等人的关系，对他尤为尊敬，甚至效法他，掀起了剪辫风潮。越社则一致拥戴鲁迅为领袖，使他成了该社的实际领导人。鲁迅的影响引起了清朝统治者和封建顽固派的嫉恨。绍兴知府每次到学堂来，总喜欢注视鲁迅的短头发，故意跟他多说几句话，借以侦察他的思想，妄图从中找出岔子，然而并没有得逞。

作为旧教育的叛逆者，鲁迅在绍兴府中学堂执教期间，十分注意深入实际，走向社会。假日里，他常身背特制的白铁筒，手持铁铲，到羊山、吼山一带采集植物标本。他还常带领学生游览禹陵、会稽山等名胜古迹。据传，大禹治平洪水后，为了聚会诸侯，计功行赏，曾来到这里的苗山，不幸驾崩。禹陵就是相传的大禹葬地。依山而建的禹庙，殿宇壮丽，气势雄伟，正殿有大禹立像，端庄凝重。大禹那种"若不把洪水治平，我怎奈天下苍生"的伟大抱负，"劳身焦思，八年于外，三过家门而不入"的忘我精神，使鲁迅深为敬佩。他跟学生一起在禹陵的"百步金阶"上摄影留念，对他们进行爱国主义的直观教育。林丰草茂、巍峨挺拔的会稽山，也使鲁迅想起了古越国"十年生聚，十年教训"的发愤图强的传统。春秋战国时，绍兴为越国都城。当时吴越争霸，越国战败，越王勾践被俘。回国后，勾践立志报仇雪耻。他在城西的迎恩门外，朝着吴国的方向，建起一座小楼，名曰"箭楼"；在楼上堆起柴草，每晚都睡在柴堆上，还把一个苦胆挂在楼上，"出入尝之，不绝于口"。

这就是被后人传为美谈的"卧薪尝胆"的故事。鲁迅曾说:"会稽乃报仇雪耻之乡,身为越人,未忘斯义。"

特别值得一提的是,1910年秋高气爽的时候,鲁迅还率领二百多名师生取道嘉兴、苏州,远赴南京参观"南洋劝业会"。这次展览会的宗旨,主要是为了振兴民族工商业,并借此进行社会教育。展览会基本上按省设馆,但以江南诸省居多;除展出各地特产,还展出了各地侨胞引进的南洋各国的先进工艺品和机器。绍兴府中学堂的一些学生由于株守乡里,孤陋寡闻,有的甚至以为"铁路"就是铁水浇铸的路面。不少人以前没见过电灯、汽车,所以除白天自由参观,学生们特别喜欢观赏灯火通明的南京夜色。通过一周左右的参观,学生们眼界大开,学到了许多书本上没有的新知识。大家说:"豫才先生真好。百闻不如一见,南京一行,胜读十年书。"又说:"我们这些绍兴'井底蛙',已由豫才先生带队游过汪洋大海了。"

黄鹤楼头金鼓震,春申浦上素旗飞。1911年10月10日,武昌中和门响起了湖北新军起义的枪声。武昌起义的爆发,推动了全国革命形势的迅猛发展,一时间,真是"诸出响应,涛起风从"。11月4日,革命军攻克杭州;翌日,浙江省军政府宣告成立。为了庆祝杭州光复,越社在绍兴开元寺召开群众大会,公举鲁迅为主席。鲁迅在演说中阐明了革命的意义及武装人民的重要性,并提议组织武装讲演团,分赴各地演说。不久,传来了败残清兵将要骚扰绍兴的谣言,市民人心浮动,纷纷仓皇出逃。鲁迅对胆怯的人说:"你看,逃掉的都是清朝官吏。我们为什么要逃呢?要设法消除慌张,不要自相惊扰。"为了稳定民心,鲁迅手持长刀，带领绍兴府中学堂的学生上街进行武装宣传。有学生问："万一有人阻拦怎么办？"鲁迅正言厉色地反问道："你手上的指挥刀是做什么用的？"在鲁迅的鼓励下，队伍雄赳赳气昂昂地经过了水澄桥、大善寺等绍兴主要街道。学生们高呼"革命胜利万岁！""中国万岁！"的口号，张贴"溥仪逃，奕劻被逮"的传单。革命的舆论使人心重新安定下来，一度关闭的店铺也重新营业了。

但是，敌人是狡诈而多变的。当反对革命的政治谣言被戳穿之后，绍兴城又出现了一个挂羊头卖狗肉的"军政分府"。鲁迅和朋友到街上去走了一通，满眼是白旗。然而貌虽如此，内里骨子是依旧的。原来这个"军政分府"的府长就是原绍兴府的知府程赞清。什么铁路股东是行政司长，钱店掌柜是军械司长。"矢忠清廷、权残党人"的土豪劣绅章介眉，竟也占据了"治安科长"的要职。这样的"军政分府"当然受到了绍兴人民的坚决抵制。越社特派代表到杭州，要求革命军迅速进驻绍兴。11 月 10 日傍晚，原光复会成员王金发率革命军乘白篷船抵绍。鲁迅率府中师生和绍兴各界人士到城东五云门外米行街一带夹道欢迎。王金发的部队上岸后，立即向城内进发。只见兵士都穿着蓝色的军服，戴蓝色的布帽，打裹腿，穿草鞋；骑马的军官穿着也很朴素，有的还光着头皮。然而，没有多久，在"许多闲汉和新进的革命党"的包围下，王金发的队伍革命色彩日见淡薄。王金发本人忘乎所以地"大做王都督"。在衙门里的人物，原本穿布衣来的，不到十天也大多换上皮袍了，虽然天气还并不冷。

王金发组成新的军政府后，给了鲁迅二百元经费，任命他为

山会初级师范学堂的监督。这所学校为两年制，每半年为一学期，学生定额为八十人。学生热烈欢迎这位身穿灰棉袍、头戴陆军帽的新校长，就如同欢迎新的国家一样。越社的进步青年也到山会师范来找鲁迅，要求借用他的名字办一种报纸，监督这个新政府，并经常针对当时的时弊敲敲警钟——这就是1912年1月3日在绍兴正式发行的《越铎日报》。鲁迅以"黄棘"为笔名撰写了《〈越铎〉出世辞》，声明创办此报是"纾自由之言议，尽个人之天权，促共和之进行，尺政治之得失，发社会之蒙复，振勇毅之精神"。由于《越铎日报》"此后是骂都督，都督的亲戚、同乡、姨太太……"因此触怒了日渐蜕变的王金发。社会上有一种传言，说王金发要派人用手枪打死《越铎日报》的同人。这使鲁迅的母亲很着急了一些时候，然而并没有人杀上门来。只是当鲁迅索取山会师范的经费时，王金发怒气冲冲地说："怎么又来拿钱？人家都把钱送到我这里来，你反而要拿去，好，再给你二百元。下不为例。"此后，学校的经费来源就断绝了。鲁迅愤愤地说："没有钱怎好办学校呢？我也不会变出钱来，更不会送去。"在这种情况下，他当然无法再在山会师范工作下去，只好亲自到都督府辞职。待到民事署学务科派一个"拖鼻涕的接收员"前来办理交接手续时，学校经费只剩下了一角钱零两个铜板。

辛亥革命之后绍兴"官威如故，民瘼未苏"的现实，无情地戏谑着鲁迅的理想，使他陷入了深广的忧虑和严肃的思索。1911年冬天，鲁迅写成了他的第一篇创作小说《怀旧》。作品通过一个私塾儿童的观察和感受，反映了刚刚发生不久的辛亥革命在乡间各阶层中引起的不同反响，描绘出一幅革命浪潮中的"人情世态图"："不辨粳糯，不分鲂鲤"的金耀宗，是一个深谙权术的土豪。当革命军行将到来之际，他准备装作"箪食壶浆以迎王师"的"顺民"，趁机攀摘革命的花果；一旦革命高潮过去，便仍旧作威作福。帮闲文人秃先生，比他的主子更懂得处世应变的韬略。他告诫金耀宗，在政治形势尚未明朗时，要跟革命保持一定的距离，"固不可撄，然亦不可太与亲近"，最好先行躲避，静观形势，再伺机反扑。另一方面，小说中的民众则对革命全然无知。在他们心目中，辛亥革命和"长毛"造反乃至跟强盗作乱不过是一回事。略有风吹草动，他们便纷纷乱逃一气：何墟的居民直奔芜市，而芜市的居民却争走何墟。路上人群穿梭，多于蚁阵，都不知道究竟是什么来了。《怀旧》中的这些描写，形象地反映了辛亥革命的不彻底性。当这篇小说以"周逴"的笔名投寄到《小说月报》之后，主编恽铁樵大为赏识。他在显著位置刊登了这位当时尚属无名之辈的佳作，在文中佳妙处密加圈点，并且专门写了评语，热情地向社会推荐。他还特意给鲁迅寄了几本小说，算是奖品。这篇写于"五四"运动前八年的小说，虽然运用的仍然是传统的文学语言——文言，但其思想内容和情节结构却清楚地表明，它是现代文学的先声，而绝不属于旧时代的文学。二十多年之后，鲁迅和茅盾共同为国外读者编选现代中国短篇小说集《草鞋脚》，曾打算将《怀旧》收入，以此反映我国现代小说酝酿期的创作风貌。

鲁迅在北京（1912.5—1926.8）

"驱羊运动"

钱玄同　教育部供职　《阿Q正传》　女师大风潮　蔡元培

《狂人日记》　北洋军阀

"绝无窗户而万难破毁"的"铁屋子"　女师大

《孔乙己》　"老虎尾巴"

西三条胡同　朴树书屋　兄弟失和

京师图书馆　《新青年》

《药》

第八章

教育部供职

　　1912 年初，鲁迅应中华民国南京临时政府教育总长蔡元培之邀，赴南京任教育部部员。同年 4 月，南京临时革命政府北迁，鲁迅先请假回绍兴省亲，而后从上海取海路北上，在北京政府教育部继续任职。就这样，从 1912 年 5 月至 1926 年 8 月，鲁迅在民国初年的教育部整整待了十四年。

　　袁世凯继任中华民国大总统之后，各派军阀在帝国主义和国内买办豪绅阶级的支持下，穷兵黩武，相互间进行着连绵不断的战争。他们办教育的目的，一方面是钳制人民的思想，为其复辟倒退活动制造舆论；另一方面则是粉饰太平，点缀一种虚假的升平景象。北洋军阀政治上的反动性和腐朽性，决定了他们御用教育的腐朽性。在鲁迅任职期间，北京政府就更换过三十八次教育总长，二十四次教育次长。人事的频繁更迭，是各派军阀之间倾轧排挤、矛盾重重的具体表现。大多数部员也是群居终日，言不及义。经常不上班、杳如黄鹤者往往受重用，而真正办事的人反而受到打击、排挤。鲁迅极端厌恶那些在教育部的破脚躺椅上摆出一副螃蟹姿态而又不学无术的名公巨卿，极端鄙视那些上班之后专门喝清茶、唱京戏、诵佛经，甚至无聊到用拂尘不断掸土借以消磨时光的尸位素餐的同僚。在这种腐败不堪的环境中，鲁迅仍然尽力做一些于人民有益的工作，像一株亭亭净植、高标挺秀的莲蓬，屹立在污浊不堪的泥塘之中。

鲁迅在教育部被任命为社会教育司第一科科长兼教育部佥事。"佥事"是一种职位，相当于四等或五等文官。"科长"是一种具体职务，社会教育司第一科的管辖范围包括博物馆、图书馆、美术馆、动植物园，以及文艺、音乐、演剧等事项，实际上就是当时关于文化艺术方面的最高管理机构。

鲁迅在教育部的主要贡献之一是筹建历史博物馆。该馆创始于 1912 年，筹备处原设于国子监的彝伦堂内；1918 年迁移新址，以天安门内的午门城楼为陈列室。在北洋军阀统治时期，帝国主义的"考古家"联翩而至，恣意劫掠我国的珍贵历史文物；腐朽透顶的军阀官僚对古物的态度，也是不偷盗则糟蹋。比如原清政府存放于内阁大库中的一批古籍和文物（即所谓"大内档案"），就被装进八千只麻袋塞进国子监的敬一亭中，长期无人过问，任其烂掉、霉掉、蛀掉、被偷掉，到后来又被当作废纸，卖给纸店做再生纸的原料。鲁迅对当局侵吞和糟蹋文物的行径深感愤慨。在筹备历史博物馆期间，鲁迅多次将自己辛勤搜集的文物捐赠给该馆，对该馆的藏品更是倍加珍视。1913 年 11 月 20 日，历史博物馆将十三种藏品送至教育部，准备交德人米伯和带至莱比锡参加翌年举行的国际雕刻博览会。深谙官场黑幕的鲁迅懂得，军阀时代，官盗不分。为了保证这批文物的安全，鲁迅特意回家取来两条毛毡，宿于部中，不眠至晓。1925 年，杨柳吐绿抽芽的时候，鲁迅还亲自带领女师大国文系的学生登上午门，参观历史博物馆的各种陈列。这里的展品告诉人们，我们的祖先勤劳而又聪颖。他们创造了指南针、火药、印刷术和纸张，织出了举世惊叹的丝绸绢帛。那地震仪中含珠的龙头，能听到大地的脉搏；那指南车上旋转的人形，能辨认征战的路线……这里的展品又清晰地昭示：我们的祖先五千年来走过的是一段坎坷艰辛的历程。那远古的瓦缶，曾经盛满他们苦涩的眼泪；那出土的箭矢，仍遗留着民族杀戮和阶级压迫的血痕。参观之后，原来仅仅感到快意的学生也不禁陷入了沉思：何时才能使我们古老的文明重新散发出旭日般的光辉？怎样才能不使我们祖先的才智荣耀沉积在历史的河底？

图书是人类精神的食粮，进步的阶梯，智慧的明灯。一个国家图书事业的状况，往往能成为判断整个文化水平的重要标志。鲁迅在教育部供职期间，为改组、发展当时的国家图书馆——京师图书馆也付出了很大的精力。京师图书馆创建于 1909 年（宣统元年）7 月，1912 年 8 月 27 日正式开馆。开馆之初，藏书不多，善本书和阅览书的总数仅有五千四百二十五部。鲁迅为了充实馆藏，于 1912 年秋以教育部的名义调各省官办书局所刻书籍入藏该馆。次年，又以教育部的名义将一部铜活字印的中国大型图书——《古今图书集成》调拨给京师图书馆。1916 年 4 月，鲁迅还通过政事堂取得内务部的同意，明文规定凡经内务部立案的出版物均应分送京师图书馆一份庋藏。同年，他还以教育部的名义为京师图书馆征取各省区最新修刊的志书和征求各种著名的碑碣石刻拓本。在《鲁迅日记》中，还有他多次将中外书刊捐赠京师图书馆的记载。特别需要提及的是，《永乐大典》（残本）与文津阁《四库全书》这两部举世闻名的重要典籍，也是经过鲁迅的据理力争才移藏京师图书馆，免遭散失的厄运。此外，鲁迅还四处奔走，为京师图书馆及其分馆择定馆址。为了拟定京师图书馆的年度预算和改组方案，他甚至累得"头脑岑岑然"。鲁迅苦心孤诣地保护我国重要典籍与历史文献资料，奠定了今天北京图书馆丰富馆藏的基础。

鲁迅在教育部供职期间参加的学术活动，主要是在读音统一会提议采用注音字母。读音统一会的职责是审定国音，标定音素，采定字母。会员须具备下列四个条件中的一条：一、精通音韵；二、深通文字学；三、通一种或两种以上外国文字；四、熟悉多处方言。这些条件，鲁迅几乎全部具备，因此被教育部延聘为该会会员。1913 年 2 月，读音统一会在教育部礼堂召开。莅会者除教育部延聘的会员，还有包括蒙古族代表、藏族代表、华侨代表在内的各地代表共四十四人。经过一个多月的工作，会议审定了六千五百余字的国音，但在核定音素、采定字母时，却产生了激烈的争议。由于在学术辩论背后又隐藏着政治纷争，所以会场变成了角斗场。会员们互相破口大骂，乃至抢起板凳动武。会议正、副主席吴稚晖与王照也参加了这场混战。鲁迅回忆说，王照为了入声存废问题，曾和吴稚晖大战，"战得吴先生肚子一凹，棉裤也落了下来"。当各种意见争持不下时，鲁迅等五人根据章太炎在民国元年前四年拟定的一套标音符号加以斟酌损益，拟定了三十九个注音字母。这些字母采用的是笔画最简而音读与声母韵母最相近的古字，适于借用来做注音符号，因此表决时以多数票通过。鲁迅等人提议并于1918年底由教育部正式颁布的这套注音字母，在解放后新的拼音文字公布之前，对帮助人们记音识字产生过重要的辅助作用。

在提倡美育、开展通俗教育等方面，鲁迅也做出了重要的贡献。业余时间，他还抄录、校辑了《谢承后汉书》《嵇康集》《云谷杂记》《唐宋传奇集》等十余种古籍，搜集了五千多种汉魏六朝和唐代的碑铭、墓志、石刻画像的拓本，购置了不少辅助其考证工作的古物（如古砖、瓦当、土偶、铜镜、钱币、弩机等），比较系统地阅读了佛学经典……鲁迅进行这些工作，不仅是为了研究中国的思想史、文学史、美术史、字体变迁史，而且是想通过解剖中国的历史和民族文化遗产来研究中国数千年封建社会的本质，发掘我们民族的精神特质，进一步探寻中国社会的出路。在这种默默的工作背后，跃动着鲁迅的一颗炽热的心。

鲁迅在教育部供职期间，尊孔复古的乌云笼罩着中国的天空。尤其在袁世凯时代，不但恢复了尊孔祭典，而且还出现了古怪的祭服，袁世凯妄图用儒家学说做"敲门砖"替他敲开"龙庭宝座"的大门。对教育部尊孔复古的举措，鲁迅多次进行了抵制和揭露。1912年9月28日，教育部在孔庙演出了一出"祭孔"闹剧。参加祭典的仅三四十人，或跪或立，或旁立而笑，还有人在旁边破口大骂，致使典礼顷刻间便草率结束。鲁迅在当天日记中寥寥数笔就活画出这次"祭孔"活动荒诞可笑的情景。1914年，鲁迅又跟其他五位同事一起签名写信给当时的教育总长，反对"读经祭孔"，并将信另抄一份摊在办公桌上，部里的职员都竞相来阅。这封信有如一枚炸弹，冲破了教育部令人窒息的空气。1916年秋，教育部对袁世凯任总统时制定的《教育纲要》进行讨论。鉴于这一纲要以"尊孔尚孟"为宗旨，鲁迅在征询意见的"说帖"上签注意见，旗帜鲜明地主张对这一纲要"根本取消""明文废止"。对各地呈请表彰节烈和实行尊孔措施的公文，鲁迅只要看到，也无不主张驳回。例如有一次，山西大学堂"崇圣会社"递交了一份尊孔崇圣的呈文，要求在山西大开文庙，提倡崇圣，昌明孔教。鲁迅指出，"崇圣会社"这个名称就可笑，更不要谈内容了，但是对这种现象不能仅止于嘲笑，而应该认真剖析其产生的社会根源。后来，由于鲁迅等人的抵制，社会教育司以"民国祀典尚未制定"为理由，巧妙地驳回了这份经过袁世凯批转的呈文。

在北洋军阀统治时期，经费支绌是国家机构中普遍的现象。而在政府各部中，教育部又被称为"第一穷部"，不仅领薪金要领签、排班、等候、受气，而且经常积欠，需昼夜奔走，向国务院呼号，向财政部坐讨，才能索取到一小部分，真所谓"盼薪不至泪斑斑，薪在虚无缥缈间"。据鲁迅1926年统计，教育部欠他薪金已达两年半以上，共计九千二百四十多元。因此鲁迅幽默地把自己称为"精神上的财主""物资上的穷人"。当时，教育部部员曾组织索薪团，冒着被反动军警打得头破血流的危险，包围财政部，要求补发欠资。鲁迅也参加过这种索薪斗争。

在教育部供职，是鲁迅前期主要的社会职业。鲁迅利用他的职务，一方面为中国的文化教育事业做出了力所能及的贡献，另一方面又从政府机构内部洞察到北洋军阀的黑幕，这对他的创作活动和思想发展都产生了一定的影响。"五四"运动之后，鲁迅勇猛地投入到了无产阶级领导的新文化运动中，他在教育部就基本上没有再做什么实际工作了。

第九章 为前驱者呐喊

北京宣武门外有一条僻静的胡同——南半截胡同。胡同里有一个僻静的小院——绍兴会馆的"补树书屋"。院中原有一株开着淡紫色花朵的楝树，后来楝树不知怎么被折断了，就又补植了一株槐树，"补树书屋"的名称就由此而来。如今，这株槐树躯干的横断面上已经出现了第七十六道年轮，在它两侧书房中度着漫漫长夜的鲁迅也在人生的道路上经历了三十八个春秋。古语云："三十而立。"三十八岁，这正是生命之树结果的时光。然而，中年时代的鲁迅由于饱经忧患，宽阔的额头上已经漾出了皱纹——这是历史倒转的车轮在他额上留下的辙印。

辛亥革命之后，国家的情况一天比一天更坏：1915 年 12 月 12 日，袁世凯称帝，做了八十三天的短命皇帝；1917 年 7 月，辫帅张勋又刮起了一阵阴风，把废帝溥仪从故宫抬出来，演了一出十二天的复辟丑剧。目睹这种"狐狸方去穴，桃偶已登场"的政局，鲁迅产生了怀疑和苦闷。他的苦闷，是在旧民主主义革命已经失败，而新民主主义革命尚未兴起的历史时刻所产生的时代性的苦闷。就是在这种情绪的笼罩下，鲁迅埋头于整理古籍，研究佛学，搜集金石拓片。他在孤独中思索着辛亥革命的教训，在尖锐的思想矛盾中不倦地探寻着中国革命的新路。正当鲁迅在补树书屋过着"槐蚕叶落残碑冷"的生活的时候，新文化运动的狂飙终于推开了鲁迅心灵的门扉。

人们不会忘记"补树书屋"那位手提大皮夹的胖胖的来客——鲁迅的老同学钱玄同。他在东京民报社听章太炎讲学时，常在席子（即日本的"榻榻米"）上爬来爬去，因此被同学戏称为"爬翁"。1918年初，以倡导文学革命而闻名的刊物《新青年》杂志扩大阵营，由陈独秀主编改为编辑部同人共同编辑，钱玄同也成为编者之一。但是，他们当时如同奔驰于毫无边际的沙漠，没有人来赞同，也没有人来反对。在寂寞中，钱玄同想到了留日时期曾经慷慨激昂地提倡文艺运动的鲁迅，便敦促他为《新青年》撰写稿件，以完成他蓄志已久的事业。在钱玄同的鼓励下，鲁迅感到旧社会虽然像一间"绝无窗户而万难破毁"的"铁屋子"，但只要惊起了里面较为清醒的几个人，就不能说绝没有毁坏这铁屋的希望。鲁迅处于冰结状态的热烈的爱憎，以及原来储存的生活素材如同火药一样，由于时代的气温适度，又有钱玄同的约稿这一导火线的触发，终于爆发出了灿烂的思想和艺术火花。

当鲁迅重新挥笔上阵的时候，他首先想起了前不久偶尔读过的《资治通鉴》。这是北宋司马光主编的一部编年体通史。鲁迅从中了解到，像春秋时代齐国的大臣易牙把儿子蒸熟了献给齐桓

公品尝这类令人战栗的故事，在中国历史上原来是司空见惯的事情。易牙为了表示对君主的忠诚，居然忍心杀死自己的亲骨肉，这有多么残忍！但当齐桓公病倒以后，易牙又纠结同伙相与作乱，使齐桓公粒米不得食，可见他的"忠"是何等虚伪！鲁迅又想起了清末刺死安徽巡抚恩铭的光复会元老徐锡麟，他刺杀安徽巡抚恩铭时不幸被俘，连心肝都被恩铭的卫队剜出来炒着吃了。在鲁迅的脑海中，还浮现出了他的姨表弟阮久荪的影子。这个青年原是浙江法政专门学校的学生，后来到山西一带游幕。他置身于封建官场中，看到人会怎样骗人，怎样卖友，怎样吮血，痛感自己的抱负得不到施展。他在一首题为《寄友》的五言律诗中，就发出了"壮士容无地"的浩叹。由于长期抑郁寡欢，阮久荪得了一种叫"迫害狂"的病症。他在幻觉中感到山西繁峙县的绅商各界到处撒下了罗网，必欲置他于死地而后快。1916 年 10 月他逃到北京，仍然觉得时刻有人追踪，经常流露出恐怖的神情和发出凄惨的喊叫。在封建卫道者眼中，"狂人"不只是阮久荪这类黑暗社会的被迫害者，还包括封建制度的叛逆者。深为鲁迅崇敬的"有学问的革命家"章太炎先生，由于好发议论，而且敢于毫无顾忌地褒贬人物，因而被贬的一群人就叫他"章疯子"。就连鲁迅本人，后来竟有人造谣说他也发了疯。于是，这些纷至沓来的人物和思想，像无数条光柱从四面八方射向鲁迅的心中，而后汇集到人的解放问题这个聚光点上。为了掀翻封建统治阶级摆设的人肉筵宴，鲁迅运用"杂取种种人，合成一个"的典型化手法，孕育了一个既有狂人病理特征又有反封建战士精神本质的独特形象。鲁迅借助这个现实性与象征性互相渗透的有双重色彩的人物，对封建家族制度和礼教的弊害进行了剔肤见骨的揭露。"狂人"用他如炬的目光，透过峨冠博带的封建史家在每页上都写着"仁义道德"几个字的历史，看到了字缝中隐藏着的"吃人"二字。"狂人"还用黄钟大吕般的声音提出了"将来容不得吃人的人活在世上"的愤怒警告，发出了"救救孩子"的战斗号召。这篇题为《狂人日记》的小说，以其思想的深刻和格式的特别，为中国新文学奠定了第一块基石，像号角一样震醒了在封建"铁屋子"里沉睡的人们。继《狂人日记》之后，鲁迅接连又写出了《孔乙己》《药》《白光》等作品，为抨击封建制度提供了一件件活生生的罪证。1923 年，鲁迅将这些小说集为《呐喊》一书公开出版。"呐喊"的意思，就是用文艺作品为时代前驱者助阵作战。陈独秀赞扬说："鲁迅兄做的小说，我实在五体投地地佩服。"李大钊也说："鲁迅先生是我们《新青年》最谦虚、最热忱的成员。我们见面不多，但他和我却很能默契。"李大钊还要求他的子女一定要好好阅读《呐喊》，因为"这是中国最好的一本小说"。

　　最早为鲁迅赢得文坛声誉的虽然是他的小说，而他日后的作品又有力地证明了他具有纯熟驾驭各类文体的卓越才能，但他终身选择的主要文学样式却是杂文。究其原因，无疑是杂文作为一种战斗的文体，更适合于鲁迅的战士本色和中国社会的迫切需求。鲁迅将他作为哲人的睿智和作为诗人的激情，全部融入他的近千篇杂文当中。他既吸取了英国随笔（Essay）形制简短、绵里藏针、微而显著、小而见大的特色，又借鉴了魏晋文章"清峻，通脱，华丽，壮大"的文风，特别是继承了魏晋文章的"骨力"，使杂文这种文体成了开展文明批评和社会批评的利器，给封闭僵滞的旧中国注入了活力和生机。由于新文化运动肩负着文学革命和思想革命的历史重任，鲁迅这一时期的杂文大多围绕这一时代主题展开，尤其是他对封建礼教和家族制度的批判，更为深刻犀利，具有内在系统性。

"五四"时期中国现实社会中民主主义与封建主义的斗争，反映在文学领域就形成了提倡白话文的激进派与维护文言文的守旧派的斗争。在这场论争中，鲁迅"所对付的不过一小部分"，也就是说，鲁迅并没有跟旧文学营垒的所有代表人物都展开正面交锋，而只是集中火力对付那些"学了外国本领，保存中国旧习"的人物，如"学衡派""甲寅派"诸公。

"学衡派"以留美学生为骨干，以"昌明国粹，融化新知"为旗帜。与"孔教派""国粹派"的不同之处是，"学衡派"的学者主张引进西方的自然科学和白璧德的新人文主义；但在维护文言文的正宗地位、维护旧文化中恒定的精神价值等方面，"学衡派"则是文化保守主义的稳定的同盟军，同样是阻挡"五四"新文化潮流的顽石。"甲寅派"代表人物章士钊也是"学贯中西"的人物，辛亥革命前主持《苏报》，倡言革命，颇为人们称道，但在北洋军阀统治时期，他却变为皖系军阀的高级幕僚，并利用他担任教育总长兼司法总长的大权，镇压爱国运动，明令尊孔读经，其危害更甚于"学衡派"。

在跟"学衡派""甲寅派"的论争过程中，鲁迅没有跟对手在一些理论问题上扭打，在一些名词概念上兜圈，而是主要凭借自己谙熟中国传统文化的优势，采用"以子之矛，攻子之盾"的战法，戳穿这批自炫渊博的旧文学的卫道者"文且未亨，理将安托"。如他在《估〈学衡〉》一文中，只不过从该刊中随手拾来若干未通的字句，就"衡"出了他们的铢两，让这些跟国粹谬托知己的人窘态毕现。在《答 KS 君》《再来一次》等文中，鲁迅以实例证明章士钊乱用成语，错解典故，文字庞杂，陋弱可哂，使他企图从逻辑学、语言学、文化史的角度证明文言文优越的图谋彻底破产。由于"学衡派"的人物尊杜威、罗素而贬马克思，章士钊当时更是段祺瑞执政府中的核心人物，这就使得鲁迅跟他们论争的意义超出了文学领域而带有思想批判和政治斗争的性质。

第十章

阿Q诞生

1921 年 11 月 27 日晚，有一位身躯矮胖的年轻人来到了八道湾十一号。他敲开了前院一间朝北的房门，迎出门的是刚搬来不到一周的鲁迅。

这个年轻人就是中国现代著名的报人、编辑家孙伏园，当年二十七岁，原是鲁迅在山会师范任教时的学生。其时，孙伏园正在北京《晨报》主编副刊。他笑嘻嘻地对鲁迅说："先生，我们报纸新添了一个栏目，叫作《开心话》，每周一次。您给我们写点东西吧。"孙伏园深知鲁迅的同情和助力是在青年人一边，他的请求不会被拒绝的。孙伏园的判断完全正确。鲁迅那时虽然居住条件很差，晚上睡在做通道的屋子里，只有一扇后窗，连好好写字的地方都没有，但他仍然答应了孙伏园的请求。

写什么呢？这时，鲁迅脑海中浮现出了一个打杂的短工，赤背、赤脚、黄辫子、厚嘴唇，头戴一顶黑色的半圆形的毡帽，那帽边翻起一寸多高。他有农民式的质朴、愚蠢，但也沾了些游手之徒的狡猾。他叫阿 D 吗？这位阿 D 对一切新鲜事物都看不习惯，甚至看到学生们穿黑色袜子都火冒三丈，认为一定是"新党"。他叫阿 Dn 吗？这位阿 Dn 爱跟人打架，但总是吃亏；虽然脸上一块青，头上一块肿，却骂得很起劲，使围观的人反认为他是胜利者。有次他喝醉了酒，居然跪在一位娘姨面前，连声哀求："你给我做老婆！你给我做老婆？"他叫阿 Kuei 吗？这位阿 Kuei 常小偷小摸，并将偷来的东西变卖，有时卖鸡，有时卖铜火锅，有时卖古砖。辛亥革命时期，杭州光复，绍兴城防空虚，阿 Kuei 在街上大嚷："我们的时候来了！到了明天，我们钱也有了，老婆也有了！"不，还是让主人公叫阿 Q 吧——鲁迅终于这样决定，因为"Q"这个字样子好玩，就像阿 Q 后脑勺赘着的那条辫子。把阿 D、阿 Dn、阿 Kuei 的身影都汇集到阿 Q 身上来！

写阿 Q 干什么？真是为了寻开心吗？当然不是。多年来，鲁迅一直在深刻观察分析中国社会，竭力探索中国人的灵魂。他感到中国人在默默地生长、萎黄、枯死，就像压在大石底下的小草一样，已经长达四千年了。他想勾画出这种沉默的国民的灵魂，揭出痛苦，引起疗救的注意。画灵魂，目的是重铸国民的灵魂。而要重铸民魂，首先需要正视灵魂里的毒气和鬼气。古人云："知耻者近乎勇。"好比人体的耻部，暴露出来难免令人羞涩，但人类新的生命不正是在那里孕育，在那里诞生吗？

在提笔为阿 Q 作传的时候，鲁迅不禁想起了美国传教士史密斯写的一本书——《中国人气质》。早在留学日本的时候，鲁迅就读到了这本书的日文译本，译者涩江保，书名被译为《支那人气质》，东京博文馆出版。这本书的作者前后在中国居留了半个世纪，通过观察，调查，阅读报纸、小说、民谣、戏剧，他总结了中国人的一些优点，如节俭、勤劳、生命力强等，但更多的却是剖析中国人气质中跟现代人性格不协调的部分。比如，他认为"面子"的观念是打开中国人许多重要特性这把暗锁的钥匙，而所谓"面子"则包含不重事实、只重形式的做戏的成分。另外，在人际关系中也缺乏诚与爱。例如衙役押送犯人时忘了戴脚镣，就轻易把犯人的手掌钉在大车上。即使在宗教崇拜中也缺乏诚，比如捐款修庙，有的信徒只捐二百五十个铜钱，在功德簿上却记上一千个铜钱的账。鲁迅虽然认为史密斯对中国人的评价"错误亦多"，他所谈的"中国人气质"也不包括全体中国人，但他希望中国读者"看了这些而自省、分析，明白哪几点说得对，变革，挣扎，自做工夫，却不求别人的原谅和称赞，来证明究竟怎样的是中国人"。鲁迅在东京时就曾跟友人谈论过三个相关的问题：一、怎样才是理想的人性？二、中华民族中最缺乏的是什么？三、它的病根何在？他们同意史密斯关于我们民族缺乏诚与爱的看法，认为元、清两代奴于"异族"是重要的历史根源。做奴隶的人还有什么地方可以说诚说说爱呢？所以，要改良我们的民族性唯一的办法就是革命。只有革命才能铲除奴隶根性！

在留日归国之后的岁月里，鲁迅一直在继续开掘中国人的灵魂，思索疗治民族精神创伤的药方，以期实现他青年时代就立定的"立人"的文化纲领。他发现中国人自命为爱中庸，但在行动上却常常过激，并不中庸。不少中国人不敢或不愿睁眼看现实，却用"瞒和骗"的手段造出奇妙的逃路。中国人爱说自己爱和平，其实是爱斗争，自己斗，也爱看别的东西斗，诸如斗鸡、斗牛、斗鹌鹑、斗蟋蟀、斗画眉，古代还有斗鱼。闲人围着呆看，还借此赌输赢。有些中国人似乎患了健忘症。健忘，固然可以脱离精神的苦痛，但也因为健忘，往往会重蹈覆辙。比如做儿媳时受婆婆虐待，做了婆婆照样虐待儿媳；未当官时痛骂官吏，一旦当官跟前任并没有什么两样。

就这样，鲁迅在深刻解剖中国国民性的基础上，塑造出了阿Q这样一种超越时空、超越地域的精神典型。

鲁迅笔下的阿Q是不幸的。他"真能做"，却没有固定职业，只给人家做短工：割麦便割麦，舂米便舂米，撑船便撑船。他没有片瓦寸土，长期寄居在一处祭祀土地神和五谷神的小庙——土谷祠。他说他原本姓赵，但因太穷，财主赵太爷认为他不配姓赵，于是他从此就被剥夺了姓氏。他快三十岁了，还是光棍一条。阔人可以三妻四妾，还被视为体面，而他只因跪着向一位小寡妇吴妈求爱，就被大杠子敲打，不但赔了钱，而且断了生路，只剩下一条万不可再脱的裤子。阿Q这种想做奴隶而不得的境遇，使鲁迅深感悲哀。

然而身为奴隶的阿Q却不思反抗。他有一种不知从哪里来的意见，以为革命党便是造反，造反便是与他为难。他进城时看过杀革命党的场面，回未庄后逢人便炫耀自己的见闻："你们可看见过杀头么？"阿Q说，"咳，好看。杀革命党。唉，好看好看……"他还扬起右手，在听得出神的王胡后颈脖上直劈下去："嚓！"阿Q这种麻木的精神状态，又使鲁迅深感悲愤。

阿Q性格的核心是"精神胜利法"。所谓"精神胜利法"，

简言之，就是用精神上虚幻的胜利掩饰现实生活中的失败。阿 Q
炫耀过去："我们先前——比你阔得多啦！"又幻想未来，"我
的儿子会阔得多啦。"唯独不正视不名一文、连老婆都娶不起的
现实。阿 Q 明明被人揪住黄辫子，在壁上碰了四五个响头，却用
总算被儿子打了来自宽自解，于是心满意足。他被人抢走了偶尔
赌赢的钱，还挨了一顿乱打，于是自己抽自己两个耳光，似乎打
人的是自己，挨打的是别人。这种自我分裂、自摧自戕的办法，
又使他转败为胜，心满意足。在阿 Q 手中，自轻自贱也是精神胜
利的武器。欺侮他的人在打他之前，让他先说是"人打畜牲"，
以防止他说"儿子打老子"。阿 Q 只好说："打虫豸，好不好，
我是虫豸——还不放么？"他自认为是天下第一个能自轻自贱的
人。但除了"自轻自贱"，余下的就是"第一个"。状元不也是
第一个吗？这种奇思妙想，又使他心满意足，久久陶醉于"第一
名"的优胜之中。

最使鲁迅感到痛心的，是阿 Q 不但忌讳缺点，而且以丑骄
人。阿 Q 头上有癞疮疤，便忌讳别人说"癞"，推而广之，连
"光""亮""灯""烛"都忌讳。别人拿他的生理缺陷取笑，
阿 Q 便说："你还不配……"这时候，阿 Q 仿佛觉得他头上是一
种光荣的标志，并非令人恶心的癞头疮了。鲁迅记得，"五四"
时期有一位叫林损的文人，写过一首题为《苦—乐—美—丑》的
诗，其中有这样的句子："乐他们不过，同他们比苦！美他们不
过，同他们比丑！"鲁迅认为，这种昏乱无赖的思想，能使人无
可救药，成为万劫不复的奴隶。不疗治这种精神状态，中华民族
就不可能挣脱奴隶的枷锁。

　　《阿Q正传》连载了两个多月，鲁迅实在很想收束了，只是担心孙伏园反对，便将结尾的第九章《大团圆》藏在心里。但是，适逢其时，孙伏园外出了，由一位叫何作霖的先生接替他的编务，鲁迅便在1922年2月12日的《晨报副刊》上刊出了最后一章。待到三月底孙伏园返回北京，阿Q已经被主张"惩一儆百"的把总枪毙一个多月了。纵令孙伏园怎样善于催稿，如何笑嘻嘻，都已无济于事。

　　《阿Q正传》连续刊出后，在社会上引起了强烈反响。有许多人都栗栗危惧，以为作品中的某一段就是骂他自己，或者是在揭他的隐私。鲁迅创作《阿Q正传》，初衷"是在使读者摸不着在写自己以外的谁，一下子就推诿掉，变成旁观者，而疑心到像是写自己，又像是写一切人，由此开出反省的道路"。显然，这一目的已经达到了。评论界几乎众口一词地给予这部作品以高度评价。茅盾认为，《阿Q正传》实是一部杰作。阿Q这个人物，既是中国人品性的结晶，又概括了人类普遍弱点之一种，读后使人想起俄国冈察洛夫笔下的奥勃洛莫夫。周作人指出，阿Q这类人物在现实生活中既不存在而又到处存在，作品中多用反语，即所谓冷的讽刺——"冷嘲"，其笔法受到了俄国果戈理、波兰显克维奇和日本夏目漱石、森鸥外等作家的影响。胡适则一言以蔽之：鲁迅的短篇小说，从四年前的《狂人日记》到最近的《阿Q正传》，虽然数量不多，但差不多没有不好的。

第十一章

东有启明，西有长庚

《诗经·小雅·大东》中有这样的句子："东有启明，西有长庚，有捄天毕，载施之行。"其实，启明与长庚都是太阳系九大行星之一——金星的别名。金星是大行星中跟地球最接近的一颗，自东向西逆转。因金星运行轨道所处方位不同，人们将黄昏见于天际的金星称为长庚，将凌晨见于天际的金星称为启明。鲁迅不到一岁时，曾拜绍兴长庆寺龙师父为师，由此得到一个法名叫作长庚，后来也偶尔用作笔名。说来也巧，鲁迅二弟周作人的字，叫作启明。据许钦文的四妹许羡苏回忆，鲁迅的母亲曾对她说："龙师父给鲁迅取了个法名——长庚，原是星名，绍兴叫'黄昏肖'。周作人叫启明。启明也是星名，叫'五更肖'，两星永远不相见。"

这种说法当然带有迷信色彩，但用"东有启明，西有长庚"比喻周氏兄弟的失和，则不失为一种形象的说法。

　　鲁迅与周作人青少年时代"兄弟怡怡"的情景早为人们所熟知；他们在新文化运动中并肩战斗的业绩，也已成为中国现代文学史上的佳话。查阅鲁迅和周作人的日记，直到1923年上半年，他们还维持着兄弟之间的正常关系：他们在八道湾一起生活，共同指导北京大学春光社的文学青年，多次与中外友人聚餐品茗……当年6月，他们一起在日文《北京周报》上发表了题为《"面子"与"门钱"》的谈话；他们合译的《现代日本小说集》以周作人个人的名义由商务印书馆出版。直至当年7月3日，兄弟俩还同去东安市场和东交民巷买书购物。7月14日，《鲁迅日记》中突然出现了这样的记载："是夜始改在自室吃饭，自具一肴，此可记也。"周作人同日日记中没有这方面的记载。7月17日，周作人日记记载："阴。上午池上来诊。下午寄乔风函件，焦菊隐、王懋廷二君函。7月《小说月报》收到。得玄同函。"周作人承认，这则日记原来还有大约十个字，涉及他与鲁迅矛盾的内容，但后来被他"用剪刀剪去了"。这里值得注意的有两点：一、"池上来诊。"池上是常来八道湾看病的日本医生。周作人之妻羽太信子有癔病，经常歇斯底里发作。周作人同年1月7日日记中，就有"信子发病，池上来诊"的记载。二、鲁迅当天日记中毫无与家庭矛盾有关的内容。7月18日，周作人给鲁迅写了一封信，全文是"鲁迅先生：我昨天才知道，——但过去的事不必再说了。我不是基督徒，却幸而尚能担受得起，也不想责谁，——大家都是可怜的人间。我以前的蔷薇的梦原来都是虚幻，现在所见的或者才是真的人生。我想订正我的思想，重新入新的生活。以后请不要再到后边院子里来，没有别的话。愿你安心，自重。7月18日，作人"。这天晚上，淫雨霏霏，给八道湾院落增添了几分凄清。7月19日，周作人日记中有"寄乔风、凤举函，鲁迅函"的记载。鲁迅当天日记记载："上午启孟自持信来，后邀欲问之，不至。"当晚，"大雷雨"。原来"兄弟怡怡"的鲁迅和周作人从此决裂，恰如杜甫《赠卫八处士》诗中描写的那样："人生不相见，动如参与商。"

由于鲁迅与周作人曾以"周氏兄弟"的合称蜚声"五四"文坛，他们的失和自然引起了广泛的议论。但是，对这件事，鲁迅本人在他生前没有一个字发表，周作人也持"不辩解"的态度。他的借口是："大凡要说明我的不错，势必先说对方的错，不然也总要举出些隐密的事来做材料，这都是不容易说得好，或者不大想说的，那么即使辩解得有效，但是说了这些寒碜话，也就够好笑，岂不是前门驱虎而后门进了狼么。"至于鲁迅的三弟周建人（乔风），正巧在当年5月14日离京赴沪，未能目击这场家庭纠纷，事后鲁迅也未跟他谈过。这样一来，就更给鲁迅与周作人失和这件事蒙上了一层神秘色彩。

鲁迅去世之后，有人陆续在回忆录中提及此事，试图从不同角度揭示这一事件的真相。据我手头掌握的资料，最早谈到此事的是郁达夫。1939年，郁达夫在《宇宙风乙刊》上连载了《回忆鲁迅》一文。文中写道："据（张）凤举他们的判断，以为他们弟兄间的不睦，完全是两人的误解。周作人氏的那位日本夫人，甚至说鲁迅对她有失敬之处。但鲁迅有时候对我说'我对启明，总老规劝他的，教他用钱应该节省一点，我们不得不想想将来，但他对于经济，总是进一个花一个的，尤其是他那位夫人'。从这些地方，会合起来，大约他们反目的真因，也可以猜度到一二成了。"1942 年，曾经与鲁迅编辑过《莽原》周刊的荆有麟，在《文艺生活》的第一卷第五期上发表《鲁迅眼中的敌与友》一文。文中说："据先生讲，他与周作人翻脸，是为了这样的事情——他们两个人，有好些共同的朋友，即某人是鲁迅的朋友，也是周作人的朋友，所以有时候朋友写信来，虽然信是写给两个人的，但封面收信人姓名却只写一个，鲁迅或者周作人。因为他们弟兄，本来居住在一块，随便哪一个收信，两人都会看到的。有一次，一个日本朋友写信来，而且是快信，封面写的是周作人，鲁迅自然知道是谁写来的。恰恰送信来时，已是晚上，周作人已经睡了。鲁迅先生看是他们共同朋友写的快信，怕有什么要事，便将信拆看了，不料里面却是写的周作人一个，并没有与鲁迅有关的事情，于是第二天早上，鲁迅将信交与周作人……却不料周作人突然板起面孔，说'你怎么好干涉我的通信自由呢'，于是两人便大吵起来，鲁迅终于还搬了家。"1947 年，鲁迅挚友许寿裳在上海峨嵋出版社出版了《亡友鲁迅印象记》，书中《西三条胡同住屋》一章写道："作人的妻羽太信子是有歇斯底里性的。她对于鲁迅，外貌恭顺，内怀忮忌。作人则心地糊涂，轻听妇人之言，不加体察。我虽竭力解释开导，竟无效果。致鲁迅不得已移居外客厅而他总不觉悟；鲁迅遣工役传言来谈，他又不出来；于是鲁迅又搬出而至砖塔胡同了。从此两人不和，成为参商，一变从前'兄弟怡怡'的情态。"1959 年，许广平在撰写《鲁迅回忆录》一书时，专门安排了《所谓兄弟》一章，披露鲁迅与周作人之间的矛盾。1983 年 6 月，周建人撰写了《鲁迅和周作人》一文，发表于《新文学史料》同年第四期，介绍了他的两位兄长的关系的始末。因后两种资料容易觅得，故不一一引述。

许广平在《鲁迅回忆录》中曾经指出：鲁迅与周作人决裂的问题，是经常被读者问起的问题，是千千万万研究鲁迅的人所关心的问题，也是一般人所不易了解的问题。正因为如此，弄清这一事件的真相，显然并非是多余的事情。加之近年来，海外有人对此事妄加评议，甚至武断地认为此事"可能涉及鲁迅人性方面的弱点"，这就更有必要澄清事实真相，以消除一些人的误解。

在对鲁迅与周作人失和的种种回忆中，许寿裳跟郁达夫的说法是比较可靠的。鲁迅兄弟失和时，许寿裳曾以同门学友的身份从中调解，当然洞察内情。郁达夫提供的情况得之于张凤举，而张凤举是八道湾的常客，跟鲁迅、周作人双方都过从甚密（仅《鲁迅日记》中，关于张凤举的记载就有近八十处）。在这场冲突中，周作人夫妇多次向他述及鲁迅的"罪状"，争取他成为"援兵"。所以张凤举对这场纠葛的内幕，也是有所耳闻的。从他们的回忆中可以看出三点：一、鲁迅与周作人失和不是源于他们双方的直接冲突，而完全是由周作人之妻羽太信子挑拨所致；二、羽太信子给鲁迅捏造的罪状——也就是周作人信中所谓"昨天才知道"的那件事，即诬蔑鲁迅对她有"失敬之处"；三、鲁迅起初对羽太信子的造谣毫无所知，而周作人却"心地糊涂，轻听妇人之言，不加体察"。

为了证实上述判断，我们还可以提供三个旁证材料：一、鲁迅有个笔名叫"宴之敖"，十分奇特。他本人解释说"宴从宀（家），从日，从女，敖从出，从放（《说文》作敖，游也，从出从放）；

我是被家里的日本女人逐出的"。可见鲁迅本人也认为他被"逐出"八道湾是羽太信子造成的。二、1924 年 6 月 11 日，移居西三条新居的鲁迅重回八道湾"取书及什器"，跟周作人夫妇发生一场剧烈冲突。鲁迅当天日记写道："……下午往八道湾宅取书及什器，比进西厢，启孟及其妻突出骂詈殴打，又以电话招重久及张凤举、徐耀辰来，其妻向之述我罪状，多秽语，凡捏造未圆处，则启孟救正之。然终取书器而出。"可见捏造鲁迅"罪状"的是羽太信子，周作人扮演的是"妇唱夫随"的角色，其内容下流，故语多污秽。三、1964 年 6 月，香港友联出版公司出版了赵聪的《五四文坛点滴》一书，其中收入了《鲁迅与周作人》一文。这篇文章篇幅不长，主要是征引鲁迅日记中有关兄弟失和的记载。文中写道："许寿裳曾说过，他们兄弟不和，坏在周作人那位日本太太身上，据说她很讨厌她这位大伯哥，不愿同他一道住。"周作人收到了鲍耀明寄赠的这本书。他在同年 10 月 17 日致鲍耀明的信中说："昨日收到《五四文坛点滴》，谢谢。现已读了十之八九，大体可以说是公平翔实，甚是难得。关于我与鲁迅的问题，亦去事实不远，因为我当初写字条给他，原是只请他不再进我们的院子里就是了。"同月 30 日在致鲍耀明的信中，他说："《五四文坛点滴》据我所知道的来说，大抵去事实不远。著者似尚年轻，唯下笔也还慎重，这是很难得的。"同年 11 月 16 日在致鲍耀明的信中又说："鲁迅事件无从具体说明，唯参照《五四文坛点滴》中所说，及前次去信约略已可以明白。"笔者认为，周作人基本肯定《五四文坛点滴》一书中对兄弟失和一事的说法，也就是从基本事实上肯定了鲁迅日记中的有关记载，肯定了许寿裳关于"他们兄弟不和，坏在周作人那位日本太太身上"的说法。四、关于羽太信子从中挑拨的具体内容，当时跟鲁迅和周作人双方都有密切交往的章川岛先生曾经谈过。1975年，川岛先生曾对鲁迅博物馆的工作人员解释说："鲁迅后来和周作人吵架了。事情的起因可能是，周作人老婆造谣说鲁迅调戏她。周作人老婆对我还说过：鲁迅在他们的卧室窗下听窗。这是根本不可能的事，因为窗前种满了花木。"（见鲁迅博物馆保存的章川岛谈话记录）基本弄清了鲁迅与周作人失和的起因，人们自然还会追问："羽太信子为什么要凭空诬蔑鲁迅呢？"不同的知情者对这个问题的回答基本上是相同的。郁达夫在回忆中已点明根子在经济问题。川岛在谈及这一问题时说："主要是经济问题。她（指羽太信子）挥霍得不痛快。"俞芳在追忆鲁迅母亲关于这一问题的谈话时写道："这样要好的兄弟都忽然不和，弄得不能在一幢房子里住下去，这真出于我意料之外。我想来想去，也想不出个道理来。我只记得，你们大先生对二太太（信子）当家，是有意见的，因为她排场太大，用钱没有计划，常常弄得家里入不敷出，要向别人去借贷，是不好的。"许广平回忆，鲁迅曾对她说过："我总以为不计较自己，总该家庭和睦了罢，在八道湾的时候，我的薪水，全行交给二太太，连周作人的在内，每月约有六百元，然而大小病都要请日本医生来，过日子又不节约，所以总是不够用，要四处向朋友借。有时借到手连忙持回家，就看见医生的汽车从家里开出来了。我就想，我用黄包车运来，怎敌得过用汽车带走的呢？"周建人在《鲁迅与周作人》一文中也明确指出：鲁迅与周作人分手，"不是表现在政见的不同、观点的分歧，而是起源于家庭间的纠纷，造成兄弟失和"。"鲁迅在教育部的薪水每月三百元，还有稿费、讲课费等收入，周作人也差不多。这比当年一般职员的收入，已高出十多倍，然而月月亏空，嚷钱不够用。"

鲁迅曾经感叹道："负担亲族生活，实为大苦，我一生亦大半困于此事，以至头白。"这里所说的"亲族"，不仅包括了周作人，而且包括了周作人的日本亲属。为了供养尚在日本留学的周作人和他的日本亲属，鲁迅毅然中辍了他的留学生活回国谋事。待周作人归国之后，鲁迅不但负担全家生活的绝大部分费用，还要继续资助周作人的岳父、岳母、妻弟、妻妹。1925 年 10 月 7 日，在鲁迅与周作人绝交两年之后，周作人的妻弟羽太重久还在致鲁迅的信中说："上月蒙兄长给予及时补助，非常感激。长期以来，有劳兄长牵挂，真是无言可对。对您长年以来的深情厚意和物质援助，真不知说什么才好。"可见鲁迅已经做到了仁至义尽的程度。在鲁迅遗物中，保存了三册《家用账》，起于 1923 年 8 月 2 日，即鲁迅从八道湾移居砖塔胡同的第一日，止于 1926 年 2 月 11 日，共两年六个月。据统计，1923 年 8 月至 1924 年 2 月，平均每月生活费为三十九元四角三分；1924 年 2 月至 1925 年 1 月，平均每月生活费为四十八元零六分；1925 年 2 月至 1926 年 2 月，平均每月生活费为六十六元六角五分。从这个账目可以看出，鲁迅跟周作人失和之前，他收入的绝大部分都被羽太信子挥霍了。毕生清苦的鲁迅不满于羽太信子这种暴发户的作风，是完全可以理解的。不料羽太信子不仅不听从鲁迅"花钱要有计划，也得想想将来"的规劝，反而恶意中伤，玷污鲁迅的人格。无怪乎鲁迅与周作人闹翻之后，周老太太对人说："你们大先生和二先生不和，完全是老二的过错，你们大先生没有亏待他们。"不久，周老太太也愤然搬出八道湾，跟他的长子一起生活了。

由于受了种种诬蔑委屈，鲁迅搬出八道湾后大病了一场，但他"不喜欢多讲"，直至临终前一个月才写信告诉自己的母亲（鲁迅 1936 年 9 月 3 日致母亲的信）。对羽太信子的凶悍，鲁迅十分愤慨；对周作人的昏聩，鲁迅深表痛心。然而，自从兄弟失和之后，鲁迅没有公开对周作人进行过多的批评，反而时时默念着尚未泯灭的手足之情，唯恐周作人步入歧途。

1925 年 10 月，鲁迅用抒情诗的语言写出了著名的小说《伤逝》。作品中的主人公涓生和子君是"五四"时期为婚姻自主、恋爱自由、人格独立等新思潮所激荡的青年男女的典型，并不是影射比附现实生活中的任何人，这是无可争议的。然而鲁迅选择"伤逝"二字作为篇名，的确蕴含着他某种情感的瞬间波动。同年 10 月 12 日，也就是鲁迅写成《伤逝》的九天之前，跟鲁迅关系极为密切的《京报副刊》上刊载了罗马诗人卡图路斯的一首短诗，译者"丙丁"（系周作人笔名），题目就叫《伤逝》，全文是：

> 我走尽迢递的长途，
> 渡过苍茫的大海，
> 兄弟呵，我来到你的墓前，
> 献给你一些祭品，
> 作最后的供献，

对你沉默的灰土，

作徒然的话别，

因为她那运命的女神，

忽而给予又忽而收回，

已经把你带走了。

我照了古旧的遗风，

将这些悲哀的祭品，

来陈列在你的墓上：

兄弟，你收了这些东西吧，

都沁透了我的眼泪；

从此永隔冥明，兄弟，

只嘱咐你一声"珍重"！

　　这首诗在《京报副刊》上发表时，有特意说明："这是诗人悼其兄弟之作。"诗的右侧配了一幅比亚兹莱所作的插图：一个人举起右手，"表示致声珍重的意思"。无怪乎周作人读了小说《伤逝》之后，会觉得这篇小说"乃是借了男女的死亡来哀悼兄弟恩情的断绝的"。

长安行

　　"七月七日长生殿，夜半无人私语时。在天愿作比翼鸟，在地愿为连理枝。"白居易的《长恨歌》中这脍炙人口的诗句，描写的是乞巧节深夜，唐明皇与杨贵妃因感于牛郎织女被迫离散的悲剧，"凭肩而立""密相誓心，愿世世为夫妇"。然而，鲁迅却认为，唐明皇与杨贵妃的密誓，是预示他们的爱情开始衰竭，而并非表现他们爱情的坚贞，因为恋人在爱情浓烈的时候，哪里会想到来世呢？唐明皇以来生为约，实在是内心已经对杨贵妃厌倦了，仿佛是在说："我和你今生的爱情是已经完了！"

　　1921 年 6 月，鲁迅翻译日本菊池宽的小说《三浦右卫门的最后》时，就酝酿着写一部以杨贵妃为题材的作品。《三浦右卫门的最后》揭露和讥讽了日本的武士道精神。鲁迅也想借跟右卫门遭遇略同的杨贵妃的命运，写一篇抨击中国封建"名教"的作品。为此，他对唐明皇和杨贵妃的性格，对盛唐的时代背景、地理、人体、宫室、服饰、饮食、乐器以及其他用具，统统做了详细的考证，掌握了大量资料，以至于连坊间出版的《长恨歌画意》中内容的错误，他都能原原本本地指出。鲁迅还设想过具体的写法：如果用长篇小说的形式，可以从唐明皇被暗杀时写起，让明皇在刀光闪烁中回顾自己的一生；结尾是明皇与贵妃在梦中相见。鲁迅觉得，这种写法，倒是颇特别的。如果用戏剧的形式，鲁迅则计划写成三幕剧，每幕都以一个词牌为名。其中有一幕，是根据李白的《清平调》，写明皇与贵妃月夜赏牡丹。第三幕叫《雨霖铃》，鲁迅在打腹稿过程中所感到缺憾的，只是没有到西安去实地体味一下唐代故都的风光。这部以杨贵妃为题材的作品久久没有动笔，原因就在这里。

1924年夏天，西北大学与陕西教育厅合议，准备筹设一个"暑期学校"，邀请一批学者、名流来陕讲学。由于北大陕西籍学生王捷三的推荐，鲁迅也被列为邀请者之一。鲁迅因为很久没有旅行，又早有游历古城西安的夙愿，所以即刻接受了西北大学的邀请。

7月7日晚，鲁迅一行十余人从北京西车站出发，乘火车赴郑州；9日上午从郑州转车，当晚抵达河南陕州。当时，陇海铁路不通西安。因为地方不靖，加之山路崎岖，走陆路也不安全，鲁迅一行只得溯流西上，乘黄河民船至潼关，再换汽车西行。10日晨，舟发陕州，只见两岸乱石嶙峋，浊流汹涌，十分壮观。11日，舟发灵宝，上午遇逆风暴雨。船夫们裸露着紫黑色的皮肤，摇船拉纤，趱程前进，经过四天奋战，终于征服了一百八十里黄河水道上的惊涛骇浪。13日下午，鲁迅一行抵达"信称天险"的潼关；

14日晨改乘汽车，中午抵达临潼。鲁迅一行游览了风光旖旎的骊山，参观了唐代华清宫旧址；游山归来，又在水色绀碧、深甫及腹的温泉沐浴，旅途的缁尘、劳顿为之净尽。当天下午，鲁迅一行抵达西安。

西安是一座历史名城，汉、唐以后叫长安。"秦中自古帝王州"，在一千余年的漫长岁月里，先后有十个王朝在这里建都。这里的沃野高丘，布满了皇朝宫阙、帝王陵寝。特别是在把中国封建社会推向最高阶段的唐朝，这里是全国乃至亚洲、世界的政治、经济、文化中心。兴庆宫、太极宫的宏伟精巧，未央宫、大明宫的富丽堂皇，曲江池的幽雅别致，灞桥柳的依依多情，都在古代骚人墨客笔下得到了生动的描述，鲁迅也曾费尽心机地用幻想的彩笔去描绘古长安壮美的姿容。然而，到了近代，由于天灾战乱，这里已是瓦砾成堆，荒草没胫，呈现出一派残破凋敝的景象，余下的只有历史橱窗里的强大，地下废墟中的繁荣。

鲁迅到西安之后，首先游览了碑林。碑林在西安南门内东城根，其中有大小石碑三千余块。这是关中著名的金石府库，几千年的优秀书法，特别是唐宋名家的手迹荟萃于此。然而，碑帖商贾为了牟利，每日派人拓碑，致使有些名碑因捶击过甚而残损。经常搜集研究碑帖拓片的鲁迅看到这种景象，感到十分痛心。碑林附近的孔庙，殿宇宽敞，古柏参天，内有很多名人碑刻、笔迹、印画。在一间房子里，鲁迅看到了关中大儒李二曲像，还有历代帝王像，其中有一张画的是宋太祖或是什么宗，身着长袍，胡子上翘。同行的一位《京报》记者王小隐看到后就坚定地说："这都是日本人假造的，你看这胡子就是日本式的胡子。"对历代石刻画像研究精深的鲁迅懂得，元明以前，中国男子的胡须多上翘；拖下的胡子倒是蒙古人入侵后带来的，而王小隐却自作聪明地把这当成"国粹"了。鲁迅极度鄙薄王小隐这种不懂国学而又以"国粹家兼爱国者"自居的人，当时不屑置辩，直到返京后才在杂文《说胡须》中对他旁敲侧击了一番。

17 日，鲁迅与孙伏园等游览了慈恩寺与荐福寺，观赏了著名的大小雁塔。这两座古塔都修建于唐代，已有一千余年历史，后来科场得意的文人纷纷到此题名，以示风雅，叫作"雁塔题名"。但鲁迅看到的大小雁塔却是塔顶倒圮、塔身朽坏，细看重修碑记，最早也不过是在清代乾隆、嘉庆年间，而且重修后已不尽符合原貌。

18 日，鲁迅等人游览了市容之后，来到当时西安市内唯一的公园饮茗。公园位于南院门，与教育图书馆在一个院内，十分狭小。但园内保存了不少铜像、石像、陶器像，大约是隋唐时代的遗物。给鲁迅印象最深的，是陈列在这里的"昭陵六骏"。

昭陵是唐太宗李世民墓，在陕西醴泉东北五十里九嵕山。昭陵寝殿东西两庑壁间有唐太宗的六匹名马的石刻浮雕像，被称为"昭陵六骏"。鲁迅来陕前，曾经看到过六骏之一"飒露紫"的拓片，感到无限神往。"飒露紫"是唐太宗平定洛阳时所乘的一匹名马。它昂首翘尾，神采飞扬，胸部带着被射中的箭，仍然英姿飒爽地奔驰。旁边还有一只鸵鸟。对唐代艺术家敢于放开度量吸取外来文化的豁达风度和宏大气魄，鲁迅曾屡次为之感叹。但是，西安公园当时陈列的"昭陵六骏"其实只有"四骏"，而且石雕已被人击碎，是用粘料勉强黏合的。鲁迅赞赏的"飒露紫"

的石雕和另一匹名马"拳毛"的石雕，则被美国掠宝者盗运走了。

在西安，鲁迅还看了灞桥曲江，又参观了收藏家阎甘园珍藏的古画古器，但总的印象不佳。他说，看这种古迹，好像看梅兰芳扮林黛玉，姜妙香扮贾宝玉，不仅引不起灵感，反而使过去凭书本摹想的图景幻灭了。鲁迅本来还打算到杨贵妃丧生的马嵬坡去，为避免破坏原来的想象，终于没有去。整个西安之行，对《杨贵妃》的创作不但没有获得半点诗意的感受，反而使创作兴趣受了很大的减损。后来由于种种原因，创作《杨贵妃》的计划，也一直没有实现。

7月20日，西安"暑期学校"举行了开学典礼，从21日至29日，鲁迅分十一次讲授了《中国小说的历史的变迁》。这篇讲稿虽然脱胎于他在北京讲授的《中国小说史略》，但是也提出了《史略》中未曾论及的新观点，修正了《史略》中某些欠妥或不够准确的说法。30日，鲁迅又应邀到讲武堂对下级军官士兵讲演半小时，讲题仍然是小说史。总的来说，这次"暑期学校"的教学活动未能达到预期目的，因为有的讲题脱离教学需求，不少学员中途辍学。而鲁迅的讲演，深入浅出，通俗严正，如春风化雨，滋润着听众干涸的心田，对西安的文艺运动产生了积极的影响。1924年7月31日，西安的《新秦日报》上的一篇报道指出："周君（指鲁迅）此次来陕，虽为日无多，然对于小说方面，已灌输不少之新的知识。"

8月3日，暑期学校支付鲁迅讲学费和川资二百元。鲁迅想，陕西人费心劳力，用火车载，用船装，用骡车拉，用汽车装，将他接到西安来讲演，委实不是一件容易的事。他决定只要够旅费，其他从陕西挣的钱要多花在陕西人身上，做到"取之于陕，用之于陕"。当时西安有一个享有盛誉的秦腔剧团"易俗社"，十余年中坚持编演新戏曲，自行撰写了两三百个剧本。鲁迅对易俗社"借娱乐以陶情，假移风而易俗"的工作表示肯定。他资助该社五十元，又为合赠给易俗社的匾额拟题了"古调独弹"四个字。

8月4日，鲁迅顶着逆风，由渭水东行，踏上了返京的归程。

第十三章

甘为泥土护春花

　　1925 年的一个夏夜，北京阜成门内西三条胡同的煤油路灯在熏风中若明若暗地闪动，五个操着安徽口音的青年踏着坎坷不平的路面，向鲁迅居住的二十一号走夫。为首的一位头发和胡子统统长得要命，这是刚从北京崇实中学毕业的李霁野。他身旁的那位青年，瘦小精明，少有笑影，这就是被鲁迅誉为"宏才远志"的韦素园。其他三个是北京大学中文系旁听生台静农、韦素园之弟韦丛芜和党的地下工作者赵赤萍。

　　鲁迅端着高脚煤油灯，将五位青年迎进了一间伸手可触房顶的"灰棚"——他的卧室兼工作室。因为这间小屋是从三间北房当中的一间搭出去的，所以人们形象地称它为"老虎尾巴"。房内陈设非常朴素：靠东墙是一张普通的三屉长桌，墙上悬挂着藤野先生亲题"惜别"二字的照片。西壁悬挂着一张条幅，上面写着"望崦嵫而勿迫，恐鹈鴂之先鸣"。这是鲁迅亲自选择的《离骚》中的句子，用以激励自己珍惜时光奋勉工作。北窗下是鲁迅的木板床，床下一只竹篮，装着几件常用的衣物，表明它的主人永远置身于奋斗的途中。这间斗室，白天盛满了日的清丽，晚上洋溢着夜的温馨。五位青年走进这间狭小简陋的房屋，景仰之情不禁油然而生。

鲁迅亲切地招呼青年们坐下，又拿出一些糖果和小花生款待他们，然后就从一般书店不肯印行青年人的译作引入话题。鲁迅说，他留学日本时，经常通过东京神田区的丸善书店购买德文书刊。这家书店起始规模很小，是几个大学生慢慢经营起来的。青年们感到鲁迅的话是对他们的一种鼓励和启示，便想尝试着自办一个出版社，专印自己的译作。他们似乎看到了微茫的希望，平日少有笑影的脸上不禁漾出了笑容。当时，这几位青年都是喜欢文学的，特别喜欢俄国文学。1921年春，韦素园受中国马列主义小组的选派，曾作为"社会主义青年团"的代表，冒着风险去莫斯科参加列宁主持召开的共产国际第三次代表大会，在第一个社会主义之邦接受了革命的洗礼。会后，他在莫斯科东方劳动大学学习了一段时间。1922年夏天，韦素园身患肺结核病，难以参加实际的政治活动，便回到灾难深重的祖国，决心致力于研究和翻译苏俄的文艺理论和文学作品，以笔代枪，继续投入战斗。他翻译了俄国作家果戈理的小说《外套》，编译了俄国短篇小说选《最后的光芒》等。在他的影响和鼓励下，李霁野翻译了俄国作家安德列耶夫的剧本《往星中》，韦丛芜翻译了俄国作家陀斯妥耶夫斯基的小说《穷人》。鲁迅曾称赞说："在这个时候，青年人竟爱好俄国文学，并且这么下功夫把这两本书译出来，总算难得的。"台静农的兴趣则在创作以农村生活为题材的小说。鲁迅认为，在争着写恋爱的悲欢、都会的明暗的时候，有人能将乡间的死生、泥土的气息移到纸上，也是一件很有意义的事情。但是，要自印书刊，首先要解决经费问题，起码要先筹足能出四次半月刊和一本书籍的资本，然后卖前书，印后稿，继续维持下去。他们粗粗合计了一下，大约需六百元成本。六百元，对这些不名一文的青年当然不是一个小数目。想到这里，刚才还兴致勃勃的青年们不觉又犯起愁来。鲁迅好像看出了青年们的心思。他表示，青年们每人各筹五十元就行了，其余费用可全部由他垫付。青年们不无遗憾地说："像这种经营规模，一年也不过能出五六本书罢了。"鲁迅笑着反驳道："十年以后，岂不也就很可观了吗？"就这样，中国现代文学史上一个"实地劳作，不尚叫嚣"的青年文艺社团——未名社就在"老虎尾巴"诞生了。所谓"未名"，并非无名，而是"还未想定名目"的意思。经大家商议，还决定吸收曾跟韦素园同时赴苏的曹靖华为未名社成员。赵赤萍没有正式参加未名社，但后来以未名社营业员的身份进行秘密活动，使未名社跟党的地下工作发生了联系。

未名社成立后，首先负责编辑出版业务的是韦素园。他在新开路五号租赁的那间阴湿狭小的住房成了未名社最初的社址。他发着低烧，咯着血，但仍切切实实、点点滴滴地工作着。在他看来，人生就是工作，只有在工作中才能求得真实的快乐和意义。早在孩提时代，韦素园就有一种"咬牙干到底"的精神。跟小伙伴们用土块"打仗"时，他总是不顾纷纷落下的"子弹"猛打猛冲，直到活像一座泥菩萨，还一边摸抓泥土，一边喊着：

"不行，要打到底！"如今，韦素园已经是二十三岁的人了，爱情的火焰也曾在他的心头燃烧。他热恋着的那位姑娘原是安庆女子师范学校的学生。有一天，韦素园在公园遇到了一个跟她相貌酷似的人，回来竟闷头睡了一天，怎么也平息不了心灵的波澜。他曾把这一段在生命史上深深镌刻了印痕的隐情，微微泄露在跟他心灵一样洁白的纸上。后来因为预感到自己终将一病不起，无私的韦素园终于忍痛斩断了爱情的丝缕，同意这位姑娘跟别人订了婚。但是，无论遇到多大的挫折，他都不肯斩断跟文学事业的因缘。只要一息尚存，他就甘当文学楼阁中的一块砖瓦，艺术园地里的一撮泥土。

鲁迅十分赞赏并亲自躬行着韦素园这种"宁愿做无名的泥土，来栽植奇花和乔木"的献身精神。当时，原来支持着《新青年》和《新潮》的人们已经风流云散，新的文艺大军正待重新集结。为了造就大群的新战士，鲁迅除发起组织了未名社，还领导或支持了沉钟社、语丝社、狂飙社、莽原社等青年文学社团。跟他接触的文学青年中，也有一些挂新招牌的利己主义者。他们借鲁迅的名义招摇自炫，而当利害关系转化时，又立即对他进行攻击和叛卖。这使鲁迅有时不免感到失望。但是，一旦想起韦素园这类好青年，鲁迅就觉得自己不能息肩，不能因一人做了贼就疑心一切人。他不愿用生命来放阎王债，以牟取重大的利息；而希望自己变成一块踏脚石，让青年踩上去，跨越自己和那站着的前人。据统计，从未名社成立到鲁迅离京之前近一年的时间里，《鲁迅日记》中关于未名社的记载约有一百二十条，鲁迅与未名社成员往返各近四十次，来往书信各近五十封。鲁迅对未名社成员的关怀是无微不至的。李霁野译完《往星中》后，鲁迅不仅为之校订译稿，而且转托画家陶元庆设计这本书的封面，他还亲自拟了一篇六七百字的内容说明，供陶元庆绘图参考。当李霁野因为没有学费而打算卖掉《黑假面人》的译稿时，鲁迅立即借给他一百元，让他将译稿留交未名社出版。鲁迅还源源不断地为未名社的刊物供稿，帮助它迅速打开局面。鲁迅的著名杂文《论"费厄泼赖"应该缓行》，最初就是刊登在未名社编辑的《莽原》半月刊第一期上。对未名社出版物的印刷装帧、代销委售等细事，鲁迅也一一注意，亲自指点。比如，一行开头的标点要移至上一行末尾；译作日期跟正文之间要空一行；用中文译外国人名时，长体和扁体的字要配称使用，因为一律长体不好看……当青年人对鲁迅的无私帮助深为感激时，鲁迅恳切而幽默地说，他并非"从井救人"的仁人，对他的帮助不要不安于心。善于感激，当然是一种美德，但如果老记挂着这些小事情，就容易给感情以束缚，使自己不能高飞远走。在鲁迅的爱护和培育下，未名社在近一年中出版了《出了象牙之塔》《外套》《往星中》《穷人》《关于鲁迅及其著作》等书籍，编印了《莽原》半月刊十六期。鲁迅离京南下后，还继续指导、支持未名社的工作，使这个小小的文学团体在它存在的六七年中出版了二十多种书籍和七十多期刊物。鲁迅说："只要能培一朵花，就不妨做做会朽的腐草……"鲁迅对未名社的爱护与扶植，正是他培养青年的自我牺牲精神的一幅缩影。

　　在北京宣武门内石驸马大街，汽车排成了一字长蛇阵。一群操着砖头棍棒的男打手和挥舞着马桶刷的女打手，在荷枪实弹的军警和身着灰布大褂的便衣侦缉的卫护下，狼奔豸突，冲进了国立北京女子师范大学的雕花铁门。指挥者手持一根文明棍，他就是北洋政府教育部专门教育司的司长刘百昭。坚守在校园的二十多名女生在寡不敌众的情况下，紧挽手臂，拼死抵抗。男女打手蜂拥而上，拳脚交加，七八人或十多人挟持一个，将女生扭发倒拖出校门，捆塞进汽车，囚禁于报子街女师大补习科纸窗破烂、蛛网密布的空屋内。被殴拽的女生衣破发乱，遍体鳞伤。共产党员李桂生数次晕倒，后经抢救，方得复苏。这就是发生在 1925 年 8 月 22 日的所谓"武装接收女师大"事件。

　　国立北京女子师范大学是当时全国唯一的最高女子学府。1925 年初，以共产党和国民党合作为基础的革命统一战线正式形成。在日趋高涨的革命群众运动的推动下，女师大学生于同年11月掀起了一场以驱逐顽固守旧的校长杨荫榆为直接目标的学潮——"驱羊运动"。1925年初，中共中央委员、中央妇女部部长向警予根据党的第四次全国代表大会关于开展青年运动和妇女运动的有关精神，要求女师大学生组织起来，重新整顿学生自治会，一面反对东方"国粹"妾妇之道的教育，一面反对西方拜金主义的教育。女师大的地下党员和社会主义青年团员在斗争中发挥了骨干作用，有些人还进入了领导核心。中共北京地委、北方区党委和市团委经常派人到女师大联系工作。在刘百昭率男女武将打入女师大的当天，北京地委书记赵世炎的爱人夏之栩就受北京地委派遣，亲临现场，跟女师大学生并肩战斗。国民党左派人士也是这次学潮的支持者。

1925年，是鲁迅前期战斗最为频繁、创作力最为旺盛的一年。除处理教育部的日常公务和进行紧张繁忙的文学活动，鲁迅这一年还在七所大中学校兼课。青年们不仅通过鲁迅的作品得到精神的陶冶，而且在课堂上屏息静听着他的教诲。他幽默的谈吐，睿智的思想，乃至褪色的打着补丁的长袍，都给青年学生以强烈的感染和深刻的启迪。青年们把鲁迅视为指点迷津的导师；正在找寻生力军的鲁迅，也把青年看成是"改进的运动的先锋"。当女师大进步学生吁请鲁迅给她们的斗争以声援时，鲁迅毫不犹豫，立即以同仇敌忾的精神跟她们同壕作战。

在北洋政府"武装接收女师大"之前，鲁迅就为学生代拟了两篇"呈教育部文"。他历举杨荫榆"尸位素餐，贻害学子"的行径，要求教育当局迅速撤换其校长职务。他还同其他六名教授一起，联名发表了《对于北京女子师范大学风潮宣言》，为被杨荫榆无理开除的六名女师大学生自治会职员伸张正义。他公然违抗北洋政府教育部关于解散女师大的部令，毅然担任了女师大校务维持会委员，因而教育总长章士钊于8月12日呈请"临时执政"段祺瑞免除了他教育部"佥事"的职务，"以示惩戒"。女师大被强行解散之后，鲁迅又跟进步学生在宗帽胡同另觅校舍，坚持复课。他不仅宣布义务授课，而且主动提出将课时增加一倍。由于女师大进步师生的英勇斗争和各界人民的大力支援，北洋政府终于被迫在1925年年底决定恢复女师大。8月22日鲁迅上诉平政院控诉章士钊，因为他担任女师大校务维持会委员是8月13日，而章士钊呈请免职是在12日，在前一天怎么可能知道后一天才发生的事情呢？鲁迅抓住章士钊的这个"倒填日期"的漏洞不放。这虽是一场硬仗，但由于鲁迅善于斗争，终于告倒了不但是教育部部长，而且还兼司法总长的章士钊，取得了这场诉讼的胜利。在女师大学生运动的过程中，鲁迅撰写了大量杂文，痛斥"很想勒转马头"的封建复古派，揭露"在杯酒间谋害学生"的教育界的蟊贼。当段祺瑞之流在革命群众运动的高潮中短暂避匿时，鲁迅基于对敌人不可改变的反动本性的清醒认识，号召革命群众乘胜追击，痛打落水狗，以免重演"不打落水狗，反被狗咬了"的历史悲剧。鲁迅的这些作品，如闪电，划破了重叠的乌云；似惊雷，打破了窒闷的沉默。无辜受戮的学生读后"添了军火，加增气力"；势焰熏天的屠伯看了"恨得扒耳搔腮，忍不住露出本相"。

在女师大学生运动期间，鲁迅还跟《现代评论》杂志《闲话》

专栏的主持者陈源（西滢）等人进行了笔战。如果说，在鲁迅眼中，"学衡派""甲寅派"的人物"不足称为敌手，也无所谓战斗"，那么，跟"现代评论派"的论争则是他在思想文化战线经历的一次时间最长、鏖战激烈的重大战役。"现代评论派"跟中国现代的其他文艺社团一样，并不是一个严密的组织。《现代评论》周刊的作者也倾向不一，流品不齐，但就其核心成员而言，则是一群曾沐浴"欧风美雨"又身着"五四"衣衫的学者。他们在政治上持自由主义立场，标榜精神独立、平和公正、不尚攻讦，但在女师大风潮、"五卅"惨案、"三一八"惨案等重大政治事件中，他们的舆论客观上却偏袒站在爱国民众对立面的帝国主义和军阀政府一边。他们在文章中有时也流露出对旧中国社会现状的不满，但那是以西方资本主义国家为参照系，比照中常流露出民族自卑感和媚外崇洋心态。鲁迅跟"现代评论派"的矛盾，除了源于政治观点和文艺观点的深刻分歧，还存在着自由主义与反自由主义、中庸与反中庸的分歧。以鲁迅为代表的"语丝派"跟以胡适、陈西滢、徐志摩等"现代评论派"成员的论争，标志着"五四"新文化阵营的分化。这场论争虽然常常围绕一些个别的甚至私人的问题展开，但同样具有不容低估的政治意义。

历史的进程证实了鲁迅关于落水狗"一定仍要爬到岸上"的科学论断。1926 年 3 月，帝国主义及其卵翼下的北洋军阀果然向革命人民发动了猖狂的反扑。3 月 12 日，日本帝国主义炮击国民军布防的大沽口；3 月 16 日，又纠集英、美、意、法、荷、比、西等国向我国提出最后通牒。北京各界人民忍无可忍，在天安门广场召开了声势浩大的"反对八国最后通牒国民大会"。中共北方区党委领导的广大党员几乎全部参加了这次集会。李大钊、赵世炎、陈乔年、陈毅等人置身于斗争的最前列。大会主持者是共产党员王一飞。会后，两千多名群众从天安门出发，经东长安街、东单、东四，前往铁狮子胡同执政府请愿。段祺瑞卫队公然枪杀徒手请愿的爱国民众，顿时弹丸横飞，血花四溅，酿成了死伤二百多人的"三一八"惨案。女师大学生自治会主席刘和珍和进步学生杨德群也在牺牲之列。诗人刘半农曾在一首诗中发出了这样的悲吟：

> 呜呼三月一十八，
> 北京杀人如乱麻！
> 民贼大试毒辣手，
> 半天黄尘翻血花！
> 晚来城郭啼寒鸦，
> 悲风带雪吹飑飑，
> 地流赤血成血洼！
> 死者血中躺，
> 伤者血中爬！

鲁迅是"三一八"当天下午听到这一噩耗的。当时他正在写一篇题为《无花的蔷薇之二》的杂文。青年受弹饮刃的消息传来，他感到"已不是写什么'无花的蔷薇'的时候"了，而必须抽刃而起，投入战斗。他迸发出火山岩浆般的炽热的感情，号召革命人民向屠杀者讨还血债："这不是一件事的结束，是一件事的开头。墨写的谎说，决掩不住血写的事实。血债必须用同物偿还。拖欠得愈久，就要付出更大的利息！"血的事实使鲁迅认识到，旧中国不是枝枝节节可以改好的。文学虽然是改良社会的一种力量，但单纯用文章"呐喊、叫苦、鸣不平"，并不会使"压迫、虐待、杀戮"革命人民的屠伯们立地成佛。

1926 年 8 月，由于北方政治环境一天比一天险恶，以及个人生活方面的原因，被北洋政府通缉的鲁迅决定接受厦门大学国文系的聘请离京南下。他想利用这一机会认真清理一下自己的思想，为投入新的战斗做好准备；另一方面也为将来的家庭生活集聚一点必需的钱，以免"饿着肚皮战斗，减低了锐气"。临行前，他在女子师范大学发表了振奋人心的告别讲演。他满怀信心地指出："黑暗只能附丽于渐就灭亡的事物。一灭亡，黑暗也就一同灭亡了，它不会永久……我们一定有悠久的将来，而且一定是光明的将来。"

鲁迅在厦门

（1926.9—1927.1）

厦门大学

"吃一点亏并不要紧，
倒是我可以省下理发的时间去看点书"

《汉文学史纲要》

"做改革中国的'好事之徒'，而不学专务利己的所谓'聪明人'"

"世界却正由愚人造成，聪明人决不能支持世界"

《写在〈坟〉后面》"火老鸦"

第十五章

向「金钱世界」挑战

　　1926 年 9 月，在北伐军先头部队攻打武汉的隆隆炮声中，鲁迅乘坐"新宁轮"来到了地处祖国东南海滨的厦门，就任厦门大学国文系教授兼国学研究院教授。从黄尘蔽日的北京来到山光海气四时不同的南国，自恨对自然美并无敏感的鲁迅也不禁陶醉在绮丽的景色之中。但是，最使他心情激荡思绪联翩的，并不是那片片荔枝林、行行相思树，也不是那鹭江的潮音、天际的白帆，让他好几天忘不掉的，是离他住所不远的一道银灰色的城墙。据说这是明末民族英雄郑成功修建的。民族英雄与民族英雄息息相通，肝胆相连，丹心相照，热血交融。看到这道蜿蜒在海滨山冈的古老城墙，鲁迅不禁想到当年郑成功率兵收复台湾的硝烟弥漫的岁月，缅怀他"开辟荆榛逐荷夷"的光辉业绩。可是，郑成功的遗迹却无人保护；因为城脚一带满铺着的洁白晶莹的细沙是制造玻璃的原料，它被人不断盗卖给日本人，挖来挖去，将要危及城墙墙基了。想到这里，鲁迅又委实觉得悲凉。

厦门大学是爱国华侨陈嘉庚于 1921 年创立的一所学校。当时担任校长的林文庆博士是英国籍的中国人，开口闭口不离孔子，曾经用英文写过一本《孔教大纲》，还经常在厦大的集会上用英语发表尊孔演说。一方面，学校充满了复古的习气，在"五四"运动六七年之后，厦大的学生仍然用文言文写作。开会或者看电影，男女还必须分坐。另一方面，洋场习俗也严重污染了学校的空气。平常说话必用洋文，太太称"马丹"，先生要叫"海尔讷"。有位不懂洋文又以口吃著称的教授，见人也结结巴巴地说着"古貌貌……貌林"。最使鲁迅憎恶的是主宰着一些"学者""教授"的"金钱至上"观念。当一位文学青年写信询问鲁迅在厦大的生活时，鲁迅复信说："我可以回答，没有生活。学校是一个秘密世界，外面谁也不明白内情。据我所觉得的，中枢是'钱'，绕着这个东西的是争夺、骗取、斗宠、献媚、叩头。"在金钱之下呼吸，鲁迅感到令人窒息的痛苦。他决定取闭关主义，少与那些面目可憎、语言无味的人物往来。

1926 年 11 月，林文庆校长召开了一次谈话会，讨论国学研究院的经费问题。林文庆组织国学研究院的宗旨是"保存国故"，而鲁迅却主张批判地继承古代文化遗产，与当局者尊孔的主张相反。因此，林文庆便以陈嘉庚经营橡胶折本，理科进口仪器和化学药品又耗资过多为由，提出削减国学院的经费。鲁迅敏锐地意识到在经费问题背后隐藏着的是思想原则的分歧，便反驳说："国学院自成立以来，一本刊物都没印成，交上来的研究著作又并不真准备付印。现在本来不多的预算不但不增，反要减削，这种做法岂非骗人？"林文庆摆出老板的架势说："学校的经费是有钱人拿出来的，谁出钱，谁便可以说话。"鲁迅随即掏出一枚价值两毛的银角子，用力往桌子上一拍，针锋相对，幽默而犀利地说："我也有钱，我有发言权。如果经费问题不解决，我就离开此地。"由于鲁迅提出强硬抗议，林文庆只得被迫宣布取消前议。

厦门是帝国主义强迫开辟的"通商口岸"之一，"金钱至上"的哲学和以貌取人的风气当时在这座滨海城市也颇为流行。鲁迅说："大约因为和南洋相距太近之故吧，此地实在太斤斤于银钱……"有一次，鲁迅拿了学校会计室开的一张四百元的支票到市区的银行取款。"支款，先生！"鲁迅站在柜台外面说。一位势利眼的职员接过支票，瞥了一眼棉袍破旧、短发直竖的鲁迅，怀疑地问："这张支票是你的吗？"鲁迅吸了一口烟，还他一个白眼，一语不发。那位职员连问了三次，鲁迅也连吸了三口烟，表示无言的抗议。那位职员无可奈何，便把鲁迅带进柜台里面的一间房子，而后直接打电话询问厦大会计室。当会计室的主任证实了这位不修边幅的取款人就是大名鼎鼎的周树人教授时，那位职员才笑容可掬地给鲁迅办理了领款手续。事后，有人劝鲁迅经常理发，注意穿着，以免吃势利小人的亏。鲁迅说："吃一点亏并不要紧，倒是我可以省下理发的时间去看点书。"

跟那些争名逐利之徒相反，鲁迅在厦大任教期间发扬了不计名利、忘我工作的崇高风格。他在到处散发着铜臭的龌龊环境里，发出了使"金钱世界"为之震撼的声音："我对于名声、地位，什么都不要……"在他高大的形象面前，那些屈膝于银钱的"学

者"恰似伏地前行的侏儒，显得那样猥琐。

鲁迅在厦大开设的是"文学史"和"小说史"两门课程。"小说史"，鲁迅讲过多年，已经有专著，无须预备；"文学史"，厦大也有旧存讲义，随便讲讲也就够了。但是，为了对学生高度负责，鲁迅毅然决定在缺乏图书资料的条件下，自己动手编一部较好的文学史，说出一点别人没有说过的话来，功罪在所不计。就这样，鲁迅废寝辍食，在短短的时间里，写成了从文字起源到汉代司马迁共十章的文学史，后易名为《汉文学史纲要》正式出版。这本书体现了鲁迅精辟的文学史观，把我国文学史的研究推进到一个新的水平。在繁忙的教学活动之余，鲁迅以"为文学青年打杂"的精神，鼓励、支持厦大学生组织了两个文艺团体：泱泱社和鼓浪社，他们出版了《波艇》月刊和《鼓浪》周刊。青年们要乘着"箭似的波艇"，迎着"轰轰的雷声，闪闪的电光"行驶，放情唱出"悠扬而又激昂"的心声，"鼓起新时代的浪潮"。鲁迅还在厦门大学、平民学校、集美学校、中山中学多次发表演讲，号召青年做改革中国的"好事之徒"，而不学专务利己的所谓"聪明人"；要把知识当作革命武器，向着一切旧习惯、旧思想，一切吃人的旧制度，猛烈开火。在鲁迅的影响下，厦门大学、集美学校都发生了要求改革学校的运动。死水一潭的厦门终于掀起了革新的波涛。在寂静浓如酒、令人微醺的夜晚，鲁迅窗前是微茫的海天，黑絮一般的夜色；窗后闪动着南普陀寺深黄色的灯光。他一边伏案撰写、整理自己的著作，一边无情面地解剖着自己的思想。经历了漫长的路程和艰苦的探索，他终于愈来愈清楚地看到了工农大众日见重要的力量。他在《写在〈坟〉后面》中写下了迸发着历史唯物主义光辉的词句："……世界却正由愚人造成，聪明人决不能支持世界……"由于厦门大学当局的不能尽如人意和广东革命形势的高涨，以及个人生活方面的原因，鲁迅把在厦大工作两年的计划缩短为半年，于1927年1月16日离开厦门奔赴广州。临行前，他在一封信中说："不知怎的我这几年忽然变成火老鸦，到一处烧一处，真是无法。""火老鸦"是比喻火烧时飞出的火星，能点燃邻近的房屋。如今，这只焚烧积污的"火老鸦"要飞到广州了，等待他的是又一场熊熊燃烧的革命烈火。

鲁迅在广州和香港（1927.1—1927.9）

中山大学

《唐宋传奇集》

陈延年　毕磊　"革命策源地"

《朝花夕拾》《小约翰》

讲演《无声的中国》《老调子已经唱完》

《庆祝沪宁克复的那一边》　傅斯年　《野草》

"四一五"大屠杀

第十六章

弥天大夜战旗红

1927年1月18日午后，鲁迅乘坐的"苏州"号轮船抵达黄埔港。次日上午，鲁迅在霏霏细雨中步入中山大学，就任该校文学系主任兼教务主任。半年前，郭沫若担任广东大学（中山大学前身）文科学长时，就曾提议聘请鲁迅担任教授。郭沫若参加北伐之后，中共广东区委为加强对学生运动的领导，又派恽代英、邓中夏等负责人跟担任中山大学委员会委员长的戴季陶进行谈判，条件之一就是要求聘请鲁迅来中山大学主持文学系。慑于当时中山大学左派力量的强大，学校当局不得不接受我党提出的条件，发出了催促鲁迅来粤"指示一切"的电报。鲁迅在收到中山大学聘书两个月之后，毅然辞去厦门大学职务，奔赴当时被称为"革命策源地"的广东。中共广东区委书记陈延年非常注意做团结鲁迅的工作，专门委派了广东区委学生运动委员会副书记毕磊等跟鲁迅联系，经常把《少年先锋》《做什么》等党团刊物给鲁迅送去。陈延年指出，鲁迅是彻底反封建的知识分子，应该做好他的工作，团结他，跟右派斗争。他还特别嘱咐毕磊："鲁迅是热爱青年的，你要活泼一点，要多陪鲁迅到各处看一看。"3月下旬，陈延年又亲自会见鲁迅，从此鲁迅跟中国共产党的基层组织发生了直接联系。

鲁迅到中山大学后，首先被安置在大钟楼西面的楼上——这是学校中央最高的所在，据说非"主任"之类是不准住的。但是这里并非理想的工作和休息处所。夜间，常有头大如猫的老鼠纵横驰骋。清晨，又有工友们大声唱着他所不懂的歌。教务主任的工作是异常繁忙的，因为"排时间表，发通知书，秘藏题目，分配卷子"一类问题，以及为了考生是否应该被录取所发生的无休止的辩论，常常使他"不但睡觉，连吃饭的工夫也没有了"。把时间看得比性命还宝贵的鲁迅，不禁感到人是多么不情愿地和有限的生命开着玩笑啊。但是，为了把中山大学办得像点样子，鲁迅并无怨尤。这时，革命统一战线内部已经出现了深刻的裂痕，握有中山大学领导权的国民党右派不容许鲁迅实行他进步的办学主张。他们特意任命后来成为国民党要员的傅斯年兼任文科主任，使他行政上位居鲁迅之下，但教学上又有权制约鲁迅，造成互相牵掣的局面。还有一些原来依附北洋军阀的"正人君子"，在北伐战争的高潮中纷纷南下，投机革命。他们的势力也蔓延到了中山大学。这样，"抱着梦幻"来到广州的鲁迅，一遇实际，便很快又"从梦境放逐了"。他预感到中山大学的情形难免要跟厦门大学差不多，甚至会比不上厦门大学。3月29日，鲁迅搬出中山大学大钟楼，移居白云路白云楼二十六号二楼。这里远望青山、前临小港，十分清幽。4月10日，鲁迅在这里写下了重要杂文《庆祝沪宁克复的那一边》。他引用了《少年先锋》上译载的列宁语录，号召革命人民永远进击，防止敌人乘隙而起；切不可小有胜利，便陶醉在凯歌声中。

历史发展的进程很快就证实了鲁迅上述论断的惊人正确性。继"四一二"反革命政变之后，广州军事当局奉蒋介石训令，在14日午夜密谋策划又一场惨绝人寰的大屠杀。15日凌晨，佩戴白布蓝字臂章的军警向我党领导的工人纠察队和农军发动突然袭击，大肆通缉、杀害共产党人和革命群众。中山大学也遭到大搜捕，被抓走了四十余人。毕磊是14日晚来中大布置工作的，15日凌晨未及走避，不幸被捕。由于全市一日之中被捕多达两千多人，除警备司令部及公安局，南关戏院、明星电影院等公共娱乐场所也成了临时关押所。一时间，腥风血雨，羊城在血泊中挣扎。

刽子手的魔影也笼罩到了鲁迅身边。白云楼前面的电线杆子上张贴的"联俄容共是总理之遗嘱"一类标语还没有剥落，又新贴上了"打倒武汉政府""拥护南京政府"一类标语。15日凌晨，一位老工友气喘吁吁地跑到鲁迅家，惊慌失措地报告说，情况不好，中山大学贴满了标语，也有牵涉鲁迅的。他催促鲁迅赶快潜伏起来，免遭不测。但是，鲁迅并没有听从这位心地善良的老人的劝告。他不顾个人安危，冒雨赶赴中山大学，亲自召集并主持主任紧急会议，呼吁学校竭尽全力营救被捕学生。一场看不见刀光剑影的战斗，就在这次会议上短兵相接地展开了。

鲁迅以教务主任的身份坐在主席座位上，中大委员会委员朱家骅坐在鲁迅的正对面。鲁迅首先说："学生被抓走了，学校有责任出面担保他们，教职员也应该主持正义，联名具保。我们还应指出：为什么逮捕学生，学生究竟有什么罪，须知被抓的不是一两个，而是一大批啊！"朱家骅目光阴冷，用威胁的口吻说："关于学生被捕，这是政府的事，我们不要跟政府对立。"鲁迅反驳说："学生被抓走了，是公开的事实。被捕的学生究竟违背了孙中山总理的三大政策的哪一条？"朱家骅倚势压人，说："中大是'党校'，党有党纪，在'党校'的教职员应当服从'党'，不能有二志。"鲁迅继续据理驳斥说："'五四'运动时，学生被抓走，我们不惜发动全国罢工罢市营救。现在学生无辜被捕，我们怎能噤若寒蝉？"朱家骅自以为有理地说："那时反对的是北洋军阀。"鲁迅以凌厉的气势迅速反击说："现在根据三大政策的精神，就是要防止新的军阀统治。"会场气氛紧张到了无法转圜的地步，与会者大多保持缄默，会议没有收到预期的效果。鲁迅归来，一语不发，不思饮食。次日，他仍然捐款慰问被捕学生。不久，他愤然辞去在中山大学的一切职务，三次退回了中大的聘书。

疾风知劲草，烈火见真金。在严酷的斗争中，革命队伍产生了剧烈分化。以毕磊为代表的年轻共产党人表现出了"头可断，肢可裂，革命精神不可灭"的凛然正气。面对严刑和利诱，毕磊丹心似火，正气如虹，连连挫败了敌人软硬兼施的阴谋。4月22日深夜，黔驴技穷的敌人用刺刀把毕磊戳得遍体鳞伤，然后用铁链将其锁住塞进麻袋，连同巨石一起抛入滚滚的珠江。鲁迅隐约获悉毕磊壮烈牺牲的消息后，悲愤填膺。他时常向友人提起这位瘦小精悍、头脑清晰的共产党人，并无限哀痛地说："他一定早已不在这世上了……"与此同时，鲁迅又耳闻目睹了另一些青年截然不同的表现。8月11日，他在广州《民国日报》上读到了三名向军警督察处自首的C. Y.（共青团）成员的供词。这些叛徒被血的恐怖吓破了胆。他们跪下卑贱的膝骨，把头匍匐在敌人脚下，用颤抖的双手捧上悔过书，交代自己昔日如何受共产党的"迷惑""包围""利诱""威迫"，乞求用忏悔的眼泪和对革命的诅咒来换取今后的"自由"。9月10日，鲁迅又在上海《新闻报》上剪下了另一篇触目惊心的报道：一个十五岁的"赤色分子"，自首之后戴上假面，由军警带领游街。途中如果遇到过去的同志，他便当场指出，这被指出的人也就随即被捕。沿途市民都将这位假面人"视若魔鬼而凛凛自惧"。面对现实生活中的英勇牺牲和无耻叛卖，鲁迅的思想受到了巨大震动。他说："我一向是相信进化论的，总以为将来必胜于过去，青年必胜于老人……我在广州，就目睹了同是青年而分成两大阵营，或则投书告密，或则助官捕人的事实！我的思路因此轰毁，后来时常用了怀疑的眼光去看青年，不再无条件的敬畏了。"

"四一五"大屠杀之后，"逃掉了五色旗下的'铁窗斧钺风味'"的鲁迅，又遭遇了青天白日旗下的"缧绁之忧"。在抽苏俄烟卷都有危险的白色恐怖中，鲁迅在白云楼的西窗下相继编写整理了《野草》《小约翰》《朝花夕拾》《唐宋传奇集》等著作，撰写了收入《而已集》的一批战斗杂文。在《野草·题辞》中，他用在地下运行的地火象征暂时受到摧残压迫的革命力量，预言熔岩喷出般壮观的革命新高潮必将到来。他还发表了题为《魏晋风度及文章与药及酒之关系》的公开讲演，着重用司马昭之流捏造罪状、屠杀异己的事实，影射国民党右派屠杀共产党人和革命人民的血腥暴行。他像一杆火红的战旗，傲然屹立在大夜弥天的广州。

第十七章
如此香港

1927 年 9 月 27 日下午，鲁迅登上太古公司的"山东"号海轮离开广州，夜半抵达香港，因为轮船需要装卸客货，将在这里停泊一天半。在一般情况下，一天半的时间是容易消磨的，但鲁迅却有度日如年之感。细算起来，经过被他视为"畏途"的香港，已经是第三回了。

第一回是这年的 1 月 17 日，他由厦门赴广州途中路过香港，照例停泊一宿。他住的是两人一房的"唐餐间"，跟他同舱的台湾丝绸商上岸去了，使他暂时得到了"独霸一间"的安宁。他给爱人许广平写完信，已经是夜十时了，信步走上甲板，只见月色皎洁，波面映出一大片银鳞；此外是碧玉一般的海水，看上去仿佛很温柔。香港好像一颗圆润的珍珠，在碧波间沉浮，在夜雾里闪光……

是的，香港确曾是祖国襟前一枚别致的明珠，但是，自从鸦片战争之后，它却脱离了祖国母亲的锦衣云裳，成了"英人的乐园"。这里有不夜的城，也有难明的夜……历史给人的严峻结论是：落后，必然挨打；昏庸，岂能御强？民族自尊心极强的鲁迅每当想起这一切，近百年的屈辱就如同一根粗大的杵棒在痛捣他的肝肠。因此，虽然轮船第二天九点多才启碇，但鲁迅却无心去流连那"吁嗟阔哉"的香港风光。

第二回是在同年 2 月 18 日。当时，香港这个畸形发展的都埠上空，弥漫着尊孔的毒雾，主宰这块土地的殖民主义者和寓居这里的遗老遗少，都跻跻跄跄地一齐祝圣。南朝《文选》中有这样的句子："摅怀旧之蓄念，发思古之幽情；光祖宗之玄灵，振大汉之天声。"清朝末年，反清革命志士曾集录这四句话表达"驱除鞑虏""光复旧物"的决心。不料二十年后，这四句话却被不学无术的英国籍的"港督"金文泰借用来鼓吹复古、"保存国粹"了。鲁迅懂得，殖民主义者之所以提倡中国"保古"，无非是希望中国永远是一个大古董以供他们赏鉴，这虽然可恶，却还不为奇，因为他们究竟是侵略者，而香港孔圣会的诸公也跟着鼓噪，则真不知是长着怎样的心肝！正在这时，有人热忱邀请鲁迅赴港讲演，鲁迅欣然同意。他在许广平的陪同下，带着不曾痊愈的脚伤，从广州渡海前往香港。在船上，鲁迅遇到了一位心地善良的船员。他担心鲁迅赴港之后会遭谋害，为了使鲁迅不致无端横死，他一路上都在替鲁迅谋划：禁止上陆时如何脱身，到埠捕拿时如何逃走，临时遇险可到什么地方暂避……鲁迅虽然觉得他未免有些神经过敏，但十分感谢他的好心。这位不知名的船员不正是香港爱国同胞的一个代表吗？他们生活的土地虽已被英国侵略者用洋枪大炮强夺，但他们的血脉仍然与祖国的心脏相通，与同胞的骨肉相连……

鲁迅讲演的地点是荷理活道必列者士街五十一号的基督教青年会。讲演前，港英当局传讯了主办团体的一位工作人员，询问请鲁迅讲演的用意何在。后来又有反对者派人索取了四分之一的入场券，向主持者暗示这一部分"听众"并不单纯，妄图迫使主办方自动取消这次演讲会；如果不成，那就把他们索取的入场券冻结起来，以达到减少听众入场的目的。但是，反对者的阴谋未能得逞。香港的青年文学爱好者和一些中年文艺界人士，纷纷冒雨前来听鲁迅讲演，把能容纳五六百人的青年会小礼堂挤得满满的。

鲁迅在香港共做了两次讲演：一次是2月18日，讲题为《无声的中国》；第二次是2月19日，讲题为《老调子已经唱完》。有的听众至今仍然记得，鲁迅两次讲演时都穿着浅灰布长衫，一双陈嘉庚黑帆布胶鞋。他的讲话带有浓重的浙江口音，一般的香港青年听众很不好懂，原是广东人而又深刻理解鲁迅讲话精髓的许广平担任翻译，把鲁迅的讲词活泼传神地译成粤语，所以听众精神非常专注，自始至终都保持了热烈的情绪。鲁迅在两次讲演中，都尖锐地揭露了殖民主义者提倡尊孔读经，利用僵死的文言文来禁锢人们思想以强化其殖民统治的险恶用心。在题为《无声的中国》的讲演中，鲁迅指出，中国虽然有文字，现在却已经和大家不相干，用的是难懂的古文，讲的是陈旧的古意思，所有的声音，都是过去的，大多数的人们不懂得，结果等于无声。试想现在没有声音的民族是哪几种？我们可听到埃及人的声音？可听到安南、朝鲜的声音？印度除了泰戈尔，别的声音可还有？我们此后实在只有两条路：一是抱着古文而死掉，一是舍掉古文而生存。在以《老调子已经唱完》为题的讲演中，鲁迅特意提起蒙古人征服宋朝后，起初虽然看不起宋朝人，后来却觉得我们的老调子倒也新奇，渐渐生了羡慕，因此也跟着唱起我们的调子来了。现在听说又有别国人在尊重中国的传统文化了，他们哪里是真正尊重中国的文化呢？不过是利用，是利用我们的腐败文化，来统治我们这腐败的民族。鲁迅的讲演，深为港英当局所嫉恨。他们禁止香港各报刊登载鲁迅的讲词，交涉的结果是削去和改篡了许多。

鲁迅第三次来到香港，是在由广州赴上海途中。9月28日午后，两位穿深绿色制服的英属同胞，手执铁签前来"查关"。鲁迅携带的六只书箱和衣箱放在房舱里，另外十只书箱放在统舱。检查员驾到，使鲁迅感到不安，因为这些箱子被人翻动之后，重新整理捆扎，就需要大半天。结果事态发展果不出鲁迅所料，脸色铁青的检查员将第一只书箱翻搅一通，松动的书籍便高出箱面六七寸了。这种检查法使鲁迅感到委实可怕。如果照此办理，十箱书收拾妥帖，至少要五点钟。迫于无奈，鲁迅便低声问道："可以不看吗？"检查员也低声回答道："给我十块钱。"鲁迅一时还不想献出十元一张的整票，便还价说："两块。"协议没有达成，检查员又打开第二只书箱，如法炮制了一通，一箱书又变成一箱半。接着是一面检查，一面议价。鲁迅将价钱添到五元，检查员将要价减到七元，谈判又陷于僵局。结果，鲁迅放在统舱的八只书箱全被翻得乱七八糟，另两只未动的，恰好是别人托带

的东西。鲁迅正准备在统舱收拾乱书，检查员又到鲁迅的房舱去了。这回是由捣乱到毁坏：装鱼肝油的纸匣被撕碎，茶叶瓶上被铁签钻了一个洞，装着饼类的坛子封口也被挖开……最后还是迫使鲁迅掏出了一包十元整封的银角子，检查员才耀武扬威地离开了这间烟尘斗乱的舱房。

9月29日下午，鲁迅乘坐的"山东"轮终于在喋喋喧响的涛声中离开了他视为"畏途"的香港。鲁迅感慨万端，他想，香港虽只一岛，但活画着中国许多地方现在和将来的小照：中央几位洋主子，手下是若干颂德的"高等华人"和一伙作伥的奴气同胞。这时，海风猛烈，窗帷飘荡，预示着将有暴风雨袭来……

鲁迅在上海（1927.10—1936.10）

朱安

增田涉

海婴

"左联"盟主

"小白象"

"小刺猬"　"民族魂"

许广平　《花边文学》

从二人世界到三口之家

《且介亭杂文》　《中国小说史略》

《写于深夜里》　《故事新编》

瞿秋白　"北平五讲"

罗曼·罗兰

阿宗悟

跟鲁迅一起乘坐"山东"轮离开广州奔赴上海的，是一位留着齐耳短发的女青年——许广平。此后，她就成了鲁迅患难与共、生死相依的爱侣。

鲁迅和许广平都是畸形的封建婚姻制度的受害者。

母亲的礼物

1906 年夏天，还在日本求学的鲁迅回了绍兴。

这一年鲁迅二十五岁，他回绍兴，是要迎娶大他两三岁的朱家姑娘——朱安。婚期是这一年的阴历六月初六。

这门婚事其实早在七年前就订下了。1899 年，鲁迅还在南京求学，年近二十岁——在旧时，这个年龄已到了成家立业的时候了。此时，祖父因科场舞弊案仍在杭州狱中；父亲从生病到三年前去世，不断求医问药，家道从小康坠入困顿；现在母亲独自一人撑着这个家庭，她也的确需要一个好帮手。娶妻生子、兴旺家族的期望，无疑自然地落在了家中长男身上。

新人是由本家叔祖母玉田夫人的儿媳妇伯扬夫人做的媒。这位做媒的伯扬夫人漂亮能干，有王熙凤之风，和鲁迅母亲属于叔伯妯娌。她们平常就极为投缘，特别说得来。

伯扬夫人介绍的这位朱安姑娘，出生于绍兴朱姓商人家庭。有学者根据朱家后人的回忆，认为她出生于清光绪四年，即1878年，比鲁迅大三岁。周作人长子周丰一，以及和朱安一起在砖塔胡同生活过的俞芳回忆，朱安属兔，那就应该是清光绪五年己卯年，推算应该是出生于1879年，比鲁迅大两岁。或许，朱安出生于哪一年无关历史的宏大叙事，作为现代文学巨擘鲁迅的原配夫人，她的出生甚至她的生活，都显示出"默默的生"的孤寂。总之，这位朱安姑娘比鲁迅大两三岁，给鲁迅介绍时，已经二十出头，过了最佳婚配年龄。按照当时的观念，朱安的确已经是个"老姑娘"了。

从朱安留下来的照片看，她瘦长脸，眼睛有些微陷，脑门突出，个子矮小，裹了小脚，整体看上去瘦小。朱家台门并不鼓励女子上学，朱安没上过学堂。跟传统家庭一样，朱家台门教导朱安背诵《女儿经》之类的闺训："女儿经，仔细听，早早起，出闺门，烧茶汤，敬双亲，勤梳洗，爱干净……"从小就灌输朱安以"三从四德"的思想和礼仪。

对于鲁迅和朱安的婚姻，鲁迅的两个弟弟周作人和周建人都认为是母亲受了媒人的"欺骗"。比如，周作人在《知堂回想录》

中认为，鲁迅的婚事是媒人伯执夫人有意欺瞒："新人极为矮小，颇有发育不全的样子，这些情形，姑媳不会不晓得，却是诚心欺骗，这是很对不起人的。本来父母包办子女的婚姻，容易上媒婆的当；这回并不是平常的媒婆，却上了本家极要好的妯娌的当。"言语间认为母亲上了媒人伯执夫人的当，给鲁迅寻下了这样一门亲。持同一看法的还有鲁迅的三弟周建人。他在《鲁迅故家的败落》中，这样说道："母亲极爱我大哥，也了解我大哥，为什么不给他找一个好媳妇呢，为什么要使他终身不幸呢？……那只有一种解释，那就是，她相信谦婶的话，认为朱安一定胜过她所有的侄女、甥女。"谦婶指的就是伯执夫人。

事实是否如此已经不可追究。不过，朱安这门亲事，到底是母亲鲁瑞所乐意的。

旧时婚姻多由"父母之命，媒妁之言"而定，男女双方都无法自由选择爱人。而父母、媒妁的标准，也无非更注重门当户对，似乎无暇关心男女双方情感思想的投合。鲁迅的婚姻，看样子也是全凭母亲鲁瑞做主了。

鲁迅的本家、仁义房支藕琴叔祖的儿子周冠五那时候和鲁迅常有通信。据他回忆，鲁迅赴日本留学后，曾经来信提出要朱家姑娘另嫁他人。母亲鲁瑞则叫周冠五表达她的意见，回信强调朱家姑娘是她托人求亲求来的，不便退婚，否则有损于两家声誉，对朱姑娘也不好，退婚后她更没人娶了。鲁迅于是又对朱家提出，要娶朱安姑娘，有两个条件：一要放足，二要进学堂。结果朱家思想守旧，托周冠五回信说，脚已经放不大了；妇女读书不大好，而且年纪大了，进学堂更不愿意。

朱家对女子的认识是一般人家的传统思想，识不识字并不是要紧，女子无才便是德，能够相夫教子、孝顺公婆、勤俭持家就是一个好媳妇的标准。然而，对接受了新学教育的鲁迅来说，对朱安"放足""进学堂"的要求，其实是他期望能够缩短二人的精神差距，多多少少含着他希望从精神层面和朱安对话的期待。

周冠五把朱安无法放足和不愿上学的答复转告了鲁迅。而据他说，鲁迅回信很干脆，一口就答应了，说几时结婚几时到。

要求新人"放足"和"上学堂"的期望落空，鲁迅对自己婚事表面上反而顺从了。如果说挑剔还代表着内心微弱的希望，那么被回绝后的鲁迅，实则是用顺从来掩盖内心更大的失望、无奈和牺牲意味。朱安和鲁迅思想上的鸿沟，为这门婚事埋下了不幸的种子。

鲁迅后来曾经对好友许寿裳说："这（朱安）是母亲给我的一件礼物，我只能好好地供养它，爱情是我所不知道的。"

其实家里早就预想鲁迅从矿路学堂毕业后，就安排他们结婚。结果1902年鲁迅从矿路学堂毕业后，被官费派赴日本留学。这可是一件光耀门楣的大事。求学紧要，鲁迅和朱安的婚事因此延搁；再加上日本留学期间，鲁迅祖父去世，朱安父亲去世，二人的婚期也就被这样一再拖延了下来。

时间到了1906年。这一年，朱安已经虚岁二十八岁，已然是个"老大姑娘"了。朱家实在等不及了，一再派人来催促完婚。原因是朱家听到一些传言，说鲁迅已经在日本娶了日本老婆，生了孩子……鲁瑞只得托人给鲁迅打电报，谎说自己病重，叫鲁迅速归。

这年夏天，鲁迅回了绍兴。母亲解释了"骗"他回来的缘由。不知鲁迅是否对电报内容的真实性早就有所预感，他并没有埋怨母亲，而是同意结婚。

这时候的鲁迅早已剪了发。头上没有辫子，如何戴得红缨大帽？据说鲁迅新婚当天戴了一条假辫子。1903年春天，接受新学的鲁迅在弘文学院剪掉了象征"封建残余"的辫子；而三年后回到家乡，他却不得不戴着一顶罗制的筒帽，帽子下拖着一条假辫。有意思的是，新娘朱安被缠过的小脚却穿上了一双大鞋，假装放足后的大脚。一个是新思想却要戴假辫服从旧形式；一个是旧道德却要装大脚顺应新追求。1906年夏天，绍兴周家台门的这一场婚礼，以朱安"上不着天，下不着地"的大鞋掉下来，以及新婚第二天鲁迅搬出新房、开始睡在书房告一段落。

从日本回来的这位新派人物，出乎意料的一切都很"顺从"，让他怎样做，就怎样做，连母亲也觉得很异常。至于鲁迅心里到底在想些什么，似乎没人知道，也更没人关心。

从订婚到洞房，两个"琴瑟异趣"的人，因为种种原因，就这样组成了一个看似完整、内在精神已经破碎的家庭。

婚后第四天，鲁迅就告别了母亲和朱安，"逃"似的离开了绍兴。这次他带上了二弟周作人一同回了日本，打算继续从事文学活动。

1909年夏天，鲁迅从日本回国，先在浙江两级师范学堂任教，后任绍兴中学堂教职；1912年开始在教育部任职，同年5月随教育部迁到北京。他和朱安虽成了家，却始终是"两人各归各，不像夫妻"。朱安此时生活在绍兴，鲁迅工作在北京。

1914 年 11 月 26 日的鲁迅日记有一条关于朱安来信的记录：

> 二十六日　昙。……下午得妇来书，二十二日从丁家弄
> 朱宅发，颇谬。……

鲁迅日记多记录往来信函、书账等，供备忘之用，并不以描述评判事件为主。除了个别大事件在日记里有少许记录，如兄弟失和等，通观鲁迅日记，评价并不多见。"颇谬"二字含着鲁迅对朱安的"冷"气，折射出的是二人不和谐的夫妻关系和精神鸿沟。

那么，朱安在信中到底和鲁迅说了什么，导致鲁迅觉得"颇谬"？这封信现在已然荡然无存，人们自然不知道信中具体所言。《我也是鲁迅的遗物：朱安传》的作者乔丽华对照这一时期同在绍兴生活的周作人日记的相关记载，推测出这封信的大致内容，有可能是朱安跟鲁迅讲述绍兴老宅自己住房中出现过一条大白花蛇之事。据周作人日记记载，1914 年 10 月 30 日，朱安的房中发现了一条白花蛇，捉住后扔到了后园。在民间，蛇通常被视为淫物。传说蛇精和沾染过蛇气的手帕，可以迷惑妇人。朱安联想到蛇的种种传说，托周作人于 11 月 18 日买来一副"花钱"，正面是"花月宜人"，背面是"得成比目不羡神仙"的男女嬉戏图，用来辟邪。

朱安 11 月 22 日托人从丁家弄朱宅写信发出——或许这封信的内容过于隐私，她不愿让周作人代笔，而是选择了自己的娘家人；四天后，鲁迅于 26 日收到朱安来信。受过新学教育的鲁迅，自然对朱安这一迷信行为很不以为然。不但如此，这封"得妇来

书"，估计还会让鲁迅略感无奈和些许厌弃，以致认为朱安"颇谬"，简直荒唐至极。

当然，朱安从丁家弄发出的信件内容终归只是一种推论。由于原信不存，朱安到底对鲁迅说了什么，至今仍是一个谜。

"得妇来书"让鲁迅感觉"颇谬"，也反映出朱安和鲁迅的精神鸿沟并没有随着时间流逝而弥合，反而日渐拉大。

尽管鲁迅对朱安有诸多不满意，朱安也一度责怪鲁迅冷落她，然而两人并未离婚，而是依旧维持着婚姻的形式。旧时离婚，女人则相当于被休，受伤害的往往是女性。被休的女性，那时多受世人轻视和鄙夷。再加之没有一技之长，女性离婚后在社会上往往很难立足。

从1918年开始，鲁迅开始参与《新青年》刊物的编辑工作。在来稿中，鲁迅看到一位青年的新诗《爱情》。这位青年在诗中写道："可是这婚姻，是全凭别人主张，别人撮合；把他们一日戏言，当我们百年的盟约……"

青年忍不住在诗中哀叹："爱情！可怜我不知道你是什么！"

这青年的叹惋深深地触动了鲁迅。诗的好坏暂且不论，这青年发出的呼告，是血的蒸气，是醒过来的人的真声音啊！

联想到自身经历，鲁迅忍不住黯然神伤。自己的婚姻不就如此吗？然而，不幸的婚姻是女性造成的吗？她们就有错吗？鲁迅思考着。朱安作为旧式女子，在这场无爱的婚姻中，又何尝有罪呢？她也是这旧时代婚姻的受害者啊。尽管不是专为朱安而发，但鲁迅在《热风·随感录四十》中传达的态度，又未尝不是他对旧式婚姻中男女的同情：

但在女性一方面，本来也没有罪，现在是做了旧习惯的牺牲。我们既然自觉着人类的道德，良心上不肯犯他们少的老的的罪，又不能责备异性，也只好陪着做一世牺牲，完结了四千年的旧账。

到此，我们似乎一下子能明白鲁迅为何在自身婚姻问题上，如此矛盾。朱安不是他的所爱，他心里隐忍着诸多不满意，并提出了希望她有所改变，当这期望落了空，这位历来发问"从来如此，就对么"的最具怀疑精神和反叛精神的斗士，却只能缄默地顺从母亲的意愿，因为朱安是"母亲的礼物"。鲁迅同情朱安，同情和她一样的女性的命运，他一度希望以自己这一代的牺牲，终结这旧婚姻制度的罪恶：

做一世牺牲，是万分可怕的事；但血液究竟干净，声音究竟醒而且真。

1919年11月，鲁迅买下北京八道湾胡同十一号院，与二弟周作人共同居住。这年12月，鲁迅回绍兴把母亲、原配朱安和弟弟周建人接来，开始了大家庭的生活。

1923年6月鲁迅和周作人兄弟失和后，携朱安于8月2日迁居砖塔胡同六十一号；次年5月25日又移居西三条胡同，没多久，母亲鲁瑞也搬来和他们一起住。

1926年8月，鲁迅离京赴厦门、广州等地。鲁迅把"母亲的礼物"留给了母亲。朱安一直和婆婆鲁瑞生活在西三条胡同寓所。

1927 年 10 月，鲁迅辞去中山大学教职，和许广平定居上海，正式确立了爱情关系。1929 年 9 月 27 日，鲁迅和许广平之子周海婴于上海出生。这些消息都一一通过他人之口，传到了朱安耳中。1936 年 10 月 19 日，鲁迅在上海逝世。消息传到北平西三条胡同寓所，朱安作为鲁迅遗属胸戴白花，在寓所设灵堂，缅怀这位她口中的"大先生"。

1943 年，鲁迅母亲鲁瑞去世；加之百物腾贵，朱安生活陷入困窘。1944 年 8 月 25 日，《新中国报》刊登了《鲁迅先生在平家属拟将其藏书出售，且有携带目录，向人接洽》的消息。因生活困顿，朱安拟出售鲁迅藏书，这使她一度陷入风口浪尖。鲁迅夫人许广平、友人内山完造等都写信劝阻朱安。上海文化界进步人士委托唐弢、刘哲民二人专程来北平进行调解、劝阻。朱安对陪同他们前来的宋紫佩说道："你们总说鲁迅遗物，要保存，要保存！我也是鲁迅遗物，你们也得保存保存我呀！"

此后，许广平对朱安予以了相对持续的接济。朱安尽管生活依旧贫困，但仅有少数几次接受了友人接济，对外界援助，大多予以拒绝，保持着作为鲁迅遗属的尊严。

1947 年 6 月 29 日，朱安在北平孤独地去世。

朱安年出生时，家人为她取名"安"，希望她一生和顺、平安。然而，这个个子矮小、脸色苍白、脑门微突的绍兴女子，鲁迅的原配夫人，"母亲的礼物"朱安，却在孤独、不幸与无爱的困厄中，度过了 40 多年。

爱情阳光的照耀

跟鲁迅比较起来,许广平则更早地感受到了包办婚姻的苦痛。她刚生下三天,就被酩酊大醉的父亲"碰杯为婚",将她许配给了一个姓马的劣绅家。因此,许广平在刚刚识字的时候,就模糊地懂得了"所遇非人"的含义。不过,由于时代的进步,许广平有幸在二十三岁那年解除了婚约。许广平后来说:"因我之幸运,更觉他(指鲁迅)的遭遇不幸而同情起来。这也许是我们根本思想——反抗旧社会——一致的缘故,所以才能结合起来。"

鲁迅与许广平的爱情关系是 1925 年 10 月确定的。当时,受过鲁迅近三年教诲的许广平,作为北京女子师范大学学生会的总干事,奋战在学生运动的第一线,被教育界守旧派的代表人物诬为"害群之马",开除了学籍。鲁迅面对北洋政府的高压政策,激于义愤,挺身而出,为无辜受害的学生仗义执言,而自己却心力交瘁,身患重病。许广平说:"工作的相需相助,压迫的共同感受,时常会增加人们两心共鸣的急速进展。"就这样,鲁迅与许广平之间的爱情终于在感情沃土上播种,在革命理想中孕育,在并肩战斗中绽苞吐蕾。这种崇高的爱情,比黄金更宝贵,比白玉更纯洁,比钻石更坚硬。许广平坚定地表示,她将不畏惧人世间的冷漠、压迫,不畏惧戴着"道德的面具专唱高调的人们给予的猛烈袭击,一心一意向着爱的方向奔驰"。鲁迅后来也公开向那些"貌作新思想者,骨子里却是暴君、酷吏、侦探、小人"之流发出挑战:"我先前偶一想到爱,总立刻自己惭愧,怕不配,因而也不敢爱某一个人。但看清了他们的言行思想的内幕,便使我自信我决不是必须自己贬抑到那么样的人了，我可以爱！"

从表面看来，鲁迅的性格冷静、坚忍，趋于内向；而许广平的性格炽烈、豪爽，趋于外向。其实，在鲁迅的性格里面，别有一种潜在的涌腾奔突着的热流；而许广平的性格里面，也蕴含着另一种深沉细腻的特色。所以他们之间爱情关系的建立，不仅是基于思想的共鸣、理想的一致，而且也是由于气质的相近、性格的契合。正是这样一种坚不可摧的一致性，使得他们消弭了年龄的差异，冲破了流言蜚语的包围，战胜了旧礼教、旧传统的威逼，英勇无畏地捍卫了同自己心爱的人结合的神圣权利。封建包办婚姻投在他们心上的阴影，终于在爱情阳光的照耀下逐渐消失……

1926 年 8 月，鲁迅赴厦门任教，许广平则回到她的故乡——广州，就职于广东省立女子师范。在他们看来，比个人幸福更迫切、更重要的是投入火热的斗争。分手之前，他们曾交换过意见：大家好好地为社会服务两年，一方面为事业，一方面也为将来的共同生活做些必要准备，两年之后再见面。

鲁迅到厦门之后，比淡而无味的饮食更使他难以忍受的，是周围一些面笑心不笑的语言无味的人物。万籁俱寂的深夜，鲁迅做完了一天的工作，便静坐默念着远在千里之遥的许广平。他感到，人要生活，当然必须有起码的生活费；不过，有生活而无"费"固然痛苦，有"费"而无生活更加没有趣味。在孤寂中，他只好让一封封含蓄深蕴的信件作为没有翅膀的使者，给许广平带去珍贵的许诺和苦苦的相思。鲁迅在信中告诉许广平，他开始过着一种较有条理的生活：酒早不喝了，烟卷已经比先前少吸。在南京就养成的吃辣椒的习惯也打算改变，准备停食青椒改用胡椒。为了使许广平放心，他身处海滨而竟不去洗海水浴，他还开玩笑地告诉许广平，听他讲课的有五位女学生，他"决定目不斜视，而且将来永远如此……"这些信中，既没有死呀活呀的热情，也没有花呀月呀的佳句，但被这些看似平淡的语言包藏着的，却是一颗火焰一般燃烧着的心。在闽南海滨，常有暴风刮地，狂潮决堤，许多树木都被连根拔起。鲁迅刚到厦门不久就遇到过这种拔木摧屋的暴风。然而鲁迅和许广平的爱情，就像闽南那盛开着绚丽红花的相思树，在风暴中枝相挽、叶相携，傲然屹立。

1927 年 1 月，在厦门度日如年的鲁迅提前来到了广州。许广平不但担任了他的助教，而且迎着守旧者窥测、讥笑、猥亵和轻蔑的目光，坦然地搬进了白云楼，协助鲁迅料理日常生活。在广州朝夕相处的八个多月中，鲁迅和许广平虽然也曾盘桓在越秀山巅，徜徉在珠江河畔，但更多的时光则是在辛劳的文化活动中度过的。鲁迅讲演时，许广平真切传神地把他的讲词翻译成广东话，以增强宣传效果。鲁迅创办广州北新书屋，许广平帮他经营管理，在沙漠般荒凉的南方文坛上播撒新文艺的种子。当有人用轻佻的态度对鲁迅进行无理指摘时，许广平挺身而出，公开撰文维护鲁迅。"四一五"大屠杀发生后，鲁迅余怒未息地对许广平说："一同走吧！还有什么可留恋的！"许广平欣然表示赞同。她深切感到，在残酷的斗争中，她需要鲁迅真切明白的指引，鲁迅也不能缺少她的支持和助力。这样，婚姻就成了他们爱情发展的必然归宿。他们决定奔赴当时中国新文化运动的中心——上海，在这座伟大的熔炉中不断锻造。他们决心把两个人的生命永远结合在一起，在革命的风暴中比翼齐飞……

第十九章

景云深处是吾家

鲁迅刚抵上海，先住进了一家旅馆，但长住也不是办法，于是鲁迅让三弟周建人代租住房。当时周建人在商务印书馆做编辑，家就住在书馆附近的景云里，他去打听了一下，知道弄内二十三号还空着，就去和鲁迅商谈，是否搬过去。

周建人告诉大哥："景云里住了不少文化人，有茅盾、叶绍钧（叶圣陶）等，而且茅盾家的后门就对着二十三号的前门。另外还有一些商务印书馆常年合作的同事，可以互相照顾。"

鲁迅听了很高兴，于 10 月 8 日从旅馆迁入景云里。

景云里建于 1925 年，地处闸北横滨路，西面是大兴坊，再往西通宝山路，东临窦乐安路（今多伦路），弄内有三排坐北朝南、砖木结构的石库门三层楼房。二十三号是第二排的最后一幢房子。楼下是会客室，前楼一大间是卧室兼书房，一张黑色的半新不旧的中号铁床，安放在东南角上，床上挂着帐子和帐檐，这白色十字绣的帐檐,自然是许广平的刺绣工艺。其他的除了一张桌子和几把椅子,几乎就没什么家具了。

生活在二人世界的男人,可不能再像从前那样,衣上打满补丁,长发刺猬似的竖立,一副无女人照顾的模样。早上,许广平把两人换下来的脏衣服洗干净,晾干后,分门别类地安放好,鲁迅如果想换衣服,必定要叫许广平替他拿。因此,鲁迅好几次向人说道:"现在换衣服也不晓得向什么地方拿了。"看似感叹,其实心中充满了温馨。

鲁迅到上海后,不再教书,一心扑在创作上。为了不浪费鲁迅有限的不固定收入,许广平精打细算:棉鞋,是她自己做的;毛衣,是她自己织的;衣服,是她自己缝的;用品,是她自己到便宜的店铺和减价的地方选购的⋯⋯

有一次,许广平看见鲁迅穿的一件蓝布夹袄破了,她立刻抽空去买了一块蓝色的毛葛衣料回来,抓紧时间做了一件夹袄。这天,许广平缝完最后一针,打了个结,咬断了丝线,站起来,把夹袄抖了抖,这才发现天色已晚,该是掌灯时分了。她拿着新做好的衣服,兴冲冲地跑到鲁迅身边,想让他惊喜。谁知,鲁迅正聚精会神地专心写作,根本没听到许广平的脚步声,也没觉察到妻子来到了他身边。

许广平走上前去,双手轻轻地搭在丈夫的肩上,说:"休息一会儿吧,别太累了。"

"不累。"

沉浸在完工喜悦中的许广平根本没注意到鲁迅的话语有些生硬,继续说道:"哎,你来试试这件新衣服。"

"不要穿，我最讨厌穿新衣服了。"

许广平这才观察到丈夫的神情不对头，看他笔是放下了，却满脸不高兴。许广平一下闷住了，一腔的欢喜早飞到爪哇国去了，感觉到气也透不过来的委屈。

平时，鲁迅总要写到后半夜才上床睡觉。这天，他见许广平躺下了，就走过去拍拍她的脸："还在生气啊？"

"没有。"

"没有生气是假的。"

"我很抱歉，打断了你的思路。"

"你还不习惯我，写东西的时候，什么旁的事情是顾不到的，这时最好不要理我，甚至吃饭也是多余的。"

"那我以后就不理你，一直不理你好了。"

"哎哎哎，那可不行，要在特定的情况下不理我，懂吗？"

"不懂。"许广平故意拗着说。

"那我走了？"

"不，别走。"许广平拉住了他。

"我陪你抽支烟好吗？"

"好。"

鲁迅点燃了一支烟，靠在枕头上，继续刚才的话头："特别是写小说，是不能够休息的，过了一夜，那个创造的人脾气也许会两样，写出来就不像预料的一样，甚至会相反的了。"

"是吗？"许广平很少写小说，当然没有这种体会，所以听了很好奇。

"以后你也写小说，就会有体会了。写文章的人，生活是无法调整的，我真佩服外国作家定出时间来，到时候了，立刻停笔做别的事，我却没有这本领。"

"如果你和人家一样，就不叫鲁迅了。"

鲁迅翻了个身，随着他姿势的改变，他们的话题也改变了。

"哎，你知道我为什么不爱穿新衣服？"鲁迅问。

"为什么？"

"我小时候大人给我穿上新衣服后，就不准我碰这个、动那个，简直就像上刑罚，难受极了。"

"那这件新夹袄怎么办？"

"让我想想。"

许广平白天太累了，这会儿迷迷糊糊快睡着了，鲁迅吸了几口烟，说："送人，好吗？"

鲁迅等了半天，没听到回答，低头看看，发现妻子已经睡着了。他把被了塞紧，轻轻地下床，走到桌边，拿起笔，又回头看看，把台灯往下按了一下，免得有光照在床上，影响妻子的睡眠，然后又开始工作，直到东方露出鱼肚白。

古时有一句话，叫作"囚首垢面而谈诗书"。许广平觉得将这句话拿来转赠给鲁迅，是很恰当的。这倒不是鲁迅故意惊世骇俗，而是为了抵制浮奢之风，他有意不重皮相，不以外貌评衡一般事态，对人如此，对自己也一样。

单身汉有单身汉的自由和快乐，例如：一人吃饱，即全家不饿；全家邋遢，即一人邋遢。有了小家庭后，就得考虑自己的生活习惯是否会影响对方。

到上海后，许广平发现鲁迅的脾气略有改变，首先，头发不那么长了，衣服也不一定打补丁了，还肯抽出时间做个人清洁工作了。许广平做姑娘时，生活还比较有规律，晨起夜寐，一日三餐。与鲁迅共同生活后，起先，她非常不习惯。早上她起床了，鲁迅刚刚入睡，等到吃午饭了，他刚起身，有时想唤他吃午饭，见他已开始专心工作，接受上回的教训，就不去理他，结果，一直到晚上才吃。到深夜里，许广平疲倦得眼皮打架，鲁迅却正值创作欲望最旺盛的时候。常言道"人是铁，饭是钢"，像鲁迅这样，昼夜颠倒，再不好好吃饭，长期下去，身体难免会垮掉。因此，许广平特别关心鲁迅的饮食。

晚饭是鲁迅一天中最重要的一顿，许广平一边吃，一边给鲁迅夹菜："快吃吧。"

"我自己来，自由些。"

"行。"

鲁迅吃了一口昨天的剩菜，就不再碰那个菜了，筷子掠过红烧鱼，直指一碟小辣椒，一口饭，一口辣椒，吃得好香。

许广平看了，心里有点纳闷，这剩菜嘛，热了又热，早已失去了原来的味道，不喜欢吃，倒也情有可原；那红烧鱼是今天刚烧好的，非常新鲜，他怎么也不吃？许广平抬头看鲁迅正起劲地吃着辣椒，那吃相真像个顽童，不觉笑出了声。

鲁迅停止了咀嚼，问："你怎么了？一会儿看着我，一会儿又笑？"

"哎，这倒怪了，你不看我，怎么知道我在看你呢？"

"哈，你这匹害马，真会猪八戒倒打一耙啊！好吧，就算我看着你。可你为什么笑呢？"

"我笑你死命地吃辣椒，新鲜的鱼却不吃。"

"鱼嘛，细骨头太多，吃起来耽误时间。"

"原来大作家是个大懒虫啊，那好吧，为了保证大作家的营养，我决定今后把刺全剔光了，再端到桌上来。"

"哎哟，你别为我忙了。"

"此事先按下不说，你为什么这么喜欢吃辣椒？"

"说来话长啊。"

"你说，我爱听。"他是她生活的全部，凡是他的事，她都爱听。

说话间，鲁迅已吃完了饭，点了一支烟，往躺椅上一躺，就说开了。

"年轻的时候，我去南京读书，到了那儿，已经把母亲给我的八元钱用完。转眼冬天到了，没钱买棉衣，冻得没法，就靠吃辣椒取暖，一吃就吃上了瘾，成了嗜好。"

"原来是这样，但是辣椒多吃会刺激胃的。"

"我的胃是不太好。"

"那以后就少吃点，我给你弄点别的菜，例如火腿之类的。"

"那太好了，我最喜欢吃火腿。我在厦门时就常用酒精炉煮火腿吃。"

"明天就给你买。你休息一会儿，我去洗碗。"许广平收拾了桌上的碗筷，出门去洗碗了。鲁迅透过烟圈，深情地看着妻子的背影，脸上带着微笑……

第二十章 妻子·秘书·学生

建立小家庭，照顾丈夫的饮食起居，这是许广平乐意做的事，但她更向往火热的社会斗争生活，想当个职业女性：一方面是为了使自己的生活过得充满活力，另一方面她不想依赖丈夫，她要争取经济上的独立，因为她是个骨子里非常自尊、自强、自立、自爱的女人。

许广平在上海的最初几个月中，又是编刊物，又是写文章，就像在学校时一样，密切关注着社会上的风云变幻。她的女师大校友办了一份妇女杂志，名为《革命的妇女》。她在该刊第三期上发表的《惊魂甫定的心》一文中，首先揭露和控诉了蒋介石在"清党"名义下屠杀革命者和进步人士的血腥罪行。她尖锐地指出：

> ……所谓国民党者，其中有一派是专门反共，他们打着

反共旗帜，但不少人却借此排除异己，实行升官发财、结党营私的利禄熏心的黑暗事业……今年清共的成绩，是清一省，陪送多少忠实的同志；再清一次，又陪送多少忠实同志。清的次数愈多，国民党愈不可收拾……这和北京卖刀剪的门口总挂着王麻子的招牌一样的法术，自负都是国民党忠实党员，各人捧着一本三民主义做《圣经》，然而注释经义的就随着那一派在舞台而生杀其余的同志。一年以来，死了还没有知道姓名，捕去还不知道下落，和清党凭了私仇清出杀掉，或硬派一个共产党三字头衔，或加上嫌疑等字捕杀的有多少？

1927 年 11 月，上海闸北破旧的厂房倒塌，酿成三百多名女工葬身瓦砾丛中的惨剧。许广平认为，靠慈悲的人们周赈几文抚恤金，举行几次追悼会，派几个不关痛痒者慰唁一番，这不是解决问题的根本途径，只是哄骗小孩子的交易。她挺身而出，为惨死的闸北女工请命，呼吁把妇女问题和劳动问题联系起来解决，将妇女运动的重点转移到劳动妇女身上，救救那幸而未死的女工的活灵魂。

许广平在《为惨死的闸北女工请命》中，还大胆地反映了劳动妇女的悲惨遭遇，指出女工"是人间最黑暗地狱的囚徒。她们工作时间较男工长，佣值较低，子女牵累，在厂中工作时兼职育儿，较男工苦"。

许广平以前当过老师，很想回到教育界，重操旧业，但苦于无人介绍。正巧，许寿裳来了。许先生当时在南京大学院任职，只要到上海来，他必定去看望鲁迅和许广平，他们一个是他的老朋友，一个是他的学生。他听了许广平的请求后，也没问她鲁迅是否知道此事，立刻为她在教育界找了份工作。

这天，许广平吃过午饭，上楼去看看鲁迅起床了没有。走进房间，见他正准备穿衣服，便说："等等，今天该换衬衣了，衣服在这儿，看到了吗？"

"看到了，不想换！"

许广平见他懒洋洋的，忙问："怎么了？不舒服？"

"是的，不舒服。"鲁迅慢吞吞地说。

"哪儿不舒服？快告诉我。"许广平一听挺着急。

"心里。"

"心里？"

鲁迅见妻子一脸的关切，有些不忍，叹了口气，说："你在托许季黻（许寿裳）先生找工作？"

许广平点点头。

"找到了吗？"

"已经有眉目了。"

"你真的想去？"

"想……有点想……"许广平说话支支吾吾的，一改平日的爽快作风。她不是故意不和鲁迅商量的，而是以为鲁迅肯定会同意，因为他不是一直讲妇女要有经济权吗？没想到，鲁迅很在意她是否出去工作。所以，她一下子卡壳了。

鲁迅沉默着，许广平脑子里像开了锅似的，但表面上却很自然地帮鲁迅穿衣服。鲁迅穿好衣服，走到写字台前坐下，顺手点了一支烟，随着烟圈，缓缓地吐出了一句话，这句话让许广平震动，又使她感动，也有些羞愧。鲁迅说："这样，我的生活又要改变了，又要恢复到以前一个人干的生活中去了。"

是啊，她不能让鲁迅再回到从前那种孤单、寂寞的生活中去！在这残酷而又艰苦的生存环境中，鲁迅不能缺少她的支持和助力。协同鲁迅在文坛征战，也是她服务于社会和人民的一种方式。她看着鲁迅一脸忧愁，一股柔情涌上心头，情不自禁地握住他的手，深情地说："我不出去工作，就留在家中吧。"

许广平在家中的身份是多重的，既是鲁迅的妻子，又是他的秘书，还是他的学生。

许广平像每一个温柔的妻子一样，无微不至地照顾、体贴鲁迅。当起秘书来，也是非常尽职的。她替鲁迅购买参考书，查找有关材料。鲁迅每出版一种译著，总是与许广平共同校对：许广平主要校正错字，鲁迅主要校正编排格式。鲁迅的文章写成后，许广平往往是第一个热忱的读者。对许广平提出的修改意见，鲁迅总是虚心采纳，绝不孤行己意。为鲁迅抄稿件时，许广平极为仔细认真。

1927年12月的一天晚上，家中难得清静，没有来访的客人。鲁迅在躺椅上抽烟，许广平坐在一边给茶壶缝棉套，天冷了，她怕刚沏好的茶一会儿就凉了，鲁迅喝了胃会不舒服。

鲁迅眯着眼睛，看了许广平好一会儿，只见她飞针走线，一上一下，真像蝴蝶穿行在花间。"广平，停一会儿。"

"干吗？"许广平嘴里问着，手并不停下。

"去把我在厦门写给你的信拿出来！"

"干吗？"许广平越发奇怪了。

"你不拿，我去拿。"

许广平见鲁迅起身要去拿，忙放下手中的活，说："还是我去拿吧，你也搞不清楚放在哪儿。"

许广平很快就找到了那包信："哎，是哪一封啊？"

"大概是 12 月初的那封吧。"

许广平找出一封 1926 年 12 月 2 日的信，念道："你大约世故没有我这么深，所以思想虽较简单，却也较为明快，研究一种东西，不会困难的，不过那粗心要纠正。"许广平念到这儿，暂时打住，朝鲁迅看看，意思是：是这段吗？

"接着往下念，就快到了。"

"还有一个吃亏之处是不能看别国书……"

许广平念到这儿，鲁迅的声音加了进来："我想较为便利的是来学日本文，从明年起我当勒令学习，反抗就打手心。"说到"打手心"，两人都大笑起来。

"我谅你也不敢真的打我！"

"你试试，把手伸出来！"鲁迅故意用严厉的口吻说道。

"伸就伸。"许广平真的把手伸到鲁迅面前。

鲁迅把手弯到身后，许广平以为他是去拿戒尺呢，不料，等他的手从背后拿出来时，手里多了几张纸："给，仔细看看，今天开始上课。"

"上课？"许广平接过来一看，原来是鲁迅自编的日文讲义。她立刻站起来，装模作样地把衣服整了整，对着鲁迅一鞠躬，说："先生，晚上好！"

"要说日语，森三空巴娃！"

"哈依，森三空巴娃！"

从这天晚上开始，许广平就开始跟鲁迅学日语了，除了晚上有应酬或有客来，从不间断。鲁迅的教法很特别，他不从啊、衣、乌、哎、窝等这些假名教起，而是直接教单词和一些常用句子，如"早上好——扼哈哟国杂以马丝""再见——沙哟拿拉""初次见面请多多关照——哈自买麻西代笃茶由拉西古"。就这样，鲁迅自编自教了二十七课。

很快，1927 年的 12 月过去了，新年伊始，鲁迅送了本新书给妻子。那是本日文书，叫《尼罗河之草》。如果看鲁迅的日记，在 1927 年 12 月 19 日的日记中，能读到这样一行字："下午往内山书店买《自我经》一本，三元。又买《ニ烁ルの草》一本，价同上，赠广平。"

后来，鲁迅又采用日本人神永文三著的《马克思读本》作为课本，在教许广平日语的同时，还给她讲解马克思主义理论，共讲了五个多月，有时把整个句子拆开来向她讲解，并随时改正课本上的错字。一个认真教，一个用心学，过了些时日，许广平居然也能翻译了。后来收入《鲁迅译文集》第四卷的《小彼得》，就是许广平在鲁迅指导下，从日译本转译，而后再由鲁迅校改的。

鲁迅教许广平学日文，其实有几层含意。他知道自己比许广平大十几岁，身体又有病，将来非常可能先走一步。那谁来照料许广平呢？即使留有存款，也会很有限，最多的就是书。他要趁着有精力的时候，让许广平学会几门外语，这个谋生之道，是谁也抢不走、夺不掉的。等他百年以后，许广平可以去租个亭子间，看她的外文书，搞些翻译工作，无须依靠任何人。可惜，许广平

当时并没有真正理解丈夫的苦心。当她明白时,感到很难过。她在《鲁迅回忆录》里写道:

> "死"这个字眼是一般人很忌讳的东西,为什么我们就这样过早地来想到它呢?因此,在学习当时,我就未能体会其心情,没有好好学习日文。这是我向鲁迅唯一不坦白的地方,他是不知情的,反而只是诚诚恳恳地教书。这不中用的学生,真可怜见,我辜负了他,没有在日文上好好钻研,继续。由于自己的偏见,妄自决定借口家务而废除努力温习,鲁迅口虽不言,必定以我的疏懒为孺子不可教而心情为之难受的。这就是我未学完这一课程的不了了之的可恶态度。

　　相传，在很久以前，天河的东西两边各住着一条白龙和一只金凤，它们齐心协力，用血汗炼就了一颗明珠。不料，这件事被王母娘娘知道了，她派了天兵天将把明珠抢去，占为己有。一天，王母娘娘过生日，请了各路神仙，席间，她把明珠拿出来炫耀。白龙和金凤上前评理，要讨还明珠，可是王母娘娘却下令赶他们出去。白龙和金凤见王母娘娘这么不讲理，就上去夺回明珠。

　　三双手都抓住金盘，谁也不肯松手，你拉我扯，金盘一摇晃，明珠从天上落到了人间，立刻变成了晶莹碧透的西湖。杭州现在还流传着这样两句歌谣："西湖明珠从天降，龙飞凤舞到钱塘。"

　　1928 年 7 月的一天，美丽的西子湖畔，有一群人悠闲地散着步，中间那一位个子不高，留着小胡子，操着一口绍兴话的正是鲁迅，紧挨着他的是一位短发的年轻女子，这是他新婚燕尔的妻子许广平，后边还有三位男子，他们是许钦文、章廷谦和郑奠。

7 月的骄阳红似火，小狗伸长了舌头，躲在阴凉处直喘气；知了趴在树上，不知疲倦地叫着："热死啦！热死啦！"卖冰棍的生意好得出奇。扇子店的老板更是乐得整天合不拢嘴，他希望永远是夏天……

鲁迅一行不时地用绍兴话、杭州话、广东话谈笑着。天很热，幸亏湖面上刮来阵阵凉风，才使他们不至于汗流浃背。鲁迅见许广平走得脸红通通的，关切地问道："热吗？"

许广平俏皮地回答："热，不热。"

"到底是热，还是不热？"

许广平凑向鲁迅的耳朵小声地说："天热，心热，人不热。"

"这就奇了。"

"你呀，真笨。"

其实，鲁迅哪会不懂许广平的话呢？只是逗逗她。

早在前一年，鲁迅和许广平到上海开始同居的时候，就有去杭州一游的想法，但因刚到上海，有许多事情要做，只要丈夫没空，妻子是不会提出任何游玩的要求的。虽然她很年轻，是玩兴正浓的时候，但为了丈夫的事业，她甘愿当一片扶持红花的绿叶。

1928 年夏天，章廷谦到上海看望鲁迅，再次邀他和许广平去杭州玩玩。鲁迅一时下不了决心，当他的视线投向爱妻时，他在她的眼睛里似乎读到了"期待"两个字。她在等着他的决定。几乎就在四目相视的一刹那，鲁迅答应了朋友的邀请。

恰好，许钦文也来看鲁迅，并带来了三盒茶叶。于是，章廷谦和许钦文商量后，决定自己先回杭州，安排住宿等事情，许钦文留在上海，陪鲁迅夫妇一同去杭州。这个计划如期实行。此有当事人鲁迅在 1928 年 7 月 12 日的日记为证："晚同钦文、广平赴杭州，三弟送至北站。夜半到杭，寓清泰第二旅馆，矛尘、斐君至驿见迓。"

鲁迅和许广平在杭州玩了四天，日程排得满满的，鲁迅日记每天都有记载：

7 月 13 日

晴。晨介石来。上午予尘来。午介石邀诸人往楼外楼午餐，午后同至西泠印社茗谈，傍晚始归寓。在社买得汉画像拓本一枚，三元，《侯惜墓志》拓本一枚，三元；《贯休画罗汉像石刻》影印本一本，一元四角；《摹刻雷峰塔砖中经》一卷，四角。晚斐君携小燕来访。矛尘邀诸人至功德林夜饭。

7 月 14 日

晴。上午介石来。矛尘、斐君来。午钦文邀诸人在三义楼午餐。下午腹泻，服药二丸。

7 月 15 日

星期。晴。午邀介石、矛尘、斐君、小燕、钦文、星微、广平在楼外楼午饭，饭讫同游虎跑泉，饮茗，沐发，盘至晚归寓。

7 月 16 日

晴。下午矛尘来，同至抱经堂买石印《还魂记》一部四本，王刻《红楼梦》一部廿四本，《百美新咏》一部四本，《八龙山人画谱》一本，共泉十四元二角。晚又至翁隆盛买茶叶、白菊等约十元。夜失眠。

短短四天的西湖之游，鲁迅和许广平游了孤山，喝了虎跑泉水，品尝了杭州名菜……其实这并不重要，重要的是他们之间的爱情花朵，在心灵的沃土上，经双方感情的雨露浇灌，开得愈加鲜艳灿烂。

1929年5月，许广平本来准备跟鲁迅一起北上去见年迈的婆婆，无奈已有身孕，行动不便，于是只能让鲁迅一人独往。如果说几年前，他们分赴闽、穗是为了事业和生计的话，那么，这次小别则是鲁迅为了尽儿子的一份孝心。

鲁迅离开上海的前一晚，破例早早上了床。窗外的雨淅淅沥沥下个不停，屋内的窃窃私语说个没完。一个千叮咛万叮咛："此行大约一个多月罢，你可一定要保养自己，吃好睡好，万万不可大意。"另一个千嘱咐万嘱咐："路上要小心。你北京朋友多，请客吃饭，在所难免，但酒要少喝。母亲多年不见，替我请安，多同她老人家谈谈我们的情况。"

情长夜短，天亮了，两人起身，一切弄停当后，由周建人、柔石和崔真吾送鲁迅到车站，许广平只送到家门口。

昨天下雨，今天却是个好晴天。太阳从东边的窗户里照进来，直射在躺椅上。许广平走过去，坐在那上面，立刻，她感受到了鲁迅的气息，闻到了他的烟味。她一边看《小彼得》，一边剥瓜子吃，看似悠闲，内心却有点伤感，但她忍住了，脸上没有出现两条鼻涕加两条眼泪的"四条胡同"。头天几乎一宿没睡，这会儿有点困了，上床休息吧。醒来十点多，吃了一碗冰糖稀饭，看看报纸，又睡，醒来十二点。这回可不敢再睡了，怕晚上睡不着，于是去街上逛逛，买些香蕉、枇杷回来。

吃也吃过，睡也睡过，逛也逛过，该给鲁迅写信了。许广平写道：

> 小白象：
>
> 今天是你头一天自从我们同住后离别的第一次，现时是下午六点半，查查铁路行车时刻表，你已经从浦口动身开车了半小时了。想你一个人在车上，一本文法书不能整天捧在手里，放开的时候，就会空想，想些什么呢？复杂之中，首先必以为小刺猬在那块不晓得怎样过着……

"小刺猬"，这是鲁迅对许广平的昵称。"小白象"，这是许广平对鲁迅的敬称和爱称。他们在离别的二十二天中，通了二十一封信，互称"小白象""小刺猬"，或是"姑哥""乖姑"。忽然，有一天，鲁迅给许广平的信上，多了一个"小莲蓬"的称呼。这是怎么一回事呢？

那一天，许广平收到鲁迅的一封信，信封里有两张信纸，上边都有画。一张画的是一枝淡红色的枇杷，枝叶间结有三个果实，两大一小。旁边有一首诗：

> 无忧扇底坠金丸，一味琼瑶沁齿寒。

黄珍似梅甜似橘，北人曾作荔枝看。

另一张画的是两个莲蓬，一高一矮，充满籽实。旁边也有诗一首：

并头曾忆睡香波，老去同心住翠窠。
甘苦个中侬自解，西湖风月味还多。

许广平收到这封信后，早也看，晚也看，横也看，竖也看，睡在被子里还在看，她很想从中破译鲁迅的心灵密码。她很快地醒悟到，她在给鲁迅的信中时常说去买枇杷吃，因此，他首先选了那张信笺，算是等于送枇杷给她吃的意思。对第二张画，许广平这样理解："那两个莲蓬，附着的那几句，甚好，我也读熟了，我定你是小莲蓬，因为你矮些，乖乖莲蓬！"还说："你是十分精细的，你这两张纸不是随手捡起来就用的。"

鲁迅读了这封信很高兴，知他者，广平也！他立刻在那张"小刺猬"以前经常坐的桌子前，铺纸写道："确也有一点意思的，大略如你所推测。莲蓬中有莲子，尤是我所以取用的原因。"最后又写："此刻小刺猬＝小莲蓬＝小莲子不知是睡着还是醒着。计此信到时，我在这里距启行之日也已不远了。这是使我高兴的。但我仍然静心保养，并不焦躁，小刺猬千万放心，并且也自保重为要。"

小莲子象征胎儿，小莲子长在莲蓬的肚里，如果再有一条鲤鱼游来，岂不是一幅美妙的民间年画《鲤鱼戏莲图》吗？它的寓意是夫妻欢乐、幸福的生活。

如果说，闽粤通信中，他俩表露情感还比较含蓄的话，那么京沪通信中，他们的思恋之情就像庐山瀑布一泻千丈。

许广平在从上海飞往北京的信中写："你的乖姑甚乖，这是敢担保的，她的乖处就在听话，小心体谅小白象的心，自己好好保养，也肯花些钱买东西吃，也并不整天在外面飞来飞去，也不叫身体过劳，好好地、好好地保养自己，养得壮壮的，等小白象回来高兴，而且更有精神陪他……"

北京寄往上海的则说："现在精神也很好，千万放心，我决不肯将小刺猬的小白象，独在北平而有一点损失，使小刺猬心疼。"

终于，鲁迅携带了一些书和许广平产后要吃的小米返沪了，许广平张开双臂迎接"小白象"，拿出好些编织的小衣服给他看。两人沉浸在幸福之中，静静地等待"小莲子"的出世。

1929 年 9 月 25 日夜里，鲁迅送走郁达夫后，又写到下半夜，他伸了个懒腰，走到床边，看许广平睡得正香，那隆起的肚子，随着她的呼吸，也在有规律地一起一伏。

"妈妈很辛苦，你别吵，也别闹，过几天就让你出来。"鲁迅一边在心里对未出世的孩子说话，一边轻手轻脚地掀开被子，躺在妻子的身旁，不一会儿就发出了轻微的鼾声。

父亲睡着了，孩子开始不安静了，他在母亲的腹中拳打脚踢，练起了"少林功夫"，全然不顾母亲是否忍受得了。许广平觉得肚子一阵阵地疼痛，医生告诉过她，这几天就要生了，要她注意阵痛的间歇时间。肚子是越来越痛，她拍拍肚子，柔声说道："别吵醒你爸爸，他刚睡着，而且还有点发烧，等天亮了，就让你出来，别着急。"

许广平咬着牙，忍着痛，熬到天亮，见鲁迅还睡得很香，不忍心叫醒他，直到十点钟，实在不行了，才把鲁迅推醒。鲁迅睁开眼睛，看见妻子惊慌失措的样子，就知道小家伙等得不耐烦，想出世了。他忙安慰许广平，说："来得及，来得及，莫慌，莫慌。"说着，一骨碌爬了起来，以最快的速度穿好衣服，准备出门。

"哎，你在发烧，当心！"许广平叫着。

"我就回来。"

出了门，鲁迅直冲上海福民医院。这个医院是日本人在1924年创办的，坐落在北四川路一百四十一号（今四川北路一千八百七十八号上海市第四人民医院）。鲁迅时常去那儿看病，因此与不少医生护士相识。他很快办好了入院手续，把许广平送进了医院。许广平躺在产床上，紧张的情绪稍微松弛了一点，特别是亲爱的丈夫一直陪伴着她，就像一个忠诚的卫士，使她感到无比温暖和安全，不断袭来的痛楚似乎也缓解了。

护士在边上穿梭似的忙碌着，搬小床、端浴盆、送热水……9月26日的夜晚，是许广平终身难忘的，她在经受女人生产的痛苦折磨的同时，也幸福地沐浴在丈夫的广博情怀中。她在《欣慰的纪念》里，这样回忆道："二十六一整夜，他扶着我那过度疲劳支持不住而还要支持起来的一条腿，而另一条腿，被另一个看护扶着。不，那看护是把她的头枕着我的腿在困觉，使我更加困苦地支持着腿，在每次摇她一下之后，她动了动又困熟了，我没有力气再叫她醒。"

9 月 27 日的早晨，忍受了二十多个小时疼痛的许广平看到医生来了，把鲁迅请到一边，两人用日语交谈着，许广平听不懂，但她明白，一定是在商量关于她生孩子的事。她猜得一点也不错，确实如此。

鲁迅很着急地问医生："情况怎么样？"

"不太妙，婴儿的胎心只有十六跳，而且越来越少。"

"那你们赶紧采取措施呀！"

"是的，我们已制定了两套方案，想征求一下你的意见。"

"快说，什么方案？"

"你是要留小孩还是留大人？"

"留大人！"鲁迅不假思索地说。

鲁迅和医生谈话的时候，许广平一直不安地望着他们，所以，鲁迅一说出自己的决定后，立刻走到妻了的身边，说："不要紧的，拿出来就好了。"

在各种医疗器械的碰撞声中，婴儿被钳了出来，哇哇地哭着。日本医生抱着赤红的小身体，用生硬的中文说："恭喜你们，是个男孩。"

鲁迅说："是男的，怪不得这样可恶！"

许广平无力地微笑着，鲁迅心疼地为她擦去额上的汗珠……

第二天上午，许广平醒来不久，看见鲁迅来了，手里还捧着一盆小巧玲珑的文竹，轻轻地放在床边的小桌子上，顿时，房间里弥漫着植物的清香。

10 月 1 日，又是一个大晴天，许广平望着窗外射进来的阳光，心里盼着他的身影，这几天不知怎么搞的，想他想得厉害，一刻不见，心里就慌。其实，鲁迅天天来医院探望，而且每天要来两三次，有时还领着一批朋友前来慰问。也许这就是女人，一个刚做母亲的女人的心态。

吃过午饭，许广平听到了一阵熟悉的脚步声，知道是他来了，脸上立刻绽开了灿烂的微笑。

"广平，好吗？"鲁迅一进来，就握住她的手。

"好。哎，有件事想问问你。"

"不要说一件，就是有一百件，你也尽可问。"

"儿子出世五天了，还没名字呢！"

"为孩子起名字啊？这容易。先听听你的。"鲁迅一向很尊重女性，如果女士们在场，他绝不会讲日语或突然离去；和女士一块进出汽车，也总是让女士先行。

许广平见鲁迅让她先讲，想了想，说："现在人家都叫他弟弟、弟弟的，我想叫他小白象。"

"为什么？"

"象都是灰的，白的就显得珍贵了。"

"有道理，要是叫小红象呢？"

"也行。"

"如果编成儿歌就更好听了。"

"你唱唱看。"

"你听着。"

鲁迅用绍兴话唱了起来：

"小红，小象，小红象；小象，红红，小象红；小象，小红，小红象；小红，小象，小红红。"

"你唱着，我都快睡着了，真好听。"

"我还为他起了个名字。"

"什么？"

"因为是在上海生的，是个婴儿，就叫他海婴。这个名字读起来颇悦耳，字也通俗，但却绝不会雷同。译成外国名字也简便，而且古时候的男子也有用婴字的。"

家中添丁，欢乐开怀，从此二人世界变成了三口之家。

第二十二章 窃天火的人

在古希腊神话中，有一位被马克思称为"最高尚的圣者和殉道者"的天神——普罗米修斯。他违抗"众神之父"宙斯的禁令，盗取天火到人间。震怒的宙斯把普罗米修斯牢牢地钉在高加索山顶的峭岩上，每天叫一只猛鹫来啄食他的肝脏，他虽遭酷刑而不悔。鲁迅青年时期撰写的《摩罗诗力说》中，就赞颂过这位富有反抗精神和造福于人类的天神。在荆天棘地的旧中国，在国民党政府疯狂进行文化"围剿"的艰难岁月里，鲁迅把翻译和介绍科学的艺术论和进步文学作品，比喻为窃天火到人间。他以普罗米修斯那种博大坚忍的精神，"从别国窃得火来"，煮自己的皮肉，炼自己的眼光，锤自己的筋骨，同时也用以焚毁一切黑暗腐朽的事物。

早在 20 世纪初期，鲁迅就接触了在日本流行的社会主义思潮。1920 年，当《共产党宣言》的第一个完整的中文译本问世之后，鲁迅立即向译者表示热情的肯定与鼓励，认为这"是当前最紧要的工作"。在鲁迅北京时期的读物中，还发现了一批通过日本东亚公司购置的"十月革命"后的新文学书籍和《政治生活》等革命刊物。通过阅读这些书刊，鲁迅思想中的社会主义因素在逐渐增长。但是，他当时还只是把这些读物作为新思潮之一看待，并没有以之作为解读文艺问题的工具和人生歧路上的指南。鲁迅抵达上海之后，由于无数事实的启示，他开始了自觉学习科学社会主义和新兴文艺理论的生活历程。鲁迅学习的显著特点，是不从经典著作中寻章摘句借以装潢门面，而是十分注意运用其中的立场、观点、方法来解决中国社会面临的迫切问题；不从经典著作中搬用口号、名词作为吓人的"符咒"，而是首先用来无情地解剖自己；不是倚仗"选本""提要"作为学习理论的终南捷径，而是发扬"不图'爽快'，不怕艰难"的精神，阅读切实可靠的"基本书"。他还购置了不少研究德文的字典、词典和语法修辞方面的书，每晚挤出一定的时间孜孜不倦地学习，以便直接阅读马克思、恩格斯的原著。

通过读书学习，鲁迅练就了一双"火眼金睛"。云遮雾障，鲁迅能洞若观火；涛狂浪恶，鲁迅能辨识潮流。他深有体会地说："唯物辩证法是最明快的哲学，许多以前认为很纠缠不清的问题，用辩证唯物的观点一看就明白了。"

中国"左翼"文学运动的发展，始终是和新文艺理论的传播紧密结合在一起的。为了改变普罗作家理论修养普遍不足的状况，催进"真的新文艺和新批评的产生"，鲁迅决心竭力运输一些切实的精神食粮。1929 年春，冯雪峰发起编译和出版"科学的艺术论丛书"，鲁迅给予了及时指导和大力支持。他译成了普列汉诺夫的《艺术论》，卢那卡尔斯基的《文艺与批评》和《文艺政策》三部书，将它们收入这套丛书出版。对于鲁迅来说，新兴文艺论不是文艺沙龙中的谈资，而是克敌制胜的利器。他"操科学艺术论的枪法"，迎击了鼓吹超阶级"人性论"、反对马克思主义阶级论的"新月派"；揭露了"在指挥刀的保护之下，挂着'左翼'的招牌，在马克思主义里发现了文艺自由论，列宁主义里找到了杀尽'共匪'说的论客"；扫荡了在上海滩上沉沉浮浮的文艺败类的流尸。在论争中，鲁迅精辟地阐明了文艺和政治、文艺和生活、作家和群众、思想和艺术、继承和革新、创作和批评等一系列重要问题，为中国"左翼"文艺理论宝库增添了瑰宝。

鉴于中国的新文学创作比较薄弱，鲁迅十分重视介绍外国进步作品以供借鉴。在他的全部文学生涯中，有四分之一的时间用于翻译俄罗斯和苏联文学。译介苏联作家法捷耶夫的著名小说《毁灭》就是一个生动的事例。

《毁灭》写的是苏联内战时期由西伯利亚工人、农民和革命知识分子所组成的一支游击队，跟白军以及外国武装干涉者进行斗争的故事。鲁迅认为，这部作品是"新文学中的一个大炬火"，其中"铁的人物和血的战斗，实在够使描写多愁善感的才子和千娇百媚的佳人的所谓'美文'，在这面前淡到毫无踪影"。1929年，鲁迅开始根据日译本重译这部书，连载于《萌芽》月刊。但是，译文刚发表一半，《萌芽》即被查禁。鲁迅毫不气馁，又参照德、英两种译文译成全书。1931年9月，鲁迅用"隋洛文"的笔名将这部译著交给上海大江书铺出版。国民党中央党部对这朵在岩石似的重压之下曲折开出的新花极端恐惧，密令上海市党部对该书"严行查禁"，并勒令缴毁原版，致使该书不能公开销售，只能在日本人开设的内山书店和另一些为数极少的小书店半公开发行。为了公开反击国民党当局的禁锢绞杀，鲁迅于同年11月以"三闲书屋"名义自费再版了这部"纪念碑的小说"，并公然署上"鲁迅"二字，试验一下究竟谁最终"毁灭"。《毁灭》的出版，像点点甘露渗入了广大读者久旱的心田。1932年秋天，一位上海英商汽车公司的售票员在牛毛细雨中来到内山书店。忽然，北面书架上一本印着"鲁迅译"三个字的《毁灭》映入了他的眼帘。他立刻从书架上抽下这本书，爱不释手地摩挲着。当他看到封底标明的售价是"一元四角"时，不禁有些发窘了。因为他的口袋里总共只剩下了一块多钱，这是他跟另一位同住的失业工友几天的饭费。这时，从书店柜台旁边走出一位身穿牙黄羽纱长衫的老人。老人的头发一根根抖擞地直竖着，浓黑的胡须排成了一个隶书的"一"字。这位工人忽然记起在一本杂志上刊登的鲁迅访问记，意识到眼前这位精神矍铄的老人就是《毁灭》的译者鲁迅先生，怦怦直跳的心好像要蹦出胸口。鲁迅看出了这位售票员的心思，又从书架上取下另一本定价一元八角的书——苏联绥拉菲摩维奇的小说《铁流》，带着奖励似的微笑慈祥地对他说："我卖给你，两本，一块钱。"鲁迅接着解释道："这书（指《铁流》）本来可以不要钱的，但它是曹先生（指曹靖华）译的，所以收你一块钱成本；我那一本，是送你的。"售票员抑制不住内心的激动，从里衫的衣袋里掏出那块带着体温的银圆，放在鲁迅干瘦的手中，鼻子陡然一酸，几乎掉下泪来。他恭敬地向鲁迅鞠了一躬，把两本书珍重地放进盛夹剪、票板的帆布袋，噙着泪花匆匆走出了店门。他对自己说："鲁迅先生是同我们一起的！"此后，这位青年电车工人跟千千万万革命者一起，投入了"毁灭"旧中国的革命洪流。

就这样，在昏沉的暗夜里，在禁锢得比罐头还严的白色恐怖中，鲁迅用窃来的"天火"照亮了自己，照亮了别人，照亮了中国"左翼"文学发展的征途……

海外知音

　　1929 年 11 月的一天，一位留学欧洲的山西青年阎宗临（笔名"已燃"）应约来到瑞士日内瓦附近的一个小镇维尔纳夫，专程拜访侨居在这里的法国著名作家罗曼·罗兰。在两次世界大战间的二十年中，罗曼·罗兰大部分时间都"隐居"在镇上一座叫作奥尔迦别墅的小楼房里。这座别墅建筑在郁郁葱葱的树林中，临近瑞士著名的游览区之一——来芒湖，附近还有一座古堡——西劳故宫。英国诗人拜伦歌颂过的英雄波尼瓦，因为反对查理三世的统治，争取日内瓦市的自由，曾被囚居在这座古堡中。自然美景和历史古迹交相辉映，给罗曼·罗兰的"隐居"生活增添了不少情趣。

　　难道罗曼·罗兰真成了"湖畔隐士"吗？完全不是。群山环抱的沉静，草地和林木的清幽，并没有给他一个可以安眠无忧的枕头。他那颗火热的心像插上了翅膀，穿过了奥尔迦别墅附近的房舍、树木、高山，飞向了法西斯战云笼罩下的西班牙，飞向了世界上第一个社会主义国家，也飞向了遥远的亚洲、古老的中国……早在 1916 年底，罗曼·罗兰就在文章中谴责了老殖民主义者用使人产生致命恶癖的鸦片毒害中国人民，用侮辱性的不平等条约侵略瓜分中国的罪行，对中国人民争取解放的正义斗争表示了同情和声援。1925 年 1 月，罗曼·罗兰又在著名的《约翰·克利斯朵夫致中国兄弟们》的公开信中说："我不知道什么叫作欧洲，什么叫作亚洲。我只知道世界上有两种族类，一种是向上的灵魂的族类，另一种是堕落的灵魂的族类。"他表示要把热情、勇敢、追求光明的中国人民作为自己的朋友、同盟者、兄弟，跟他们一道同侵略的力量做斗争。1926 年是罗曼·罗兰诞辰六十周年。这年 4 月，鲁迅领导的青年文学社团未名社编辑出版了《莽原》半月刊《罗曼·罗兰专号》，刊登了罗曼·罗兰的肖像、评传、手迹、著作表……比较系统地向中国读者介绍了这位伟大的思想家和艺术家的业绩。《专号》上还刊登了鲁迅的译文《罗兰的真勇主义》，称颂罗曼·罗兰是"最勇敢而伟大的人道的战士"。五六月，创造社成员敬隐渔用法文节译的《阿 Q 正传》经罗曼·罗兰推荐，刊登在《欧罗巴》月刊第四十一期和第四十二期上。罗曼·罗兰在致《欧罗巴》月刊编者巴查尔什特的信中说："我手中有一篇不长的故事（较长的短篇小说）的稿子，是当前中国最优秀的小说家之一写的，由我的《约翰·克利斯朵夫》的中国青年译者敬隐渔译成法语……请你还是把它发表在《欧罗巴》上罢！"就这样，鲁迅和罗曼·罗兰这两位文学巨匠亲手在中法两国文化交流的长河上又架设了一道桥梁。这次应约来访的中国留学生阎宗临，就是鲁迅培养过的一位文学青年，也是罗曼·罗兰所著的《米开朗琪罗传》的中文译者。

阎宗临走进了奥尔迦别墅，只见初冬的阳光透过沙沙作响的树叶，斑斑驳驳地洒满了庭院，顿时感到一种温暖的宁静。接着罗曼·罗兰热情地走出门来，亲自将他迎进了一间堆满书籍的客厅。罗曼·罗兰身材很高，背略驼，西服内穿着硬领、硬袖口的衬衣，显得瘦骨嶙峋，长长的脸上没有血色。但是，他宽阔的前额下面，却有一双深凹而又炯炯有神的大眼睛。他一边用细长微颤的手不停地抚摸着心爱的猫，一边用娓娓动人的声音毫无拘束地跟阎宗临聊起天来。面对这位慈祥的老人，阎宗临那紧张的心弦立即松弛下来。

罗曼·罗兰兴趣盎然地谈起了许多有关中国的情况。他说："中国是个伟大的国家，它拥有古老的文化，酷爱自由、和平。可惜欧洲跟中国的精神联系建立得比较缓慢，特别是不了解中国的现实情况。前不久去世的托尔斯泰，十分追悔没有很好地了解中国，没有多接近中国人。我也有托尔斯泰晚年的心情。前几年，敬隐渔先生将鲁迅先生的《阿Q正传》译为法文，我才开始接触到现代的中国，才感觉到正在渐渐觉醒的黄色巨人的脉搏在剧烈地跳动。"

罗曼·罗兰充满诚挚友情的谈话，不禁使阎宗临忆起了一件件往事。早在青年时期他就笃好文学，"五四"文学革命的号声曾那样强烈地震撼过他的灵魂。不过，鲁迅的《阿Q正传》在北京《晨报》副刊上连载时，他还是个十七八岁的青年。他虽然深为小说幽默的笔法所吸引，但对作品博大精深的内容却并不完全理解。二十岁那年，他靠一位老师资助的十多元旅费，独自从家乡山西五台跑到北京，希望在文学上有所深造。十分幸运的是，这年冬天，他就结识了《阿Q正传》的作者鲁迅先生。他曾多次跟狂飙社的朋友去拜访鲁迅，亲聆了他的谆谆教导，鲁迅还将自己的译著《苦闷的象征》赠送给他。他切身感到，鲁迅伟大的精神，有如一座高山，虽然风雨吹荡它，云雾包围它，但在这里呼吸，却比别处更自由、更有力。1925年冬，他辞别了鲁迅，远涉重洋来到法国，先在里昂一家人造丝厂当了四年工人，后来靠勤工俭学的收入进了瑞士伏利堡大学文学院。他这次能有幸见到罗曼·罗兰，首先想到的自然就是询问这位法国文豪对鲁迅的《阿Q正传》的具体看法。

罗曼·罗兰好像猜到了阎宗临的心思。他接着说："鲁迅的《阿Q正传》是一篇高超的现实主义艺术杰作，初看似乎平淡无奇，可是，接着你就发现其中含有辛辣的幽默。这篇作品，使人感到中国的巨大身躯一方面在麻木地沉睡，另一方面又在痉挛中骚动。主人公阿Q是很生动感人的形象，他困苦潦倒，被人瞧不起，而且他确实也有使人瞧不起的地方，可是他却自得其乐，甚至以丑恶为自豪。最后，有朦胧反抗意识的阿Q却在革命时期被枪毙了。临死前他并不知道死的原因，只因在供词下面画圆圈时没有画圆而郁郁不乐。读完这篇小说，我曾经被感动得流下泪来。阿Q苦痛的脸，深刻地留在我心上。有许多欧洲人不理解阿Q，当然更不会理解鲁迅创造阿Q的心。其实，在法国大革命时期，也有类似阿Q的农民。"

谈完鲁迅及其作品，阎宗临又请求罗曼·罗兰为他翻译的

《米开朗琪罗传》写序。罗曼·罗兰欣然表示同意。当阎宗临怀着依恋的心情离开奥尔迦别墅的时候，他一方面因鲁迅的《阿Q正传》获得了崇高的国际声誉而深感自豪，另一方面也为鲁迅庆幸——因为罗曼·罗兰这样伟大的思想家、艺术家成了鲁迅的海外知音！

第二十四章
盟主和他的战友

　　1930 年 3 月 2 日下午，上海北四川路窦乐安路中华艺术大学的一间大教室里聚集着四十多位"左翼"作家。中华艺术党支部组织的一些进步学生，警惕地在教室外执行着巡逻任务。中国现代文学史上第一个由共产党领导的全国性革命文学团体——中国"左翼"作家联盟（以下简称"左联"）就在这里成立了。此后，鲁迅作为"左联"公认的盟主，高擎着团结战斗的大旗，率领着一大批年轻勇敢的文艺战士长驱猛进，用鲜血写出了中国无产阶级革命文学历史的新一页。许多精神上嗷嗷待哺的读者从苦闷的氛围中探出头来，在"左翼"作家的作品中听到了土地的咆哮、汽笛的鸣吼，看到了革命的火花，前进的道路。而那些在反共文艺黑幡下蠢动的鬼蜮豺狼、魑魅魍魉，在"左联"的凌厉攻势面前一个个败下阵来，"腐烂到连所谓'为艺术的艺术'以至'颓废'的作品也不能生产"。无产阶级的革命文艺运动，成为当时中国"唯一的文艺运动"。

"左联"的成立是经过了长期酝酿的。1928年，鲁迅和创造社、太阳社的部分革命作家曾经围绕革命文学问题展开过一次激烈的论争。这是中国革命文学阵营内部进行的第一次大论争，也是对鲁迅思想发展最具意义的一场论争。创造社和太阳社的年轻作家在大革命失败之后的白色恐怖中奋起，两眼喷发出向屠杀者复仇的怒火，首先在战友的血泊中撑起了革命文学的战旗，其历史功绩自然是不能抹杀的。但这群认为自身就是革命、立志包办工人阶级文艺事务的作家却对中国国情十分隔膜。他们在政治上不可避免地受到"左倾"盲动主义影响，文艺上照搬苏俄拉普学说和日本福本主义的观点乃至词句，因而错误地把长期关心文艺和革命关系问题的鲁迅作为"革命文学"的祭旗人。论争中涉及的许多艰深的理论问题迫使鲁迅认真阅读了大量科学的文艺理论著作，纠正了他的"只信进化论的偏颇"。鲁迅在论争中就文艺与宣传、文艺创作与社会现实、"革命人"与"革命文学"等重大问题发表了言简意赅的意见，为中国"左翼"文艺运动奠定了理论基石。这场论争虽然对传播新兴文艺思想起过积极作用，但是由于掺杂了宗派情绪，夹杂了个人意气，因而分散了革命文学阵营内部的力量，放松了对外部的真正敌人的斗争。为了消除隔阂，团结对敌，当时在中央军委工作的周恩来，担任中宣部长的李立三，以及江苏省委宣传部负责人李富春做了大量深入细致的工作，分批找人谈话，要求创造社、太阳社跟鲁迅以及在鲁迅影响下的进步作家联合起来，以这三方面的人为基础，成立一个革命文学团体，并将该团体定名为"中国'左翼'作家联盟"。李富春对创造社、太阳社的作家说："鲁迅先生是'五四'以来很进步的老前辈，在青年中影响很大，他是先进的思想家。你们批评他，从原则上讲是不好的，应该争取他，团结他。如果他与我们共产党合作，那力量就更大了。"创造社方面的作家表示完全同意，并恳切地做了自我批评，承担了主要责任。鲁迅也积极响应党的号召，并同意在团体的名称中加上"左翼"这两个色彩鲜明的字眼。李立三在回忆筹备组织"左联"的经过时说："鲁迅这个人非常好，对党非常好。跟鲁迅谈过话以后，他和创造社的争论就停止了。"

在"左联"的成员中，除了茅盾等少数知名作家，大多是羽翼未丰的文学青年。为了能使才俊出于中国，鲁迅以甘当"梯子"的精神，从思想、写作、生活等多方面关怀他们的成长——不仅用严厉的批评、及时的提示，而且用大海一样的深情和榜样的无穷力量。他高度评价"左联"提出的"作家的无产阶级化"的口号，要求"左翼"作家成为一个"战斗的无产者"，"至少是必须和革命共同着生命，或深切地感受着革命的脉搏"；而不要以为诗人或文学家高人一等，向劳动阶级索取特别优厚的报酬。他精心修改、热情推荐青年革命作家技巧未臻于圆熟的作品，指出"这是东方的微光，是林中的响箭，是冬末的萌芽，是进军的第一步"。当美国人士伊罗生准备编译一部现代中国作家的短篇小说集《草鞋脚》时，鲁迅与茅盾恳切地要求他把欧阳山、张天翼、周文、草明、沙汀等新进作家的"脆弱的作品"译出去，以促使更新更好的作品出世。殷夫热爱裴多菲的诗，鲁迅就将自己留日时期托丸善书店从德国购买的裴多菲作品赠送给他；叶紫颠困贫病，鲁迅就亲自来到他住的亭子间，从怀中掏出冒着热气的烧饼，分送给他那两个急切索食的孩子……

鲁迅与"左联"的有些成员之间，一度用笔墨相讥，但因为大家都为着同一目标，鲁迅绝不日夜记着个人的恩怨。鲁迅与魏猛克的交往就是一个生动的例证。魏猛克，笔名猛克、孟克，在鲁迅日记中又作"穆克"。1929 年，他从华中美术学校毕业后，到上海入美术专科学校继续深造。1933 年经叶紫介绍，他加入"左联"。同年 2 月 17 日，英国著名作家萧伯纳在环游世界的旅途中，经香港来到上海。上海文化界的一些人曾热情地到码头去欢迎他，魏猛克也在其中。但萧伯纳为了避开受欢迎、见记者的场面，却改在另一个地方登陆。魏猛克当时不甚高兴，凭了一时的冲动，写了一篇骂萧的文章，刊登在他自己参与编辑的美术报刊《曼陀罗》上。又因为鲁迅此前在《申报·自由谈》上发表过《萧伯纳颂》（后改题为《颂萧》），魏猛克便在文中旁敲侧击地说了些嘲弄鲁迅的话。不久，魏猛克又准备办一种美术刊物，名为《大众艺术》。他画了一张题为《鲁迅与高尔基》的漫画，把高尔基画得身材高大，而一旁的鲁迅却画得又矮又胖，准备作为插图刊登在创刊号上。但后来该刊未能出版，这幅漫画却被翻译莫泊桑小说的李青崖添写了"俨然"二字，发表在林语堂编辑的《论语》第十八期上。同年 6 月 3 日，魏猛克致函鲁迅，说明"俨然"二字是被别人无端加上的，与作者的原意相反。同时，他还再次希望鲁迅于"谈谈文学"之外，不要忘记了美术的重要才好。6 月 5 日，鲁迅复魏猛克信，说明了他支持萧伯纳的原因，指出个人得失是微不足道的，"要注意的是我们为社会的战斗上的利害"。鲁迅还谦逊地表示："我哪里及得高尔基的一半。文艺家的比较是极容易的，作品就是铁证，没法游移。"事后，鲁迅不但没有因此跟魏猛克计较，反而同他建立了很好的关系。鲁迅这种"以德报怨"的广阔胸怀，使魏猛克深受教育。好多知道这事经过的人，也无不为之感动。

鲁迅跟他的"左联"战友，是在并肩战斗中共同前进的。"左联"的广大战士追随着鲁迅巨人般的脚步，而鲁迅也像海绵吸水那样，点点滴滴地吸取战友的长处。鲁迅最坚决的追随者冯雪峰，就是一个既尊崇鲁迅而又影响过鲁迅的人。鲁迅在翻译科学的文艺论时，冯雪峰就给予过不少帮助，鲁迅在《〈文艺与批评〉译者后记》和《〈文艺政策〉后记》中都提到冯雪峰替他对比原译、改正错误的情况。1929 年初，冯雪峰搬到上海景云里，跟鲁迅住所毗邻，往来十分频繁。"左联"成立以后，冯雪峰常在深夜十一点敲开鲁迅的门，直至次日凌晨两三点钟才离去。他们共同研究着"左联"的工作，一起商讨有关编辑出版的问题。冯雪峰性格耿直，往往要求鲁迅做一些事情，甚至连题目也给他指定。"先生，你可以这样做。"冯雪峰直截了当地说。鲁迅答道："不行，这样我办不到。"冯雪峰坚持说："你应该做，你可以做的。你就试试看吧。"经过一番争执，冯雪峰终于在"韧性比赛"中获胜。鲁迅只好微笑着说："那么，我就试试吧。"冯雪峰走后，鲁迅对许广平说："有什么法子呢？人手又少，无可推诿。至于他，人很质直，是浙东人的老脾气，没有法子。他对我的态度，站在政治立场上，他是对的。"在这种时候，鲁迅在他的青年战友面前完全是一位平等待人、虚怀若谷的挚友，而丝毫没有以导师、长者自居的傲慢态度。

第二十五章
一片丹心映雪峰
——鲁迅与冯雪峰

1942 年，有苏联友人向许广平提出了二十六个问题，后来整理成文，题为《研究鲁迅文学遗产的几个问题》，发表于 1945 年 10 月 19 日重庆《新华日报》出版的《鲁迅逝世九周年纪念特刊》，后收入《欣慰的纪念》一书。其中的第二十二个问题是："在现代中国作家中，谁是被认为先生文学遗产及其手稿最优秀的通人？"许广平认为这个问题"实在难于回答"，但明确表示"而自到上海以后，（1927—1936 年）的十年间，以冯雪峰比较可以算是他的通人"。

"先生，你可以这样做"

鲁迅作品自问世以来，影响了无数国内外读者，但能对鲁迅施加影响的人，还真是寥寥可数。不过，在鲁迅生命的最后十年，冯雪峰的确对鲁迅施加了影响。他不仅建议鲁迅做这样那样的工作，而且竟能对鲁迅的手稿提出修改意见，甚至代鲁迅立言。许广平在《鲁迅和青年们》一文中有一段真实而生动的描述："F说：'你可以这样这样的做。'先生说：'不行，这样我办不到。'F又说：'先生，你可以做那样。'先生说：'似乎也不大好。'F说：'先生，你就试试看吧。'先生说：'姑且试试也可以。'于是韧的比赛，F目的达到了。"这里所说的F，即指冯雪峰。鲁迅之所以最终接受冯雪峰的意见或建议，不仅因为他"人很质直，是浙东人的老脾气"，更由于鲁迅认为，"站在政治立场上，他是对的"。

严格地说，雪峰是鲁迅的学生。早在1922年4月，冯雪峰跟他的诗友就联名给鲁迅寄赠了他们的第一部新诗集《湖畔》。1925年春，二十二岁的他曾在北京大学旁听过鲁迅讲课。1926年，他给《莽原》半月刊投寄了一篇译文，是日本作家森鸥外的短篇小说《花子》，鲁迅曾予校改。同年8月5日，他曾到北京阜成门内宫门口二条十九号拜访，想请鲁迅帮忙在北新书局出一个小刊物。鲁迅当时正准备南下，便告诉他，北新的老板李小峰对此没有兴趣，冯雪峰匆匆告辞，未及深入交谈，鲁迅连他的名字都没有记住。

雪峰跟鲁迅的亲密交往开始于1928年12月9日，引见者是雪峰在浙江省立第一师范学校的同学柔石。柔石跟雪峰等文友曾在1921年组建了学生文学社团晨光社，1928年1月柔石又跟鲁迅等人成立了朝花社，以介绍欧洲文学、输入外国版画为宗旨，因此就自然而然成了鲁迅跟雪峰交往的牵线人。鲁迅跟初相识的人多不愿深谈，深化他跟雪峰情感的是那套《科学的艺术论丛书》。"科学的艺术论"即指马克思主义的文艺理论。雪峰原想编辑十二至十六种这方面的著作，由他朋友刘呐鸥开办的水沫书店和沈松泉开办的光华书店出版。他跟鲁迅、戴望舒等拟定了一个书目，并邀请夏衍、冯乃超、朱镜我等"左翼"作家加盟。但由于种种原因，特别是国民党当局的查禁，这套书最终只出版了八种，其中即有鲁迅翻译的《文艺与批评》（卢那察尔斯基著）、《文艺政策》（苏联文艺政策文件汇集）、《艺术论》（普列汉诺夫著）。冯雪峰翻译的共四种：《艺术之社会的基础》（卢那察尔斯基著），《社会的作家论》（沃洛夫斯基著），《艺术与社会生活》（普列汉诺夫著），《文学评论》（梅林著）。此外还有一种，是苏汶翻译的《新艺术论》（波格丹诺夫著）。今天重读，当然不难发现书中理论的历史局限，以及译文的晦涩难懂，但正是这套读物，为中国"左翼"作家提供了精神武器，恰如为起义的奴隶窃来了军火。在翻译这套书的过程中，冯雪峰确立了他的唯物史观，使他懂得了文艺必须反映现实，并跟人民的革命实践结合在一起。鲁迅也是在阅读并译介这批读物的过程中，"明白了先前的文学史们说了一大堆，还是纠缠不清的疑问"，并且纠正了他此前的"只信进化论的偏颇"（《三闲集·前言》）。

早在跟雪峰交往之前，鲁迅结交的文艺青年中有一些就是共产党员或共青团员，但他们大多是以个人身份跟鲁迅接触，鲁迅也并不一定了解其政治身份。但冯雪峰则不然。他是 1927 年 6 月入党的老党员，正式跟鲁迅联系之初是中共上海闸北区委所属第三街道支部（简称"文化支部"）的成员。他跟鲁迅等筹办中国"左翼"作家联盟以及"左翼"文学刊物都是奉党组织之命，其直接领导是中共中央宣传部干事兼文化工作委员会书记潘汉年。1931 年 2 月，二十八岁的雪峰调任"左联"党团书记；翌年 2 月调任中共中央宣传部文化工作委员会（简称"文委"）书记，同年 12 月调任中共中央局宣传干事，除继续领导"文委"，还管理一个对外提供宣传资料的通讯社，直接受张闻天领导。1933 年 6 月，雪峰担任中共江苏省委宣传部部长，兼管"文委"工作，受上海中央局领导，直到 1933 年 12 月中旬奉调中央苏区工作。所以，雪峰名副其实是沟通中国共产党跟鲁迅关系的一座桥梁，他们之间的关系超越了个人交往的范围。1936 年 4 月下旬，冯雪峰以中共中央特派员的身份从陕北瓦窑堡到上海从事地下工作，带给鲁迅一幅高 50.5 厘米、宽 34 厘米的唐卡作为见面礼。这是长征经过四川彝海镇时彝族首领小叶丹送给他的，名为"大成就者东必巴"，十分珍贵。雪峰的直接领导是周恩来和张闻天，所以那时鲁迅对文艺界建立抗日民族统一战线的意见，更是反映了当时陕北中共中央对这一重大政策的认识和意见。周扬等人提出"国防文学"口号的政策依据，则来自王明主持起草的《中国苏维埃政府、中国共产党中央为抗日救国告全体同胞书》（简称"八一宣言"），而王明起草"八一宣言"又是根据季米特洛夫在共产国际第七次代表大会上所作的报告，并征得了斯大林的同意。在世界各国都面临的重大历史转折关头，反法西斯是人类共同的首要任务。在主张停止内战一致抗日问题上，中国共产党高层并没有不同意见，但对如何结成统一战线，在政策上一度有不同认识，在策略上也前后做过一些调整，有过从"反蒋抗日""逼蒋抗日"到改组工农红军的阶段性变化，因此曾经产生意见分歧是完全可以理解的。1936年8月上旬，中共上海办事处成立，主要任务是统战工作和情报工作，潘汉年任主任，雪峰任副主任，主要做党的组织和文艺界的工作。

雪峰对鲁迅后期的思想和创作产生了哪些具体影响呢？

首先，雪峰直接把鲁迅推到了"左翼"文坛盟主的位置。鲁迅在国内外读者中的深远影响当然取决于其作品本身，并非人为制造的偶像。但对鲁迅的认识有一个不断深化的过程。中国"左翼"作家曾对鲁迅尊重不够，甚至发生了后期创造社和太阳社联手"围剿"鲁迅的情况，这是中国现代文学史上一个不争的事实。直到1928年9月25日冯雪峰在文学半月刊《无轨列车》上发表《革命与知识阶级》一文，才首次从分析中国社会性质和中国革命特点的高度，指出在中国的知识阶级中，鲁迅是在跟封建势力斗争方面做得最好的作家。虽然鲁迅一度对这篇文章产生过误解，雪峰事后也再三反思，说他在此文中将鲁迅定性为"同路人"，"是受当时苏联几个机械论者的理论的影响"，但其主要矛头明明白白是指向后期创造社和太阳社的宗派主义，被当时研究界视为对"革命文学论争"所做的"很公正的结论"。没有对"五四"新文化运动以来鲁迅历史功绩的肯定，中国"左翼"作家联盟的成立就缺乏必要的思想基础。

"左联"的成立并非雪峰的个人动议，而是根据当时中共中央宣传部干事兼文化工作委员会书记潘汉年的具体指示。中共党史上的李立三"左倾"冒险主义虽然直到1930年6月才正式出台，同年9月就已终结，但这种"左倾"理论、政策和情绪早在

1927 年的"八七会议"上即已冒头，表现在中国革命处于暂时低潮的历史条件下仍迫不及待地幻想革命高潮迅速到来。所以，从 1930 年 3 月至 1931 年 11 月，"左联"基本上成了一个半政党性的组织。"左联"成立后不久，"社联"和"剧联"相继成立，都属于"文总"领导。"文总"将党的方针政策和决定下达到"左联"，通过雪峰跟鲁迅商量。据茅盾回忆，"'左联'成员当时要参加示威游行，飞行集会，写标语，散传单，到工厂中做鼓动工作，以及帮助工人出墙报，办夜校等"，唯独不重视创作。"'左联'成员也像共产党员那样编成小组，小组成员还经常变换"。

鲁迅对"左联""左"的理论和做法并不认同。当冯乃超将他起草的《中国"左翼"作家联盟的理论纲领》请鲁迅审阅时，鲁迅仅说了一句"这种文章我写不出来"。鲁迅不仅没有参加"左联"成立初期组织的那些过激的政治活动，而且当时党的最高领导人李立三希望鲁迅发表宣言拥护他的政治主张时，鲁迅当场拒绝，那次在上海爵禄饭店的会面成了"各谈各的"。鲁迅明确表示："弄政治宣传，我到底不行的；但写点杂文，我比较顺手。""左翼"成立时盟员有五十余人，其中有为革命献身的"左联五烈士"，也有苏汶（杜衡）、杨村人这样的政治转向者，所以鲁迅 1930 年 3 月 27 日致章廷谦信中就谈到"左联"开始的基础就不大好，其成员"皆茄花色"。"茄花色"是绍兴方言，形容浅紫带白，表示并不怎么样。

既然如此，鲁迅为何仍然参加"左联"并担任执行委员呢？其根本原因，就在于"旧社会的根柢原是非常坚固的，新运动非有更大的力不能动摇它什么。并且旧社会还有它使新势力妥协的好办法，但它自己是绝不妥协的。"（《二心集·对于"左翼"作家联盟的意见》）鉴于在肌体老化的中国进行改革的艰难，凭个人之力实难撼动旧社会的根基，必须培养大群的新战士，充分发挥团体和战线的力量，进行坚决、持久的韧的斗争。这就是鲁迅在20世纪30年代在雪峰等人的推动下不避政治风险参加"左联"的原因。鲁迅跟"左联"的大多数成员都朝着反帝反封建的同一大目标，但又保持了个人的原则性和独立性；对内他又跟教条主义、宗派主义划清了界限。鲁迅在《且介亭杂文二集·〈中国新文学大系〉小说二集序》中说得形象而又深刻："文学团体不是豆荚，包含在里面的，始终都是豆，大约集成时本已各有不同，后来更各有种种的变化。"

关于鲁迅跟"左联"的关系，冯雪峰做出了准确的评价："鲁迅先生晚年的主要战斗都和'左联'相关联，以'左联'的成员之一和它的领导者的姿态而进行的。""在那时候，只要鲁迅先生不垮，'左联'就不会垮。只要鲁迅先生不退出'左联'，不放弃领导，'左联'的组织和它的活动与斗争就能够坚持。"所以，既应该看到鲁迅跟"左联"的一致性，也应该承认鲁迅跟"左联"内部错误倾向的原则分歧，而不能因为鲁迅的独立性而否定他跟"左联"的一致性，甚至提出有"两个左联"的新论——一个是"鲁迅的左联"，另一个是"党的左联"，而只应说，鲁迅后期作品代表了"左翼"文学的健康方面和主流方面。恰如不能因为《新青年》阵营既有李大钊，又有胡适，就提出有"两个《新青年》"，也不能因为鲁迅后来跟高长虹反目，就认为"有两个莽原社"。"左翼"作家联盟的"左翼"二字是鲁迅同意加上的，"左联"的斗争大目标是一致的。冯雪峰的很多意见就代表了中共文化界地下党的意见。如果历史上确实存在着两个完全对立的"左联"，那就无法解释鲁迅为什么会因为"左联"在未发表宣言的情况下就自行解散而感到痛心乃至于愤慨！

冯雪峰帮鲁迅写文章、改文章

在"左联"存在的六年多当中，鲁迅跟冯雪峰有过许多成功的合作。除开编辑出版《科学的艺术论丛书》，雪峰还在鲁迅的指导之下编辑过《萌芽》月刊（后改名为《新地》月刊）、《巴尔底山》旬刊、《现代文艺丛书》（共出版四种）、《前哨》月刊（后改名为《文学导报》半月刊）……最为难得的，是雪峰曾为鲁迅校订译稿，修改文稿，甚至为鲁迅起草文章。

雪峰为鲁迅校改译文的事情见诸鲁迅译文集《文艺政策》的《后记》。鲁迅写道："第一，雪峰当编定时，曾给我对比原译，订正了几个错误；第二，他又将所译冈泽秀虎的《以理论为中心的俄国无产阶级文学发达史》附在卷末，并将有些字面改从我的译例，使总览之后，于这《文艺政策》的来源去脉，更得分明。这两点，至少是值得特行声叙的。"

雪峰为鲁迅草拟或笔录的文章至少有四篇：一、《对于"左翼"作家联盟的意见》。鲁迅在"左联"成立大会上的讲话是即兴发言，会前并无讲稿，讲时亦无记录，完全是雪峰根据自己的记忆，增补了鲁迅平日谈话的内容，整理成文，并经鲁迅本人审定的。这篇文章实际上是"左联"的理论纲领和行动纲领，是中国现代文学史上的一篇划时代的文献。二、《答托洛斯基派的信》，写于 1936 年 6 月 9 日。对托洛斯基关于中国革命的论述，以及对中国托洛斯基派的历史评价，当然有待人进行研究。但这封复信是鲁迅委托雪峰进行处理，并以鲁迅本人的名义公开发表的，因此应该跟鲁迅的其他作品同样看待。三、《论现在我们的文学运动》。此文系雪峰按照鲁迅的立场、态度和多次谈话拟稿，并经鲁迅本人审定。现已收入《且介亭杂文末编》的《附集》。《附集》收文二十一篇，都是鲁迅临终之前亲自放进积稿堆中，准备日后收入他新编的文集。四、《答徐懋庸并关于抗日统一战线问题》。此文是鲁迅病重期间口授，雪峰笔录，鲁迅再加校改。有人曾说此文都是雪峰的笔迹，鲁迅只改了四个字。但此文手稿现存北京鲁迅博物馆，在十五页原稿中，有四页约一千七百多字（主要是批评"四条汉子"的部分）恰恰是鲁迅亲笔增补的，完全不存在雪峰"勾结胡风，蒙蔽鲁迅，打击周扬、夏衍，分裂'左翼'文艺界"的问题。许广平 1957 年 8 月 14 日在作协党组第十七次会议上愤怒地说："鲁迅不同意怎么发表了？！发表以后鲁迅有没有声明说这篇文章是雪峰写的，不是我写的？……"

鲁迅的文章不仅本人字斟句酌，有时还征询雪峰的意见。1932 年 10 月 10 日，鲁迅写了一篇《论"第三种人"》，对胡秋原向"左翼"文坛要"创作自由"的做法以及苏汶自命为"第三种人"提出了批评。鲁迅认为，当时不自由、被查禁的是"左翼"文学，在壁垒森严的阶级斗争中也做不成这种超然世外的"第三种人"。此文未刊之前鲁迅征询雪峰的意见。雪峰建议在文末添加"怎么办呢？"这四个字，意在给苏汶留条后路，希望他迷途知返。鲁迅虚心采纳了雪峰的意见，因为对目前并不是敌人者，倘若疾声厉色，可能会拒人于千里之外。

1936 年 9 月 5 日，也就是鲁迅临终约一个半月前，写了一篇杂文《死》，留下了七条遗嘱，征询雪峰意见。雪峰提了两条：一、在"不得因为丧事，收受任何人的一文钱"之后加了一句——"但老朋友的，不在此例"，这就显得更完整，更具有人情味。二、在"孩子长大，倘无才能，可寻点小事情过活，万不可去做文学家或美术家"这一句中，加上"空头"二字，即"不可去做空头文学家或美术家"。鲁迅对"空头"二字很满意，笑着说："这添加得好，只两个字，就将这些人物刻画得活灵活现了。这就是住在上海的好处，看多了这类空头人物，才能想得到这两个字。"鲁迅修改临终前不久写的杂感《半夏小集》，也虚心听取了雪峰的意见。比如该文第七则谈到他宁愿将自己的血肉喂狮虎鹰隼而一点也不愿给癫皮狗吃。结末一句原为："但养胖一群癫皮狗，在世界上有什么用？"雪峰认为这样表述缺乏抒情性，鲁迅便欣然改为："但养胖一群癫皮狗，只会乱钻、乱叫，可多么讨厌！"鲁迅帮助青年作家修改文稿的例证很多，但青年作家帮助鲁迅捉刀代笔和润饰文稿的例证实为罕见。

鲁迅"通人"冯雪峰

在历时一个多世纪的鲁迅研究史上，冯雪峰的地位可谓无人能够替代，影响可谓无人可以超越。鲁迅生前评论他的文章就已汗牛充栋，但被鲁迅本人认可的，除了瞿秋白的《〈鲁迅杂感集〉序言》，另一篇就是雪峰撰写的《关于鲁迅在文学史上的地位》。

1936年7月中旬，捷克汉学家普实克准备出版他翻译的《鲁迅短篇小说集》捷文版，希望鲁迅亲自作序，并推荐一篇论述鲁迅文学地位的文章。鲁迅感到瞿秋白写的《〈鲁迅杂感选集〉序言》太长，又专论杂文，便请雪峰赶写一篇。同年7月20日，雪峰写了一篇两千来字的短论《关于鲁迅在文学史上的地位》。鲁迅审阅时，仅改了几个错字，删去了一两句，便誊抄付邮了。鲁迅改正的主要之处，是删去了托尔斯泰和高尔基的名字。鲁迅说："他们对我的影响是很小的，倒是安得列夫有些影响。"短论中还有一处，指出在中国文学史上，鲁迅跟屈原、陶潜、杜甫等同属一个精神谱系。鲁迅读后笑道："这未免过誉了。如果我们的文豪们一听到，我又要挨骂几年了。"此文虽短，但雪峰提出了两个重要论点：一是认为鲁迅十余本杂文集的社会文化意义，比他的五本创作（小说、散文诗）更有价值，更为大众所重视。二是指出"作为一个思想家及社会批评家的地位，在中国，在鲁迅自己，都比艺术家的地位伟大得多。"对此，鲁迅均未持异议。因此，雪峰这篇短论，在鲁迅研究史上就具有了特殊的意义和地位。

《回忆鲁迅》是雪峰奉献给鲁迅爱好者和研究者的一部独一无二的著作。此书实际上1946年已开始酝酿，曾在《文汇报·笔会》上发表过一些章节。1951年重写，该年8月1日开始在《新观察》半月刊上连载，至翌年第八期续完，由人民文学出版社结集出版，后多次再版，发行量逾十万册。在这部书中，雪峰以鲁迅的学生兼战友的双重身份，重点回忆了从1928年至1936年他跟鲁迅的交往，尤其突出了交往中极富政治意义的重大事件，为研究鲁迅后期的思想和创作所必读。但这部书的写法尚存在可商榷之处，即作者未将独家回忆史料与作者本人的理解认识加以必要的区分，读后给人以史料尚可增补而议论可加删节的感觉。据唐弢回忆，雪峰在浙江第一师范的同学魏金枝认为此书"有自我炫耀的倾向"。这使雪峰感到十分诧异，并说："我给胡乔木同志看过，他没有说。"

在鲁迅研究领域，雪峰还贡献了很多重要意见，值得后辈研究者认真领会。在雪峰眼中，鲁迅作品在整体上就是一部中华民族的衰弱史，是一张中华民族的解剖图，也是中华民族几千年以来的一部血战史，既显示了鲁迅政治的思想的天才，也显示了鲁迅诗的文学的天才。鲁迅与俄罗斯文学的关系，贯穿其文学活动的始终，这是基于俄罗斯文学的平民性和暴露社会矛盾的深刻性，同时基于鲁迅的民族民主革命立场。但鲁迅对域外文化的择取完全是从中国的国情出发，向着独立的文学道路发展，所以他的任何作品都具有鲜明的中国特色和民族性，从来没有所谓的异国情调，只有中国文学跟世界文学进步潮流的有机融合。雪峰认为鲁迅思想虽有前后期之分，但他的思想的一贯性表现在催促新的诞生，促使旧的毁灭。这是辩证法中最主要的一环，在鲁迅作品中是一贯表现出来的。

对鲁迅不同体裁的作品，雪峰也进行了相当全面的论述。他认为，鲁迅的大约七百篇杂文，在中国思想斗争史上的作用最大，既是民族文学的奇花，也是世界文学的奇花，在中国现代文学史和思想史方面占有特殊的地位。鲁迅的小说数量虽说不多，但这些伟大的现实主义作品奠定了我国现代文学的基石。鲁迅的日记乍看起来似乎写的多为信札往来、银钱收付，实际上是研究鲁迅的最宝贵和最真实的史料之一，也是属于人民的重要文献之一。所以，早在1951年，雪峰就通过上海出版公司影印出版了《鲁迅日记》手稿。直至临终前，身罹绝症的雪峰仍鼎力支持身处逆境的济南第三中学教师包子衍研读《鲁迅日记》。

在鲁迅作品的普及方面，冯雪峰的功绩至丰至伟。普及鲁迅的首要工作是出版鲁迅的著作，使广大读者能通过文本直接跟鲁迅进行精神对话、心灵交流。以雪峰的资历，建国初期按副部级待遇发放工资；中央人民政府委员会成立华东军政委员会，原定雪峰出任文化部部长。雪峰推脱，只出任了上海鲁迅著作编刊社的社长兼总编辑。这个"社"位于上海武进路三〇九弄十二号，成立之初只有四位编辑，两名工作人员；办公用具主要靠许广平留在上海的家具，资料主要靠个人藏书。就是在这种艰苦的条件下，冯雪峰在1950年10月23日制定了一个《鲁迅著作编校和注释的工作方针和计划草案》。1951年4月，北京成立了人民文学出版社，雪峰担任社长和总编辑。鲁迅著作编刊社也由上海迁至北京，成为人民文学出版社下属的一个编辑室。

1956年10月至1958年10月，一部十卷本的《鲁迅全集》由人民文学出版社出齐。全书总体上就是按照雪峰的规划草案编辑的。这部全集跟1938年"鲁迅先生纪念委员会"所编的二十卷本《鲁迅全集》的差别有三点：一、专收鲁迅的创作、评论和文学史著作，以及部分书信。仅增加的佚文就多达一百零六篇。《鲁迅译文集》《鲁迅辑校古籍》《鲁迅科学论著》另行出版。

二、各卷均附注释，共五千八余条。由于鲁迅著作博大精深，其注释也具有百科全书性质，在鲁迅著作出版史上是一件开创性的工作。三、所有作品均经过校勘，订正了已发现的错字和标点。不过，这套"全集"仅收鲁迅书信三百多封，而当时已征集的书信有一千六百五十五封。个别注释（尤其是《答徐懋庸并关于抗日统一战线问题》的题注）有违历史事实。但造成上述错误的原因文学界已经清楚，不能由雪峰本人承担责任。

为了帮助一般读者了解鲁迅的生平、思想和著作，雪峰撰写了大量深入浅出的普及性文章，囊括了鲁迅的杂文、日记、译文、手稿以及《野草》中所收的二十三篇散文诗。雪峰撰写的《鲁迅和他少年时候的朋友们》全书仅九千余字，1951 年 1 月由中国青年出版社出版，1954 年 6 月 12 日荣获中国人民保卫儿童全国委员会儿童文学创作一等奖，总发行量多达四十五万两千册，创造了同类作品在出版史上的奇迹。一般读者如何才能读懂鲁迅作品？雪峰提出了一个"选择性阅读"的建议，即由浅入深、由易到难，先选编鲁迅的一些短篇小说，再联系当时的政治和社会环境去读他的杂文。要多精选一些给工人和农民读的选本，尤其必须有详细和浅近的注释。雪峰的上述建议无疑是切实可行的。

毛泽东的支持者冯雪峰

在阅读冯雪峰回忆鲁迅的文章时，我曾产生过一种疑惑，那就是他非常强调毛泽东跟鲁迅之间相互敬重的感情。雪峰草拟的《答托洛斯基派的信》中，公开批驳过中国托派攻击"毛泽东先生们的各派联合一致抗日"的主张。鲁迅去世之后，毛泽东又被列名为"治丧委员会委员"。而根据党史资料，在1935年1月召开的遵义会议上，是由张闻天代理博古（秦邦宪）担任中共中央总书记，"毛泽东为周恩来在军事指挥上的帮助者"，直到1937年8月中共中央在陕北洛川召开的政治局扩大会议，毛泽东才担任中共中央革命军事委员会的书记（亦称主席）。1945年4月至6月召开的中共第七次全国代表大会上，正式把毛泽东思想确立为全党的指导思想并载入党章。1936年4月，冯雪峰作为中共中央特派员赴上海，主要是周恩来、张闻天交代的秘密任务，并不是毛泽东。依据现存资料，可知雪峰一生崇拜的人只有两个：一个是鲁迅，另一个是毛泽东。雪峰曾经明确跟友人说，在新中国成立之前他经历的党内斗争中，他属于"毛派"。

雪峰跟毛泽东的直接接触，始于1933年底。当时由于叛徒的出卖，雪峰无法继续在上海从事地下工作，奉命调往江西瑞金中央苏区，担任中央党校教务主任。该校校长是张闻天，副校长是董必武。中央苏区是土地革命战争时期由毛泽东、周恩来、朱德等在赣闽粤三省创建的革命根据地。1934年1月，中共临时中央负责人博古从上海抵达瑞金，将中共苏区中央局跟中共临时中央合并，改成中共中央局。中华苏维埃共和国临时中央政府主席毛泽东不但权力被完全架空，而且在所谓反"罗明路线"的斗争中受到了批判和打击。罗明（1901—1987）当时是中共闽粤赣特委组织部部长，福建省委代理书记，拥护和开展游击战争，贯彻集中优势兵力、各个击破的战略方针。博古1945年5月3日在中共七大会议上发言说："苏区反对罗明路线，实际是反对毛主席在苏区的正确路线和作风，这个斗争扩大到整个中央苏区和周围的各个苏区，有福建的罗明路线，江西的罗明路线，湘赣的罗明路线，等等。"李维汉在《回忆与研究》（上）一书中写道："反'罗明路线'，无论在福建还是在江西，矛头都是指向毛泽东的正确路线的。"此后，在相当长的一段时间内，在瑞金主持中央革命军事委员会工作的是博古和项英。正因为毛泽东当时相对有闲，便有机会跟雪峰聊天，有一回甚至风趣地说："今晚约法三章：一不谈红米南瓜，二不谈地主恶霸，不谈别的，只谈鲁迅。"当时谈话的具体内容唐弢在《追怀雪峰》一文中做出了转述：

> 毛泽东告诉雪峰，他很早就读了鲁迅作品。应该读一读《阿Q正传》。阿Q是个落后的农民，缺点很多，但他要求革命，看不到或者不理会这个要求是错误的。
>
> 当雪峰谈到他代表"左联"去请鲁迅写文章时，毛泽东说："哦，你们还给鲁迅出题目！不出题目岂不比出题目更好吗？"
>
> 当谈到中央苏区有人主张请鲁迅来担任"人民教育委员"时，毛泽东摇头说："这些人，真的是一点不了解鲁迅。"

在中国现代作家中，雪峰是少有的真正走过二万五千里长征的干部。长征更增进了雪峰对毛泽东的感情。雪峰跟毛泽东都有烟瘾。毛泽东曾多次派人把自己弄到的纸烟送给雪峰。当瞿秋白就义的噩耗传来，毛泽东特意通知雪峰，并沉痛地说："不仅仅是你失去了一个好朋友，我也失去了一个好朋友。"长征期间党内也有路线之争。1935 年 7 月，红军陆续到达四川松潘县毛儿盖藏民区，这时毛泽东跟张国焘分裂主义的斗争已经白热化。红四方面军原参谋长李特支持张国焘的主张，大肆进行宗派主义活动。雪峰支持毛泽东的正确路线，对张国焘的分裂主义跟李特的宗派主义进行了不调和的斗争。1938 年，雪峰准备着手撰写一部五十万字的小说，书名为《红进记》，后改题为《卢代之死》，就是反映红军从江西苏区到陕北的那段艰苦征程。卢代即作品中的主人公，由红军战士成长为一位师长，属于拥护毛泽东的军事领导干部。书中有一段描写卢代在行军途中见到毛泽东的文字："就在这时，他看到更远的一些地方在一株大的橡树或榕树下，有一个巨人在那里散步。暮色中，还可以看到手上的烟头一明一灭。这巨人就是毛泽东。他对这巨人充满了敬仰，他知道民族的希望、亚洲的命运都寄托在他身上。巨人像磁石一样吸引着他，唤起了他的新的力量，他终于挣扎着回到部队中来，又追随巨人继续长征的路程了。"一目了然，这里描写的是虚构人物卢代的心理活动，而表达的是雪峰当年的真情实感。

正因为雪峰在当年党内复杂的路线斗争中属于"毛派"，所以他 1936 年 4 月下旬以中央特派员的身份见到鲁迅之后，才会重点介绍毛泽东的战略思想，以及 1935 年底毛泽东在中共中央政治局会议上阐述的抗日民族统一战线的策略方针。雪峰在《回忆鲁迅》一书中写道："因为那时候（1936 年），毛泽东同志的天才与思想才开始为党内大多数人所认识，并逐渐为党外广大人民所知道，但许多最重要的著作都还没有发表，党内大部分同志在认识上也是以后一步一步深刻起来的，党外的人在当时真正认识的并不多。"雪峰对毛泽东的看法，无疑会对鲁迅的政治态度产生影响。关于鲁迅送毛泽东一只相当大的金华火腿，以及将《海上述林》（上卷）的皮脊本送毛泽东，蓝绒面送周恩来，也都是出于雪峰的提议，因为当时鲁迅正有一点钱在雪峰身上。雪峰本人还买了三至五听白锡包纸烟送给毛泽东，由地下"交通"送到西安再转交陕北。鲁迅去世之后，毛泽东列名于"治丧委员会委员"名单，显然也是出于雪峰善意的"先斩后奏"。虽然上海地下党有渠道跟陕北用秘密电台沟通，但当时时间上并不允许。雪峰讲得很清楚："我赶到时，鲁迅已断气半小时，过了一会儿孙夫人（宋庆龄）也来了，立即在孙夫人参加之下商量治丧委员会名单……当时记者们集中在楼下催得很紧，就把这名单向他们宣布了。"关于鲁迅丧事的处理，雪峰事后跟潘汉年商量，再打电话请示了中央。只是基于当时国民党当局的新闻管控，除了上海《日日新闻》（晨刊），其他报纸都不敢刊登毛泽东的名字。

在此文中，还必须提及一件绝对不应该忘却的往事，那就是雪峰帮助毛泽东将他失散多年的两个儿子送到苏联。1930 年 11月杨开慧烈士被湖南军阀何键杀害，毛岸英兄弟被地下党转移至上海，流浪长达五年之久。后被红色牧师董健吾收养。雪峰 1936年 5 月到达上海之后，给了董牧师一笔数额相当大的钱，作为岸英兄弟的收养费。之后雪峰派地下党员杨承芳跟莫斯科取得联系，将岸英兄弟护送到莫斯科国际儿童教养院学习。毛岸英烈士的事迹众所周知。毛岸青后来也成了优秀的俄文翻译家。被雪峰安排秘密赴陕北的人中，还有丁玲、斯诺、马海德等知名人士。冯雪峰的此举不仅是一般的善举，而且是对革命事业的一大贡献。

逆境中的冯雪峰

从 1954 年开始，雪峰受到了一系列不公正的政治待遇。首先是批判他主编《文艺报》期间曾用"贵族老爷式的态度"对待李希凡和蓝翎，阻碍了对俞平伯《红楼梦简论》一文的批判。但雪峰在转载这两位青年批评家论文的"编者按"中，明确指出他们的观点"在基本上是正确的""是值得引起大家注意的"据当时的目击者说，当李希凡、蓝翎来《文艺报》编辑部时，雪峰非常热情地接待了他们，临别时送到大门外，替他们叫了三轮车，还付了车钱。

1954 年 12 月 31 日，毛泽东将雪峰的杂文《火狱》转发给中共中央书记处成员及中宣部负责人一阅，"批语"现已收入《建国以来毛泽东文稿》第四册，亦见《毛泽东年谱》第二卷第二百三十页。不过"批语"对文章本身未置一词。1945 年重庆谈判期间，毛泽东还曾赞扬雪峰的《乡风与市风》《真实之歌》是多年不遇的好作品。1955 年，雪峰被卷入"胡风事件"，在党内受到批评，也做过检讨。1957 年 6 月至 8 月，中国作协党组批判并不存在的"丁玲、陈企霞反党集团"，周扬找雪峰说："批判丁玲、陈企霞，不批判你，群众是通不过的。"8 月 27 日，雪峰被宣布为"文艺界反党分子"。但雪峰无论如何也未曾反党，只因反对投降主义路线跟博古拍过一次桌子。同年 9 月，并无"右派"言行的雪峰被错划为"右派"。1958 年 2 月，雪峰随之被开除党籍。在开除他党籍的支部会上，雪峰表示开除决议说得不符合事实。但同时也举手表示服从，并希望能再回到党内来。1961年，有关方面不允许雪峰完成关于长征的长篇小说，雪峰愤而焚毁积稿。"文化大革命"期间，雪峰被关进"牛棚"，写了大量外调材料。周扬1979年5月1日致楼适夷信中写道："他（指雪峰）没有在'四人帮'恶毒诽谤我的时机，对我落井投石，把一切错误推在我的身上。"1969年至1971年，年近古稀的雪峰被下放到湖北咸宁文化部"五七"干校，参加过田间劳动，也放过鸭子。

在极端艰苦的岁月中，雪峰吟诵过自己的诗句："忍耐是不屈，而愤怒是神圣，顽强简直是天性！但这一切都是为了爱……"（《普洛美修士片段》）1975年2月，长期患肺气肿和肺炎的雪峰被确诊为肺癌，在首都医院施行了左上肺全叶切割手术。1976年1月31日（即农历丙辰年正月初一）上午11时，雪峰在春节的爆竹声中因肺炎并发症去世，享年七十三岁。为他擦洗身体时，可以看到他胸前有两个深深的几乎穿透着的伤疤，那是在江西上饶集中营坐牢期间留下的。家属为他穿上了一身半旧的制服和一双半新的布鞋。那制服，是雪峰1951年率中国作家协会访问团赴苏联参加"十月革命节"活动时添置的，已买了二十五年。临终前，他曾托人给毛泽东写了一封信，希望能够恢复他的党籍。这封信当然不能得到回复。因为姚文元下令"冯雪峰追悼会不能致追悼词"，他的骨灰盒上只有其子女题写的三行字："诗人。作家。毕生信仰共产主义。"1979年2月5日，雪峰的"右派"错案在他逝世三年之后终于得以改正；同年4月4日，他的党籍也终于得以恢复。当年11月17日，雪峰的真正追悼会在北京西苑饭店大礼堂举行，参加者有各界人士一千余人。叶剑英、邓小平、陈云、宋庆龄、邓颖超、周建人、王震、胡耀邦等党和国家领导人送了花圈。胡耀邦还为《回忆雪峰》一书题写了书名。时任中宣部副部长的朱穆之在悼词中赞扬冯雪峰"一生忠于党，忠于人民，坚持马列主义、毛泽东思想"，肯定了他在上海从事"左翼"文化活动期间"传达了党中央的各项方针政策，使鲁迅加深了对党中央、毛泽东同志的敬仰和信赖"。会后有六十余人将其骨灰送至八宝山革命公墓第一室。据《新文学史料》记者报道，在为雪峰捧骨灰盒的人中有四个"晚一辈鲁迅研究者"，他们是：陈漱渝、朱正、陈早春，包子衍。

在《关于太炎先生二三事》一文中，鲁迅曾用"所向披靡，令人神旺"八个字，描绘章太炎主持《民报》期间跟梁启超、吴稚晖、蓝公武论战的雄风。其实，鲁迅在"左联"时期与"新月派""民族主义文学"及"自由人""第三种人"的争论，也是高屋建瓴，势如破竹，借用上述八个字来形容是极为恰切的。

"左联"时期，鲁迅首先迎战的是新月社的批评家梁实秋。他们论战的中心，是文艺理论中最引人注目的"人性论"问题，并由此而推及文学的阶级性，无产阶级文学运动以及梁实秋论点的阶级属性问题。梁实秋是一开始就带着强烈的偏见登上文坛的，却又宣扬超阶级的永恒不变的人性。早在1926年，他就在《文学批评辨》中鼓吹"人性是根本不变的"。《新月》杂志出版后，他又一连发表了《文学与革命》《文学是有阶级性的吗？》《所谓文艺政策者》等文，主旨是说明文学的性质在于描写普遍的永久的人性，并无所谓"阶级性"。他认为无产阶级文学理论的错误，就是"在把阶级的束缚加在文学上面"。而且照他看来，"好的作品永远是少数人的专利品，大多数永远是蠢的，永远是和文学无缘的"。

鲁迅洞察到梁实秋宣扬"人性论"的目的，并不是用来抨击封建主义，而是用它来抹杀阶级存在，用文学没有阶级性的命题来反对中国新兴的"左翼"文学。基于这一认识，鲁迅在论争中将深刻的人生经验及其感情体验用于理论说明，独具慧眼地戳穿了梁实秋杂糅着封建等级的人性论与资产阶级自然人性论的矛盾空虚，使整个论辩过程有声有色，高潮迭起。鲁迅深刻懂得，人性是具体的，属于社会的范畴，而不属于抽象的生物学的范畴。人生活在存在阶级对立的社会里，就不可避免地带有阶级属性。他记得曾经读过法国革命作家巴比塞的一篇很有意思的短篇小说，叫作《外国话和本国话》，写的是三名在第一次世界大战中出生入死的士兵，到一个阔小姐家做客。见面后，小姐无话可说，士兵也无话可答。虽然同操法国语言，彼此却好像生活在完全不同的两个国度、两个世界。士兵们溜回自己的"猪窠"般的营房后，跟德国俘虏用手势交谈起来，虽然彼此国籍不同，却凭借手势发现了共同语言。鲁迅感到，阶级社会中的阶级分野，正像巴比塞描写的这样，比空想中的阴阳两界还厉害。比如同样是出汗，就有香汗与臭汗之分；同样是解渴，一个喉干欲裂的苦工，绝不会像阔人那样悠闲自在地品赏龙井芽茶、珠兰窨片；同样是看见糖水，春秋时代鲁国的大夫柳下惠说"可以养老"，而他的弟弟盗跖见了却道可以粘门闩。爱的要求，美的观念，梁实秋认为是没有阶级分别的，但鲁迅却清楚记得，按照他家乡的风俗，浑身散发着泥土气息的农民讨媳妇的时候，挑选的并不是什么杏嘴柳腰的美人，而是腰臂圆壮、脸色红润的具有劳动美的妇女。"喜怒哀乐"，也属于梁实秋所说的"基本的人性"，但鲁迅指出："穷人绝无开交易所折本的懊恼，煤油大王哪会知道北京捡煤渣老婆子身受的酸辛，饥区的灾民，大约总不去种兰花，像阔人的老太爷一样，贾府上的焦大，也不爱林妹妹的。"就是用这些极平常的生活事例，鲁迅对梁实秋鼓吹的普遍的永恒不变的人性进行了有力的批驳。此外，鲁迅还深刻揭露了"新月派"代表人物一心想以"专家"身份跻身国民党政府，替执政党"补天"的政治面目。

在跟"新月派"论争的过程中，鲁迅跟原创造社、太阳社的成员协同作战，加强了"左翼"文艺队伍的团结。冯乃超是后期创造社的重要成员，曾在文章中讽刺鲁迅常从幽暗的酒家的楼头，醉眼陶然地眺望窗外的人生。但鲁迅不仅跟他共同参加了"左联"的筹备工作，而且还在斗争中主动为他助阵。当时，冯乃超在《拓荒者》第二期上发表了一篇批判"新月派"梁实秋的文章，称他为"资本家的走狗"。因为没有击中要害，梁实秋自以为得意地辩解道："《拓荒者》说我是资本家的走狗，是哪一个资本家，还是所有的资本家？我还不知道我的主子是谁……"于是，鲁迅立即写了一篇《丧家的"资本家的乏走狗"》，进一步揭露了梁实秋这一类人物"遇见所有的阔人都驯良，遇见所有的穷人都狂吠"的走狗本性，因为他们不知道"主子是谁"，可以称为"丧家狗"；又因为他们用造谣诬陷的手段"济其'文艺批评'

之穷"，所以还可以加上一个形容词："乏"。"乏"，也就是软弱无力的意思。鲁迅写完这篇文章，自己高兴得笑起来说："乃超这人真是忠厚，比起他来，我真要'刻薄'得多了。可是，对付梁实秋这类人，就得这样。我帮乃超一手，以助他之不足。"后来，冯乃超谈到这篇文章，也十分叹服，称之为"奇文"。

当"新月派"理论家的观点被批驳之后，先前标榜过各种主义的宠犬派文人有如上海滩上沉浮的流尸，本来散见于各处，但经无产阶级革命文艺的海风一吹，就纷纷飘在"民族主义文学"的旗帜之下，散发出浓厚的恶臭。

所谓"民族主义文艺运动"的锣鼓是1930年6月在上海敲响的，主要成员有CC①特务头目、上海市政府委员兼教育局局长潘公展，上海市政府委员、上海市党部常委朱应鹏，淞沪警备司令部侦缉队长兼军法处处长范争波……这些党棍、特务、刽子手妄图倚仗"洋大人"的势，凭借国民党的权，借助"青红帮"的力，以查禁普罗文学为口实，以封闭进步书店、捕杀革命作家为手段，达到实施"党治文化"的目的。鲁迅说："他们倘做一部'杀戮法'或'侦探术'，大约倒还有人要看的，但不幸竟在想画画、吟诗。这实在譬如美国的亨利·福特（Henry Ford）先生不谈汽车，却来对大家唱歌一样，只令人觉得非常诧异。"

民族主义文学家的"作品"当然是谁也不要看的，但他们依靠其特殊的政治背景，竟也拥有了《前锋》周报、《前锋》月刊等刊物，刊登了《陇海线上》《黄人之血》《大上海的毁灭》等

---

① 即CC派，中国国民党主要派系，以陈果夫和陈立夫为首。——编者注

一批民族主义文学的代表作。为了扫荡这群碎杂的流尸，鲁迅以犀利的理论解剖刀极其透彻地揭露了帝国主义殖民统治下的"打手政治"和这种"流尸文学"的关系，充分暴露了民族主义文学用"民族"这面迷人旗帜掩盖的卖国主义本质。

鲁迅首先剖析的是黄震遐的战争小说《陇海线上》。1930年5月，蒋介石同冯玉祥、阎锡山在陇海、津浦路沿线开战，历时半年，双方死伤总数达三十余万人。黄震遐亲自参加了这场战争。他自述在战场上的心绪时说："每天晚上站在那闪烁的群星之下，手里执着马枪，耳中听着虫鸣。四周飞动着无数的蚊子，哪样都使人想到法国'客军'在非洲沙漠里与阿拉伯人争斗流血的生活。"

所谓"客军"，本意是指帮助作战的友军，在上述引文中是指法国雇佣的"安南兵"。在黄震遐笔下，中国"中央"政府的军队驻扎在陇海线上，居然和法国殖民主义者的"客军"驻扎在非洲有如此相同的情调！鲁迅抓住这一不打自招的供状，深刻揭露了中国的"民族主义文学家"跟外国主子休戚相关。以"东方拜伦"自诩的国民党军官黄震遐在战地的夜色中，竟飘飘然觉得皮色变白，鼻梁加高，如置身于非洲的沙漠，可见他所标榜的"民族主义"中的"民族"，指的不是中华民族，而是拉丁民族、条顿民族。

接着，鲁迅剖析了黄震遐的诗剧——《黄人之血》。这个剧本取材于成吉思汗的孙子拔都元帅当年西征俄罗斯的经过。"民族主义文学家"为什么会对这样的历史题材发生兴趣呢？鲁迅一针见血地指出：在"民族主义文学家"的心目中，今天的日本帝国主义就是当年的拔都；他们的最高理想就是"为王前驱"——在日本侵略者的率领下，"张大吃人的血口"，向"无产者专政的第一个国度"发动"西征"。

"民族主义文学家"既然是这样一批媚敌求荣的奴才，那么在他们的作品中为什么还会出现痛哭怒号、摩拳擦掌的词句呢？鲁迅从他们的作品中发现，他们虽然有时高喊用"肉体"、用"纯爱的精灵"、用"尸体"跟敌人搏斗，但很明显的一点是手中都没有武器。即使在他们直接描写对日作战的作品中，也是祈祷我们"切不可打胜，而打死也不好，不多不少刚刚适宜的办法是失败"。据他们说，打了胜仗，"只能增加我们的苟且、偷安与骄傲的迷梦"；只有失败，"才告诉了我们非努力，还是做奴隶的好"。鲁迅由此指出，这些"民族英雄"即使对日开战，也是早"预定着打败仗的计划"。他们高唱"呜呼啊呀死死活活的调子"，只不过是为了用扰攘嘈杂的声音来掩盖"不抵抗主义，城下之盟，断送土地这些勾当"。

就这样，在鲁迅率领的"左翼"文艺队伍的摧毁性的打击之下，充当国民党政府文化"围剿""前锋"的"民族主义文学"，很快就露出了猥劣腐烂的原形。它们像沉渣一样趁势漂上水面，本相暴露之后又沉入了河底。就连国民党御用文人也不得不哀叹，由于这一运动的组织和内容"松弛""简陋"，理论与作品"脆弱""贫乏"，因而并没有收到用文学的武器"剿灭"革命文学的"预期效果"。

继对民族主义文学的斗争之后，以鲁迅为首的"左翼"作家同"自由人"与"第三种人"就文艺与政治的关系又展开了一场历时达一年半之久的激烈论争。掮着"自由人"招牌的是反对文艺革命功利性的胡秋原，打着"第三种人"旗子的是由"左联"成员而后来跻身于国民党文官交椅的苏汶。他们的文艺思想是矛盾、混乱的，但都宣扬超阶级、超政治的文艺观，把文学与革命、艺术的真实与革命的政治置于完全对立的地位。由于他们程度不同地涉猎过马克思主义的文艺论著，又利用了我国无产阶级文学幼年期发生的"左"的偏差，因此其观点具有很强的迷惑力。鲁迅敏锐地看到，在"左翼"文艺备受摧残的"白色恐怖"下，胡秋原不向"中国文学的刽子手"要创作自由，而专向被禁压、被杀戮的"左翼"作家要自由，这就暴露了他的"文艺自由论"的终极目的，乃是要反对革命文学成为革命事业的一翼。苏汶是作为胡秋原的间接支持者参加论争的。在他看来，胡秋原的理论是一种自由主义的非功利的创作理论，而"左翼"文坛则持一种目前主义的功利主义的创作理论。他所说的"第三种人"并非指政治上的中间派，而是指那些在两种截然不同而互不让步的文艺观面前一时感到无所适从的作家。他指责"左翼"文坛只要行动，不要理论；只要革命，不要文学；只要煽动，不要艺术。苏汶的观点虽然在某种程度上触及了"左联"常犯的机械论、简单化、"左倾"关门主义等错误，但他把新文学创作的障碍主要归之于"左翼"作家的"左而不作"和"第三种人"的欲作而不敢，却放过了摧折进步文艺新芽、奉行文化专制主义的国民党政权，显然是颠倒主次、混淆黑白之谈。鲁迅在论争后期撰写了带总结性的《论"第三种人"》。文章深刻而形象地批驳了超阶级和超政治的文艺观，以及蔑视群众文艺的贵族老爷态度；同时也指出"左翼"文坛在向文艺神圣之地进军的过程中应着重克服"左"的关门主义的错误——因为"'左翼'作家并不是从天上掉下来的神兵，或国外杀进来的仇敌，他不但要那同走几步的'同路人'，还要招致那站在路旁看看的看客也一同前进"。苏汶承认鲁迅的意见是公允的，尤其赞赏鲁迅声明"左联"并不拒绝"同路人"的态度。1934 年以后，随着国民党文化"围剿"的加剧，苏汶的态度日益"右转"。鲁迅在 1934 年 4 月 11 日致日本友人增田涉的信中揭露苏汶"自称超党派，其实是右派。今年压迫加紧以后，则颇像御用文人了"。这就证实了鲁迅预见的正确性：文艺上的"第三种人"虽然貌似不偏不倚，其实是总有些倾向的，正如人的体形，总有胖瘦之分，即使不胖不瘦的人，事实上非近于胖，就近于瘦。要想超脱现实的阶级斗争，创作属于"将来""永久"的文学，恰如用自己的手拔着头发要离开地球一样，实际上是做不到的。

鲁迅在"左联"时期参加的这三次理论斗争，是他以"左翼"文坛斗士的姿态参加的重大斗争，充分表现出了革命性和科学性、原则性和策略性的有机统一。科学的艺术论赋予鲁迅的理论以无比焕发的光彩，而鲁迅的斗争也为新兴文艺理论在中国的传播开拓了道路，标志着 20 世纪 30 年代"左翼"文艺理论的一个重要发展。

第二十七章 一场特殊的战斗

　　1931 年 2 月 7 日深夜，星垂月落，万籁俱寂。突然，一阵叮当的镣铐声震响在上海龙华西北方的旷野。二十四名气宇轩昂的男女青年革命者高唱《国际歌》，走上了刑场。紧接着，从伪淞沪警备司令部刽子手的枪口里射出了一百多发罪恶的子弹。烈士们高呼着"中国共产党万岁"的口号，将满腔热血全部洒在了祖国大地上。在烈士当中，有五位"左联"的革命作家，他们是柔石、殷夫、李伟森、胡也频、冯铿。第二天，敌人剥去他们的衣服，将遗体抛进一个预先挖好的大坑内。人们发现，在胡也频身上留下了三个弹孔，冯铿身上留下了七个弹孔，柔石身上留下了十个弹孔……

　　从"左联"五烈士被捕起，敌人就开始侦查鲁迅的地址。为了用"壕堑战"的方式坚持战斗，鲁迅从 1 月 20 日开始，在上海黄陆路一家日本人开设的花园庄旅馆度过了三十九天的避难生活。在极度的悲痛中，他吟成了《惯于长夜过春时》这首"郁怒深情""哀切动人"的七言律诗，表达了他"怒向刀丛觅小诗"的战斗意志。直至 2 月 28 日，风声稍微平息，鲁迅才回到旧寓。

当时，国民党当局严密封锁烈士牺牲的消息，妄图达到"杀人如草不闻声"的目的。因此，冲破敌人的文网，在国内外揭露他们的"法西斯"暴行，就成了一场特殊的战斗。

1931 年 3 月 18 日夜，以德国《法兰克福日报》特派记者身份在我国从事革命活动的美国友人史沫特莱，来到鲁迅的寓所。在书房里，史沫特莱会见了刚结束避难生活不久的鲁迅。她发现鲁迅面色灰暗，须发蓬乱，两颊深陷，眼里发着炽热的光，声音中充满了可怖的仇恨。鲁迅将一篇题为《黑暗中国的文艺界的现状》的文稿递给史沫特莱，请她译成英文，拿到国外去发表。鲁迅在文章中，愤怒揭露了国民党反动派用诬蔑、压迫、囚禁和杀戮来压制"左翼"文艺，用打手、走狗、刽子手来和"左翼"作家对立的罪行，并满怀坚定信念地预言："左翼"文艺现在和无产者一同受难，将来当然也将和无产者一同起来。

鲁迅这篇笔挟风暴、力逾千钧的文字强烈地感染了史沫特莱，但她担心这样写会危及鲁迅的安全，便劝告说："如果发表出来，你一定会被杀害的。"鲁迅毫不迟疑地回答道："那有什么关系？中国总得有人出来说话！"接着，鲁迅又跟史沫特莱一道起草了一份宣言，题为《为纪念被中国当权的政党——国民党屠杀大批中国作家而发出的呼吁书和宣言》，要求世界舆论给在死亡和比死亡更为可怕的刑罚威胁之下坚持战斗的中国革命者以迅速和坚决有力的声援。

　　"左联"五烈士的牺牲，使鲁迅经历了继"三一八"惨案、"四一二"反革命政变之后的又一次巨大震动。烈士们的飒爽英姿，时时浮现在鲁迅眼前。鲁迅仿佛看到，那专拣重担挑在自己肩上的柔石，面对死亡发出了"剜心也不变，砍首也不变"的豪迈誓言。经历了苦难的柔石，已经在斗争中一天天坚强起来，像鲁迅期望的那样，成为一头能够经受巨大刺激的大象，朝着选定的正确目标"强韧地慢慢地走去"，直到生命的最后一息。鲁迅仿佛看到，那卓有才华的青年诗人殷夫，像一只引吭高歌的海燕，勇猛地冲向白色恐怖的风暴。如今，这位二十二岁的诗人再也不能拨动他心灵的琴弦，弹奏起大时代乐章中的动人音符了，但是他翻译的那首裴多菲的诗却一直在鲁迅耳边回荡："生命诚可贵，爱情价更高。若为自由故，二者皆可抛。"还有李伟森、胡也频、冯铿，都是民族的精英、国家的脊梁、党的优秀儿女。如今，这五位作家带着未酬的壮志离开了人间，而最为惨苦的是死于秘密杀戮。先前，鲁迅阅读意大利著名诗人但丁《神曲》一书的《地狱》篇，曾惊异于这作者设想的残酷，但到现在，他感到但丁还是仁厚的："他还没有想出一个现在已极平常的惨苦到谁也看不见的地狱来。"

　　为了进一步揭露敌人的卑劣和凶残，表达对烈士的哀悼和铭记，并启示后继者不断地斗争，鲁迅还和冯雪峰等编辑了《前哨·纪念战死者专号》。鲁迅为"专号"撰写了《中国无产阶级革命文学和前驱的血》《柔石小传》等文章，并饱蘸浓墨为"专号"题写了刊头。"专号"中还编入了烈士们的传略、遗著以及其他悼念和抗议的文章。但是在严酷的白色恐怖下，一般的印刷厂都不敢承印这种公开向专制者的屠刀挑战的刊物。经过多方面的努力，"左联"的同志们才在上海白克路找到了一家小印刷厂。老板提出的条件是：一、多付几倍的排印费；二、不准印报头、照片，以免被查获；三、一个晚上必须排完印完，天亮前将印成品统统搬走；四、印刷过程中编辑人员必须留在印刷所内，以便应付突然事变。

"左联"的同志迫不得已，一一接受了上述苛刻的条件。他们联络了几个革命的排字工人，在一个夏夜开始了排印工作。排好一段，"左联"的同志就校对一段。工人们一边工作，一边关切地探询苏区建设和红军的情况。他们盼望阳光早日冲破黎明前的阴霾，使黑夜像残雪一般化尽……

午夜一点，稿件全部排好了。天亮前，刊物全部印好了。在蒙蒙的曙色里，迎着习习的清风，借着疏落的路灯光，"左联"的同志们把成捆的《前哨》装在两辆人力车上，巧妙地避过了一道道巡捕的岗哨和一支支巡逻队，通过南京路、四川路……胜利地运到了自己的住处。而后，他们再把分别刻好的"前哨"二字的字模涂上红印油，用手工敲印在报头上；又将从另一家印刷厂印成的烈士像一张张贴在刊物上。由于同志们敲印刊头时满怀着哀恨交织的感情，几乎把整个身子压上去，所以封面留下了印油透过纸背的痕迹。就这样，《前哨》终于在极端困难的条件下，以空前的高速度出版了。

鲁迅和他的战友们抗议的呼声，在国内外引起了强烈的反响。国际革命文学家联盟为此发表了敬告全世界革命作家宣言，"号召全世界一切革命文学家和艺术家共同起来反抗国民党对于我们同志的压迫"，在宣言上签名的有苏联作家法捷耶夫、革拉特珂夫，法国作家巴比塞，美国作家果尔德等。德国、英国、日本的无产阶级作家也纷纷发表了抗议书。奥地利革命诗人翰斯·迈伊尔在一首题为《中国起了火》的诗中写道：

> 中国到处伸出烈焰的舌头，
> 大猛火一直冲到天宇。
> 地面如被千万的狂呼所烧红：
> 从顺的中夏之邦起了火。

第二十八章

千古知音最难觅

——鲁迅与瞿秋白的并世情

1933年年初的一天，鲁迅邀请瞿秋白题字，瞿秋白便写了"人生得一知己足矣，斯世当以同怀视之"这十六个字。随后，瞿秋白也请鲁迅题字，鲁迅便照着这两句回赠他：上题"疑仌道兄属"（冰的古体字为"仌"，是瞿秋白的笔名），落款为"洛文录何瓦琴句"（"洛文"是鲁迅的笔名，何瓦琴是清代浙江的一位著名学者，这两句话即取自他的自集襚贴联句）。

成为知己，源自相似的经历和共同的信念

瞿秋白能够成为鲁迅的知己，并非偶然。他们有相似的生活经历和心路历程，有着崇高的理想和信念。

瞿秋白诞生于1899年，比鲁迅小十八岁。其远祖瞿昉在东晋时代曾任金紫光禄大夫。光禄大夫品位不同，但都属于皇帝身

边的谏官顾问，掌管议论。不过瞿秋白的祖父瞿廷仪只在江西做过候补知县，官职跟鲁迅祖父差不多。瞿秋白之父瞿世玮长期赋闲在家，也跟鲁迅的父亲差不多。瞿秋白的祖父去世之后，其家境却是比鲁迅还差了，以致才貌出众的瞿母在他十七岁那年喝虎骨酒吞火柴头自杀。瞿秋白在《哭母》这首七言绝句中写道："亲到贫时不算亲，蓝衫添得新泪痕。此时饥寒无人问，哭得灵前爱子身。"所以瞿秋白在《饿乡纪程》一书中，说他诞生在"这颠危簸荡的社会组织中破产的'士的阶级'之一的家族里"，如同鲁迅自称是"破落户"子弟。在《呐喊·自序》中鲁迅写道："有谁从小康人家而坠入困顿的么，我以为在这途路中，大概可以看见世人的真面目。"鲁迅和瞿秋白之所以成为出身阶级的"逆子贰臣"，跟这种人生经历有密切关联。

除开家世，鲁迅跟瞿秋白的人生经历和习惯爱好还有不少暗合之处，如自幼喜好美术（鲁迅临摹人物，瞿秋白擅画山水）、常读野史杂著，等等。因为家庭拮据，鲁迅十八岁那年投考的是无须学费的南京水师学堂和矿路学堂，瞿秋白十八岁那年考入的是不收学费的北京政府外交部立俄文专修馆。鲁迅长期吸烟，瞿秋白也是烟卷不离口。鲁迅在留学日本时就接触了科学社会主义思想，在《社会主义研究》杂志读到过《共产党宣言》的日译文，以及恩格斯、李卜克内西等人的文章，只不过当时并未成为他分析和观察社会问题的思想武器。而瞿秋白早在 1920 年初就参加了李大钊创立的"马克思学说研究会"，同年远赴莫斯科，之后成为中国早期的马克思主义者。对于佛学，鲁迅和瞿秋白都曾关注。鲁迅说："释迦牟尼真是大哲。"瞿秋白也曾说："老庄是哲学，佛经里也有哲学，应该研究。"这些机缘巧合，都成了他们日后能成为知己的因素。

不顾安危，鲁迅四次掩护瞿秋白避难

隐居在上海的瞿秋白，是国民党反动派通缉的"要犯"。1933 年 9 月 22 日，经国民政府行政院院长蒋介石签发，内政部通知悬赏通缉七位中共中央领导人，其中瞿秋白名列榜首。举报瞿秋白、周恩来的赏金各两万元，举报陈绍禹（王明）、沈泽民、张闻天、罗登贤、秦邦宪（博古）的赏金各一万元。由于白色恐怖严酷，瞿秋白在上海的住处虽多次搬迁，但由于特务的跟踪、叛徒的出卖，仍多次遇到险情。在危急情况下，鲁迅不顾个人和全家的安全，曾先后四次掩护瞿秋白避难。

第一次是 1932 年 11 月下旬。当时有一个叛徒在盯瞿秋白夫人杨之华的梢，瞿秋白只身先往鲁迅家，杨之华甩掉"尾巴"之后才到。但鲁迅因母亲生病，于同年 11 月 11 日第二次从上海赴北平探病。许广平把她跟鲁迅的双人床腾出来让给瞿秋白夫妇睡。11 月 30 日，鲁迅回到上海，跟瞿秋白一家像亲人般地朝夕相处，直至时任全国总工会负责人的陈云在一个深夜将他们接走。在此期间，瞿秋白曾录赠鲁迅一首七绝："雪意凄其心惘然，江南旧梦已如烟。天寒沽酒长安市，犹折梅花伴醉眠。"诗后附题跋："此种颓唐气息，今日思之，恍如隔世。然作此诗时，正是青年时代，殆所谓'忏悔的贵族'心情也。录呈鲁迅先生。"署名为"魏凝"。

第二次到鲁迅家避难是 1933 年 2 月上旬。这次住的时间较久，瞿秋白与鲁迅朝夕相处、促膝谈心，共同创作了十余篇杂文。这批文章大多由瞿秋白酝酿后形成腹稿，跟鲁迅交换意见之后再增删修改、执笔成文。

第三次避难是在 1933 年 7 月下旬。由于中共党内的一个地下机关暴露，必须立即搬走，而当时又是倾盆大雨，在万分紧迫的情况下，瞿秋白跟杨之华不约而同地说："到大先生（指鲁迅）家里去。"如此住了一小段时间。

第四次避难是在 1933 年 10 月上旬的一个深夜。当晚，忽然传来了警报。瞿秋白夫妇在凌晨两点左右急奔鲁迅家，只不过为安全考虑，一个先从前门进，一个后从后门进。杨之华还带来一个十三四岁的小女孩，是中共内部交通科主任高文华的长女高平。许广平回忆录中所提及的第三次避难实际应指这次。据许广平《鲁迅回忆录》描写，高平当时是一个十三四岁的小姑娘，但据其母贾琏回忆，高平只有十岁，也曾帮助她送情报或护送同志。

合力创作，对时弊口诛笔伐

考虑到瞿秋白的特殊身份和生命安全，鲁迅跟瞿秋白合作的杂文均用鲁迅的笔名发表，并分别收进了鲁迅的《伪自由书》《南腔北调集》和《准风月谈》。当下所见《瞿秋白文集》保留了手稿原貌，而《鲁迅全集》所收的相关文章则经过鲁迅的加工。两相比勘，可知改动有以下四个方面。

第一，更换标题。比如鲁迅把《苦闷的答复》改为《伸冤》，把《人才易得》改为《大观园的人才》，把《真假董·吉诃德》改为《真假堂·吉诃德》。

第二，增加标点。鲁迅好用短句，以增强语言的节奏感。因此，他常用标点把瞿秋白的长句断开。如把"国难期间女人似乎也特别受难些"改为"国难期间，女人似乎也特别受难些"（《关于女人》）；"将这使得西洋第一等的大学者至多也不过抵得上中国的普通人"改为"这使得西洋第一等的学者（删去'大'字，因与'第一流'语义重复），至多也不过抵得上中国的普通人"（《中国文与中国人》）。

第三，润饰文字。鲁迅对每篇文字都有加工，总体而论，语言变得更加精准简练。如《迎头经》末句，瞿秋白原文为"传云"。"传"，解释之意。鲁迅改为"诗云"，因为下文是一首十六字的四言小诗。《关于女人》一文，瞿秋白原文为："西汉末年，女人的眉毛画得歪歪斜斜，也说是败亡的预兆。"鲁迅改为："西汉末年，女人的'堕马髻'，'愁眉啼妆'，也说是亡国之兆。""堕马髻"是东汉时期女人头发侧在一边的梳法，"愁眉啼妆"是指当时女人的头发细而曲折地垂在眼下，像哭泣的样子。这一修改，更切合历史真实，将"歪歪斜斜"四个字形象化了。鲁迅改动最多的是《中国文与中国人》一文。对瑞典汉学家高本汉，瞿秋白的原文说："他的确是个了不得的'支那学家'——中国语文学的权威。"鲁迅增加了"他很崇拜文言，崇拜中国字，以为对中国人是不可少的"等句子，为后文批判当时中国上流社会推崇文言、反对"五四"白话文运动做了铺垫。

比较重要的修改还有一处。《伸冤》（原题为《苦闷的答复》）

原稿第一句是："《李顿报告书》采用了中国孙逸仙博士的国际合作开发中国的计划。"鲁迅改为"《李顿报告书》采用了中国人自己发明的国际合作开发中国的计划"。原因是,李顿是一位曾任印度总督的英国爵士,他于1932年2月率国际联盟调查团来中国调查"九一八"事变,同年发表了一份偏袒日本侵略者、损害中国主权的报告书,支持"满洲自治",妄称日本对中国东北拥有"不容漠视"的权利。而孙中山在《建国方略》中所提出的"国际共同发展中国实业计划",谈及"引进外国技术与资金"的前提是捍卫中国主权,跟《李顿报告书》的性质截然不同。李顿引用孙中山的主张是偷梁换柱、混淆视听。鲁迅删去"孙逸仙博士"的称谓,是为避免读者误会,以维护他所尊崇的孙中山的形象。

第四,增补内容。鲁迅将《透底》一文收入《伪自由书》时,增加了"附录",即此文刊出后,祝秀侠给鲁迅的来信及鲁迅的复信,"附录"部分的文字超过了正文。这位祝秀侠一度混入"左联",化名"首甲"攻击鲁迅,1937年以后在香港、重庆、广州、台湾的国民党政府教育部门担任要职,官至国民党中央监察委员。1934年4月4日,他在《申报·自由谈》发表《论"新八股"》,竟把"左翼"批评家引用普列汉诺夫的新兴文艺理论也列为"新八股"的表现之一,讥之为"蒲力汗诺夫曰"。鲁迅、瞿秋白敏锐地看出他从"左"向"右"转的倾向,故写《透底》一文进行批评。祝秀侠在致鲁迅的信中,说《透底》一文是对他的误会,他撰写此文的目的其实只是反对鸳鸯蝴蝶派。鲁迅在复信中指出:一、不能简单化地将"蒲力汗诺夫曰"与"诗云子曰"

等量齐观。二、他跟瞿秋白合作的《透底》一文并非仅为一人一文而作，而是"反对一种虚无主义的一般倾向"。有了这两封信作为"附录"，读者对《透底》一文的写作背景及其针对性有了更准确的了解和把握。

除以上四点，鲁迅对瞿秋白原稿的段落也做了一些局部调整。

综观鲁迅和瞿秋白合写的这十一篇杂文，其主要锋芒是批判当时国民党政府奉行的"攘外必先安内"的反共政策，矛头直指国民党政府党政军要人，如蒋介石、汪精卫、宋子文、汤玉麟等。这些人把抗战当成了"做戏""似战似和，又战又和，不降不守，亦降亦守"。明明是节节溃退，偏要说成是"缩短战线""诱敌深入"。这批犀利的杂文，彻底揭露了国民党当局当时反共是真、抗日是假的面目，让他们的伪装如"花旦脸上的脂肪"，顷刻之间剥落殆尽。

这批杂文中有两篇涉及胡适，即《王道诗话》和《出卖灵魂的秘诀》。史实证明，鲁迅和瞿秋白都跟胡适有过交往，至今书信犹存。但在国共两党的斗争中，胡适一直充当国民党政府的"诤友诤臣"和"廊庙宾师"。在"九一八"事变之后，胡适在抗日问题上有通过妥协避免损失谋求和平的倾向，甚至一度主张放弃东三省，承认"满洲国"，因此受到了鲁迅和瞿秋白义正词严的批判。不过，热河失守之后，胡适十分痛心，撰写了《全国震惊以后》，指出"张学良应负绝大的责任""中央政府也应负绝大的责任"（《独立评论》1933年第四期）。1938年至1942年，胡适就任驻美大使，历时四年，为全国抗战做了不少切实的工作。《王道诗话》文中结尾的四首七言律诗中，谴责胡适应何键之邀到湖南讲学："好向侯门卖廉耻，五千一掷未为奢。"据胡适日记，他并未接受这么多礼金，所讲内容有不少也跟何健"尊孔读经"的主张相悖。他此行的目的，主要是想跟留学美国时期的老友朱经农相见。不过，《王道诗话》的主要内容是批判胡适维护国民党当局镇压革命的"政府权"，所以其基本观点仍应予以肯定。

合作出版，鲁迅在经济上支持困境中的瞿秋白夫妇

除共同创作杂文，鲁迅跟瞿秋白还合作出版了三种书籍。

《萧伯纳在上海》，此书 1933 年 3 月由上海野草书屋出版。当年英国著名作家萧伯纳乘船周游世界，于 1933 年 2 月中旬抵达上海，受到了宋庆龄等人及新闻界、文学界的欢迎。鲁迅很爱读萧伯纳的作品，原因是萧能用讽刺的利刃撕掉绅士们的假面。但当时上海一些有不同政治背景的报纸却制造一些谣言，对热心支持反法西斯斗争和世界和平运动的萧伯纳进行攻击。这就使萧伯纳成了一面平面镜，从中映照出文人、政客、军阀、流氓、巴儿狗的各式各样的相貌。于是，同年 2 月 17 日晚上，刚与萧伯纳会见过的鲁迅跟瞿秋白交谈，决定将当时报纸上持不同立场的文章和报道汇集起来，编成一书，使原来在凹凸镜中显得平正嘴脸的人露出他们的歪脸来。紧接着，许广平搜集相关材料，由鲁迅、瞿秋白圈定，再由许广平与杨之华剪贴，鲁迅、瞿秋白编排，鲁迅、许广平校对，在一个月内出版了这本书。像这种两家人合编、三十天出版的书，在中国现代出版史上恐怕绝无仅有。

《解放了的堂·吉诃德》，这是苏联卢那察尔斯基的十幕剧。

1930 年 6 月，鲁迅曾据德译文译讫该剧第一场，刊登于 1931 年 11 月 20 日出版的《北斗》杂志第一卷第三期。后来，鲁迅收到曹靖华寄来的俄文原著，发现德译本删节过多，旋请瞿秋白据俄文版将全剧译出。鲁迅又添译了《作家传略》，加写了《后记》，配制了十三幅木刻插图，完成了这部"极可信任"的译本。

《鲁迅杂感选集》，在鲁迅跟瞿秋白合作编成的书籍中，最为重要而且影响最大的无疑是这本书。1933 年 4 月 13 日，鲁迅在致李小峰的信中说："《杂感选集》已寄来，约有十四五万字，序文一万三四千字，以每页十三行，每行三十六字版印之，已是很厚的一本，此书一出，单行本必当受若干影响也。编者似颇用心，故我拟送他三百元。"1936 年 5 月 15 日，鲁迅在致曹靖华的信中又写道："我的选集，实系出于它兄（按：维它，是瞿秋白的笔名之一），序也是他作，因为那时他寓沪缺钱用，弄出来卖几个钱的。"

当然，鲁迅跟瞿秋白在创作跟出版方面的合作无疑具有重要的文化意义和政治意义，不过在经济上支持困境中的瞿秋白夫妇，的确是鲁迅的初衷。比如，杨之华创作小说《豆腐阿姐》和翻译绥拉菲摩维奇的小说《一天的工作》和《岔道夫》，鲁迅都进行了指导并动笔修改。瞿秋白的译作之一《不平常的故事》，鲁迅也坚持让合众出版社出版，其目的都是为了解决瞿秋白夫妇的生活问题。由于中共处于地下状态，经费十分困难，像瞿秋白这样的高级干部每月仅有十五元津贴，低于当时上海一个普通工人的工资。所以，为瞿秋白夫妇争取一些稿酬和版税，对疾病缠身的瞿秋白不无小补，即使影响自己作品的销路，鲁迅也无怨尤。

书信往来，实现学术和思想的坦诚交流

在瞿秋白和鲁迅的交往史上，有两封重要的通信，第一封广为人知，第二封鲜有人提及。

第一封信即收入鲁迅《二心集》的《关于翻译的通信（并 J.K 来信）》。中国传统的翻译理论，如果从佛经翻译理论（公元 148 年）算起，至今已有一千八百多年，历史不可谓不悠久。曾出现玄奘与严复这样的翻译家，对今天的翻译界仍有借鉴意义，但由于受语言学水平的制约，至今仍未建立起具有中国特色的翻译学理论。因此，二人之间九十余年前的这次通信，的确在中国翻译界引起了广泛关注。1931 年 9 月 30 日，鲁迅翻译的长篇小说《毁灭》由上海大江书铺出版。原作者是苏联法捷耶夫。小说以苏联国内战争为题材，描写了一支由矿工、农民和知识分子组成的游击队跟支持沙皇的"白军"和日本干涉军战斗的故事，成功塑造了共产党人莱奋生和一百五十名游击队员的形象。毛泽东曾经谈道："法捷耶夫的《毁灭》，只写了一支很小的游击队，它并没有想去投合旧世界读者的口味，但是却产生了全世界的影响，至少在中国，像大家所知道的，产生了很大的影响。"（《在延安文艺座谈会上的讲话》）这部小说，鲁迅是根据藏原惟人的日译本重译的，同时参照了德译本和英译本，以"信、达、雅"为追求目标，态度十分严谨。瞿秋白于同年 12 月 5 日给鲁迅写了一封热情洋溢的信，其中最感人的句子是："我们是这样亲密的人，没有见面的时候就这样亲密的人。这种感觉，使我对于你说话的时候，和对自己说话一样，和自己商量一样。""看着这

本《毁灭》，简直非常的激动：我爱它，像爱自己的儿女一样。"

瞿秋白首先肯定了《毁灭》中译本首次出版的意义，指出该书出版"当然是中国文艺生活里面的极可纪念的事迹""每一个革命的文学上的战士，每一个革命的读者，应当庆祝这一胜利"。对鲁迅的译文，瞿秋白认为从总体上看，"的确是非常忠实的，'绝不欺骗读者'这一句话，决不是广告！"瞿秋白批评严复的译文以"雅"为上，因而失去了"信"和"达"；又批评赵景深要求"宁错而务顺，毋拗而仅信"，也是在"蒙蔽读者"，并借此夸大普罗文学理论翻译的弱点。对译文的"信"，瞿秋白的看法是："翻译应当把原文的本意，完全正确的介绍给中国读者，使中国读者所得到的概念等于英俄日德法……读者从原文得到的概念。"

瞿秋白在信中也坦陈了鲁迅译文的缺点，主要是还没有做到"绝对的白话"，"所谓绝对的白话，就是朗读起来可以听得懂的"。瞿秋白还指出了鲁迅译文的几处败笔。比如，"甚至于比自己还要亲近"，鲁迅译为"较之自己较之别人，还要亲近的人们"——既漏掉了"甚至于"这个字眼，又失去了俄文原文的神韵。此外，《毁灭》原著当中的"人"字在语法上是单数，不是复数；用文学术语可以译为"典型"，而鲁迅却译成了"人类"，这就有可能导致读者对小说的主题产生误解。

同年 12 月 28 日，鲁迅对瞿秋白的来信进行了认真的回复，承认瞿秋白指出的以上两点是自己的误译，必须向读者声明并在再版时改正。鲁迅认为，翻译的目的，"不但在输入新的内容，也在输入新的表现法"，因为中国的语法原本并不精密。所以，不但要引进外来的词汇，如"罢工"，而且要引进欧化的语法，以改变中国人的思维方式，使思路变得更为精密。鲁迅还表示，希望今后能有更多的翻译家合力参与，在未来的两三年内能译出更多的新兴文艺理论及作品。

另一封信鲜为人提及。鲁迅有个夙愿，即撰写一部中国文学史。继在厦门大学编写《汉文学史纲要》之后，鲁迅继续收集资料，深入思考，并跟瞿秋白交换过意见。1932 年 10 月，鲁迅赠送瞿秋白一本书，名为《九品中正与六朝门阀》。作者杨筠如（1903—1949）是著名历史学家，在清华大学就读时曾师从王国维和梁启超，在中国古代制度史的研究领域有开拓之功。1930 年在商务印书馆出版的这部专著，成为近代研究九品中正制的开山之作。

瞿秋白对杨筠如的这部论著评价并不高，认为"只不过汇集一些材料，不但没有经济的分析，并且没有一点儿最低限度的社会的政治情形底描写"。然而，他却在 1932 年 10 月 6 日给鲁迅写了一封信，借此书对中国的封建制度及文学史的编写方法发表了不少重要意见。如果不是当天冯雪峰来访打断了他的思路，这封信还会写得更长，内容也会更加丰富。

何谓封建社会？这个问题在中外史学界至今仍然缠夹不清。在瞿秋白看来，中国的封建制度跟欧洲中世纪（公元 476 年至 1500 年）的封建制度有不同的特点；同样是欧洲国家，意大利、法兰西、英国等国之间也各具有不同的形式和色彩。中国封建制度的特点就在于"崩溃"与"复活"的循环往复。这种看法跟鲁迅把中国历史分为"暂时做稳了奴隶"和"想做奴隶而不得"这两种时代有些相类，而欧洲则在 16 世纪以后逐步完成了向资本主义社会的过渡。此外，欧洲贵族大半是"武士道"出身，而中国的贵族爬的却是八股文这个"文士道"的上升阶梯。此外，欧洲的贵族和地主这两种身份常集于一人之身，而中国的地主、贵族、官僚常三位一体：既在衙门做官，同时又是本地的贵族和地主。鲁迅撰写过《帮忙文学与帮闲文学》《从帮忙到扯淡》等文，认为"帮闲文学实在是一种紧要的研究"。瞿秋白补充说，研究所谓"帮忙文学"与"帮闲文学"，则必须研究中国的门阀制度。

鲁迅跟瞿秋白交谈时，还曾提到《周礼》中的一句古训："礼不下庶人，刑不上大夫。"意思是，士大夫拥有特权，犯了罪可以不受刑。这里所说的"大夫"，是春秋战国时期的官衔：卿、大夫、士。这引发了瞿秋白童年时代的一些记忆，其中最强烈的印象是打屁股——中国的"士族"（即门阀）不但有"屁股不挨打"的特权，而且有"打别人屁股"的特权。鲁迅写过一篇小说《头发的故事》，瞿秋白在信中建议鲁迅再写一篇《脚膝·屁股·手心的故事》。

正是基于中国历史上等级制度有着复杂的演变过程，所以瞿秋白建议鲁迅编撰《中国文学史》时要注意五点。第一，一切文言文学都是贵族文学，因为使用的是贵族的文字。用文言记载的一些民歌也往往极不准确。在中国古代，平民的口头文学只占极少数。第二，直到清代为止，中国历史还只是一些杂乱的材料。应将贵族文学史的研究跟整个古史研究相联系。第三，要注意等级制度在文学内容上的反映，以及所受平民生活的影响和对平民生活的客观影响。比如，元曲的兴起就压倒了元代诗文的气焰。第四，唐以后的文言文学在内容上研究意义不大，但从文法学和修辞学的角度仍有研究价值。第五，中国的白话文学类似于欧洲中世纪的"城市新文化"。唐五代的"说书"（如《维摩诘经演义》）、宋代的"话本"，类似于意大利伦巴第和威尼斯的"市民文学"。农民文学只限于一些歌谣、庙会上的戏剧和梨花大鼓之类。所以，从元曲时代到"五四运动"之前，中国文学可视为中国新文学（并非革命文学）的史前时期。这一时期的文学史非常重要，应该特别提出来进行研究。以上所述，是瞿秋白在私人书信中的表述，匆匆写就，并非对所涉及问题的学术结论，还留有深入研究的广阔空间。

《海上述林》的出版，是鲁迅临终前对已经就义的瞿秋白的一种深沉的忆念，也是对屠杀者的一种抗议和示威！瞿秋白出于谨慎，译著手稿分为一式三份，一份供发表，一份交友人谢澹如保存，一份于离沪前交给鲁迅。瞿秋白的手稿字数很多，全印成本甚巨，而且其中很多杂文政论鲁迅认为应该留待革命胜利后的新政权来审定，所以决定先印译作。鲁迅对瞿秋白译文的评价是"信而且达，并世无两""足以益人，足以传世"。为此，鲁迅先垫付了一笔资金，又从叶圣陶、胡愈之、陈望道等十二人那里募集了二百圆大洋。编完第一卷后即交开明书店美成印刷厂排印，鲁迅亲自校改，历时四个月，然后将纸型送到日本岩波书店印刷。1936年9月，一部重磅道林纸精印的《海上述林》上卷终于运达上海，其中一百本为皮脊本，金顶，金字；另四百本蓝色绒面本，蓝顶金字。收到样书后，鲁迅即将三册托人带至陕北，分赠毛泽东、周恩来和张闻天。该书扉页下端有"诸夏怀霜社"五字："诸夏"即中国，"霜"是瞿秋白的原名；书脊及背面均烙印拉丁字母"STR"，即瞿秋白笔名的英文缩写。《海上述林》下卷鲁迅于 1936 年 4 月中旬编就，抱病校对了一个月，直至 9 月 15 日才改毕。待到下卷印成时，鲁迅已经离世，来不及看到他在生命的最后时刻为"人生知己"留下的这一永恒的珍贵的纪念。

第二十九章 战斗的『北平五讲』

1932 年冬，彤云密布，朔风怒号。日本帝国主义正准备将侵略魔爪从东北伸到关内的广大地区。在民族存亡的危急关头，国民党政府却奉行"攘外必先安内"的政策，一方面动员五十万军队对中央苏区进行第四次军事"围剿"，另一方面又在国统区进行疯狂的文化"围剿"。"而置身于文化战线斗争前列的鲁迅，却正在这一'围剿'中成了中国文化革命的伟人。""横眉冷对千夫指，俯首甘为孺子牛。"鲁迅在《七律·自嘲》中写下的这两句诗，正是他这一时期战斗风貌的真实写照。

同年 11 月 9 日，周建人转来了一份从北平拍来的急电，由于鲁迅母亲患慢性胃病，时现眩晕状态，甚至有时不能自己坐立，因此希望鲁迅"速归"。于是，鲁迅继 1929 年 5 月第一次重返北平之后，再次乘车北上，于 11 月 13 日午后两点半抵达严寒笼罩着的故都。

　　鲁迅第二次返京的消息，像阵阵春风，在北平青年心中掀起了热潮，人人都想见见这位闻名已久的文豪，人人都想亲聆他的谆谆教诲。北平文学青年的心，像蜷缩着度过了漫漫长夜的牵牛花一样，仰望着晨曦的临照。

　　鲁迅第二次返京，逗留了十五天，在党领导下的北平"左联"、北平"教联"、中国文化总同盟北方分盟的安排下，发表了五次公开讲演，这就是著名的"北平五讲"。

　　11月22日下午，鲁迅应北京大学国文系邀请，由台静农陪同，在北大二院大礼堂讲演。事前，鲁迅曾要求听众只限于北大国文系的范围，所以学校在讲演前三小时才张贴了一张极小的布告。但还不到两点钟，礼堂就挤满了黑压压的听众，多达七八百人，只有很少一部分人坐在扶手椅里，绝大部分人都站着，把前面、后面和两边的过道都堵得严严的，窗户上也爬满了人。三点钟，鲁迅穿着青布棉袍、黑色的裤子、胶鞋，出现在讲台左后方的侧门，拥挤的听众一边热烈地鼓掌，一边使劲从人堆的空隙里瞻仰这位大师的面容。鲁迅先在黑板上写出了讲题——《帮忙文学和帮闲文学》。接着，他用带着幽默、充满力量的语言，深刻揭示了一切为强权者服务的文艺，都是主人忙时帮忙，主人闲时帮闲，所以帮闲文学实在就是帮忙文学。所谓"为艺术而艺术派"，如果不是把矛头指向"奉旨作文"的御用文人，而是反对为人生而艺术，那么究其实质也就是"帮忙"和"帮闲"文学的一种。鲁迅的讲演，不时在会场激起阵阵笑声。鲁迅讲了约四十分钟，稍事休息，又赶到辅仁大学，讲演《今春的两种感想》。辅仁大学的大礼堂，早已坐满了听众，有一千二百人。礼堂里没有生火，

很冷，不时传来听众的咳嗽声，但气氛十分肃穆。当鲁迅穿着灰扑扑的长袍铁铸似的站在讲台上时，大家都激动起来。鲁迅的语调是平缓的，就像老人向孩子们讲述沧海桑田的生活故事。听众全神贯注地倾听着他的每一个字、每一句话，目不转睛地注视着他的每一个神态、每一个动作，心中的暖流完全驱散了身外的寒冷。鲁迅在讲演中告诫青年办事要"认真点"，要注意社会上的实际问题，不可将眼光收得极近或放得极远，只注意近身的问题或地球以外的问题。

24日下午三点，鲁迅应历史学家范文澜的邀请，赴朝阳门北平大学女子文理学院发表题为《革命文学与遵命文学》的讲演，听众都是该院学生，约三百人。鲁迅在讲演中，通过剖析张资平等人自命"左倾"，而一经压迫，就转换立场的事例，说明"左翼"作家很容易成为"右翼"作家，冒牌的"革命文学"也容易变为替统治阶级效劳的"遵命文学"。鲁迅阐明了真正的革命文学所必须具备的条件，特别强调作家必须是一个斗争者，必须具有正确的意识，方能成为劳苦大众的忠实代言人。鲁迅讲演四十分钟后，学生又请教了许多问题，鲁迅即席作答，至五点左右结束。

11月27日下午一点，北京师范大学的学生用汽车把鲁迅接到该校讲演。车刚驶进校门，一大群同学就拥上前来。有人愤怒地报告说，教员休息室和一切办公室都被学校当局上了锁。学校当局的恶劣态度，激起了学生的强烈义愤，人群中爆发出了一片呼喊："我们欢迎鲁迅先生来讲演，我们同学欢迎，不要学校当局招待！"

鲁迅先生在师大乐育堂楼下的西隔间和青年们漫谈了二十分

钟，就来到了原定的讲演会场——风雨操场。这是师范大学最大的房子，能容纳一千多人。尽管如此，室内也已挤得水泄不通，窗沿上也坐满了人，后面靠墙的地方，还有人搭了长梯站在上面，但门外仍然拥塞着大批听众。原来当天是星期日，听众中不仅有师大的学生，还有不少远道赶来的外校学生。

一点四十五分，鲁迅在欢声雷动中被扶上讲台。然而无尽的人流还是不断地往里涌，过了十来分钟，讲演才开始进行。鲁迅刚刚开口，人群中有人提出了请求："到外面去吧！露天讲演！"鲁迅的心是与群众相通的，他点点头，欣然表示应允。

于是，会场改到了露天操场，岩浆奔涌般的人流立即迅速地向外涌出。有人抬过一张八仙桌，放在操场中间，作为讲台。鲁迅被热情的学生从听众的头上抬到桌上。在持续几分钟的掌声中，在呼啸的北风中，鲁迅发表了题为《再论"第三种人"》的讲演。鲁迅的身子不时向东南西北各个方向转动，尽力想使四方团团围集的两千多名听众都能听到。但是，由于当时没有扩音器，鲁迅虽然在"大声疾呼"，但离得远的听众还是只能"看到"他的雄姿。

鲁迅在讲演中指出：中国的新文化运动，应该从"五四"的时候讲起，那时胡适之等人穿了皮鞋、西装踏进了文艺园地，以胜利者的姿态，占领了当时的文坛。时代的车轮不停地运转。不料三四年前，另一种泥脚的工农——劳苦大众，也踏进了文坛，并且与他们起了激烈的冲突。这些"皮鞋先生"就成了新兴普罗文学的反对者，想用"皮鞋脚"把"泥脚"踢出去。但是，新兴艺术的发展是时代的必然趋势，什么力量也阻拦不住。目前的时代，已不是"皮鞋脚"的时代，而是"泥脚""黑手"的时代。我们要接近工农大众，不怕衣裳玷污，不怕皮鞋染土。

他还指出：有人以为知识阶级要灭亡了，其实知识是永远需要的，绝没有知识灭亡的道理，不过新知识者与旧知识者完全不同。新的知识者，应该是有益于群众的一种人。他们在现在，把握住社会的实际问题，创造进步的艺术，毫不抱个人主义动机。个人主义，在将来也是不能存在的。知识者的事业只有同群众相结合，他的存在，才不是单为自己了。

鲁迅讲毕，又被听众拥入学生自治会休息。大家向他提出了各式各样的希望和问题，鲁迅便跟他们亲切地交谈起来。有人说："今天大家为瞻仰您的丰采……"鲁迅幽默地答道："不很好看，三十年前还可以。"有人问："先生留在北平教书吧？"答："我一到，就有人说我卷土重来，所以我不得不卷土重去，以免抢人家的饭碗。"有人请求："再在我们这儿公开讲演一次吧，北方的青年对您太渴望了。"鲁迅说："大家盛意可感，我努力写文章给诸位看好了。因为演说并不比文章能生色，看文章大家还不挨挤。"有人问："周先生住在上海感觉怎样？"鲁迅说："上海太商品化，洋场气，而且现在连住上海租界也不稳当了。统治阶级的嗅觉是极灵的，但被统治阶级也灵敏，经常使敌人扑空。"

鲁迅在师大的讲演，像给古城青年的救国烈焰上泼了油，烽焰更加热烈地升腾起来。时间不早了，人们恋恋不舍地送鲁迅登上汽车。直到车开动以后，那充满青春活力的掌声仍绵延不绝，惊破了冻云密布的灰暗天空。

11月28日，鲁迅在北平停留的最后一天，还应中共河北省委和北京市委之邀，赴西城二龙坑口袋胡同的中国大学发表题为《文学与武力》的讲演，痛斥国民党政权摧残进步文化运动、逮捕进步文化人士的倒行逆施。讲演毕，听众组成浩浩荡荡的队伍从二龙坑出发，包围了国民党市党部，要求释放被捕的朝阳大学进步教授周某。党部官员措手不及，被迫答应了群众的要求。鲁迅获悉后高兴地说："我又做了一件像当年支持女师大学生运动一样的事。"

鲁迅第二次返京期间，还跟北平"左翼"文化团体进行了接触。他在家中接见了北方"文总"的党团书记，详细听取了北方"文总"及其下属团体活动情况的汇报。鲁迅指出，一定要反对文化工作中的"左倾"关门主义，一定要团结一切可以团结的人。文艺工作者要到工农兵中去，不要把接触范围局限在知识分子群中。北平是抗日前哨阵地，应该在"左联"等团体下面组织一些更广泛的群众性文化团体，把"左翼"文化运动跟蓬勃发展的抗日救亡运动密切结合起来。此外，鲁迅还跟"左翼"文化团体代表进行了两次秘密会见。鲁迅介绍了上海文艺界的情况。他希望北平"左联"纠正关门主义，注意发现和培养新生力量。最后，他还强调"要好好办一个刊物"，并对办刊物提出了三点重要意见：一、刊物不一定都登名人的文章，因为名人写出的文章不一定都好；二、要好好把工农兵通讯运动搞起来，从这中间找稿件，找作家；三、要认真对待"泥腿子"（农民）。我们要到"泥腿子"中间去。由于鲁迅的正确指示和及时帮助，北平文艺工作者的团结加强了。1932年至1933年间，北平的进步文艺刊物发行到十种以上。

　　11月28日晚，鲁迅乘车离京，重返上海。为了保证鲁迅的安全，帮他订购车票的友人替他用了一个像商人名字的化名。暮霭低垂，时已黄昏，铁路沿线的红绿标灯渐次闪光。车声隆隆，汽笛昂奋长鸣。鲁迅在列车上，将穿过茫茫暗夜，奔向新的黎明……

第三十章
「又为斯民哭健儿」

上海亚尔培路三百三十一号一间长条的会客室里，会议正在紧张而热烈地进行。会议主持者是年高德劭的蔡元培先生。参加者有孙夫人宋庆龄女士、中央研究院总干事杨杏佛以及鲁迅、胡愈之等，著名律师吴凯声也出席会议。鲁迅和胡愈之不停地吸着纸烟，一根刚完，另一根随即续上，会场里弥漫着浓郁的烟草气味。这是中国民权保障同盟 1933 年 3 月 30 日上午在中央研究院举行的一次会议，议题是如何营救被捕的共产党人陈赓、廖承志、罗登贤、余文化等。

中国民权保障同盟成立于 1932 年底，它的宗旨是营救一切爱国的革命的政治犯，争取人民的言论、出版、集会、结社等自由。主席宋庆龄，副主席蔡元培，总干事杨杏佛。鲁迅被遴选为同盟上海分会执行委员，经常参加同盟临时全国执行委员会与上海分会执行委员会召开的联席会议。营救陈赓等革命者，就是民权保障同盟进行的一次重要斗争。

1933年3月，党决定派长期在上海做秘密工作的陈赓去江西中央红色区域。临行的前一天，他特意到贵州路北京大戏院看场电影，不巧正跟一个叛徒坐在一起。叛徒故意装作若无其事的样子，拉扯着跟他说话。陈赓感到情况异常，便把叛徒骗出电影院，想甩掉这条癞皮狗，但因腿伤刚愈，行动不便，终于被叛徒死死拖住，两人就在电影院门厮打起来。陈赓狠狠一拳，把叛徒打倒在地。叛徒一边挣扎，一边狂吹警笛。邻近的巡捕闻声赶来，当场把陈赓逮捕了。三天之后，同样由于叛徒出卖，罗登贤、余文化等在上海山西路五福弄九号被捕。几小时后，廖承志偶然到他们的寓所投访，同遭拘禁。

在民权保障同盟讨论如何营救陈赓等革命者的会议上，鲁迅的心潮翻滚。他的脑海中，浮现出了那被称为"活人坟墓"的数不清的公开或秘密的监狱，监狱中有漫长的迷宫似的曲折甬道，甬道旁是一排排墙潮地湿、空气恶浊的监房，睡无隙地的监房中拘禁着因遭受种种酷刑而奄奄待毙的革命政治犯。他沉重地感到，20世纪30年代的中国好像仍停留在古罗马时代或极野蛮的部落社会。

最使鲁迅挂牵的，是那位被敌人指控为"江西红军军长"的陈赓。大约是半年前的一天下午，冯雪峰等曾陪同一位陌生人来到他的寓所。这位陌生人身材较高，脸色红润，穿一件灰色线呢单袍，显出风尘仆仆的样子。他就是国民党特务和租界巡捕悬了巨额赏格买其头颅的陈赓。1928年至1930年，陈赓曾以"王先生"为化名，在上海从事秘密工作，出色地保卫了党中央机关的安全。1931 年，陈赓被派往鄂豫皖红色区域，出任工农红军第四军第十三师三十八团团长，后被调为第十二师师长、红四方面军参谋长。1933 年秋，陈赓在第四次反"围剿"中率部英勇奋战，右膝盖负重伤，行动困难，便决定离开部队前往上海医治，并利用这一机会向上海中央局揭发张国焘在鄂豫皖分局执行的错误路线。陈赓到上海后，给做地下工作的同志介绍了苏区的情况，讲述了很多红军在反"围剿"中的战斗故事。听到陈赓讲述的同志们觉得，反"围剿"战斗的激烈，红军将士的忠勇，远远超过了苏联绥拉菲摩维奇的《铁流》中的描写。如果能将这些素材写成一部史诗般的作品，政治上的作用一定很大。同志们认为以鲁迅的文笔和社会经验，他能胜任这一任务，鲁迅也希望直接跟陈赓谈谈，于是党中央宣传部精心安排了鲁迅与陈赓的秘密会见。

鲁迅清楚地记得，那是一个令人愉快而振奋的下午。他习惯地坐在书桌横头的藤躺椅上，陈赓被请坐在书桌边的环臂椅上。他很有兴味地全神贯注地听着陈赓的谈话，连一次也没有往躺椅上躺靠过。当陈赓谈到装备处于劣势的红军大声呐喊着勇敢投入肉搏战的情景时，他高兴得不断点头说："先声夺人嘛！"当陈赓讲到红军司令员跟农民坐在田头，边抽黄烟边聊家常；土改后的农民生活不断改善，有些住房四面都开了窗户，他感到特别新鲜。长期以来，他一直为中国农民受屈辱、被压迫的命运而忧虑，如今，这些昔日的奴隶挺直了腰杆，他怎能不感到兴奋呢！谈着谈着，不觉到了吃晚饭的时候，他亲自打开了一瓶保藏已久的三星斧头牌白兰地，跟陈赓共饮。晚饭后又谈了好一阵，陈赓才起身告辞。他亲自把陈赓送出北川公寓门口，还诚挚地约请陈赓再来深谈一次。这时，大门斜对面的日本海军陆战队司令部门前，日本哨兵的枪刺正在夜色中闪烁着寒光。

民权保障同盟的紧急会议在继续进行，宋庆龄的发言打断了鲁迅长时间的沉思。宋庆龄慷慨激昂地说，陈赓等五位反帝抗日战士，不是罪犯，而是中国人民最高尚的代表人物。因此，应该号召全中国人民起来要求释放他们，不使他们遭受酷刑与死亡。如果容许这些革命战士被逮捕、被监禁，甚至被杀害，那就是容忍可恶的反动势力摧残中华民族生命的根苗。释放他们，释放与他们命运一样的革命者，就是释放中华民族不可征服的革命力量。没有这个力量，中国就不能像一个国家和一个民族一样地生存下去。鲁迅完全赞同宋庆龄的这番发言，并对她大无畏的斗争精神十分感佩。这个月初，他从《大晚报》上看到了一则新闻，说什么上海市当局派往邮局检查处的检查员查获并截留了一封致宋庆龄的索诈信。鲁迅从这一报道的字缝中看出字来，知道被称为"国母"的宋庆龄的信件也常在邮局被检查，连通信自由都没有保障。事后，鲁迅曾撰文披露了这一事件。如今，政治环境一天比一天更为险恶。在寒凝大地、雾塞苍天的白色恐怖中，他更要和宋庆龄等民主斗士坚定地站在一道，共同抗击中国式法西斯主义的乱云狂飙。于是，鲁迅重新燃上一支烟，跟其他与会者一起商议起草营救陈赓等五位革命者的宣言，并为他们选定了合适的辩护律师。

民权保障同盟的营救活动，使国民党政府未敢对陈赓等革命者骤然加害。这年5月，国民党特务的活动更加猖獗起来，首当其冲的是著名女作家丁玲和史学家潘梓年的被捕，以及党员作家应修人的遇害。在国际上，希特勒党徒迫害德国进步人士和犹太人的野蛮活动也残酷到了令人发指的程度。中国民权保障同盟的活动是不分国际畛域的。因此，鲁迅和宋庆龄等一道，一方面积极营救丁玲、潘梓年，同时又同赴德国驻上海领事馆，直接递交谴责希特勒法西斯蹂躏人权、摧残文化的抗议书。虚弱到害怕每一颗火星的国民党政府，对民权保障同盟的活动恐惧而又仇视。蒋介石直接控制的军统特务经过周密策划，决定暗杀民权保障同盟的总干事杨杏佛，以此对宋庆龄和同盟中的其他成员进行恐怖的威胁，进而扼杀同盟的一切进步活动。

1933 年 6 月 18 日（星期日）上午八点，杨杏佛头戴灰色呢帽，身穿夹克衫和马裤，准备带长子小佛去大西路骑马。他们走下中央研究院门口的台阶，登上了一辆纳喜牌敞篷车。当汽车刚驶出大门要转入亚尔培路时，四名身穿劳动服的暴徒突然包围过来，向这辆车开枪狂射。杨杏佛一闻枪声，立即意识到自己受到了恐怖狙击，因为近几个星期，他不断接到恐吓信和口头警告，有的信封内还装有子弹，但他未予理睬。在这生死关头，杨杏佛爱子心切，纵身扑倒在小佛身上。杨杏佛身中数弹，其中有一颗打入胸部心尖，他倒在鲜红的血泊中。小佛因父亲的庇护，仅右腿中一弹，受轻伤，幸免于难。

杨杏佛被刺之后，鲁迅的处境也十分危急。他在致友人的信中说："目前上海已开始流行中国式的白色恐怖。丁玲女士失踪（一说被暗杀），杨铨氏（民权同盟干事）被暗杀。据闻在'白名单'中我也荣获入选……"但是，鲁迅并不是胆小鬼，刚嗅到一丝血腥的气味就吓得鸡飞狗跳，他像一株独立支持的大树，在黑暗暴力的进袭面前挺然屹立。淫威和暴力压不断他的脊梁，因为有亿万人民做他的精神支柱。当时，有一个日本人向他探问杨杏佛是不是共产党员。鲁迅老实不客气地回答说："杨杏佛岂但不是共产党员而已，他还是国民党的人呢。可见今天的国民党当局，只要是爱国者就都是共产党，就都要加以消灭，是确实很忠心于帝国主义的，你们日本人大可以放心！"

1933 年 6 月 20 日下午，杨杏佛的入殓仪式在上海万国殡仪馆举行。鲁迅虽然也有遭到暗杀的危险，但仍毫不犹豫地去送殓，并且出门时不带钥匙，以示牺牲的决心。在险涛恶浪中浮游，他感到的不是恐惧，而是自己强大的生命力。鲁迅来到灵堂，耳边响起了阵阵凄楚的哀乐声和悲哀的啜泣声。他看到生前充满着火一般热情的杨杏佛如今竟僵卧在灵堂的西首；他听到蔡元培在泣不成声地宣读悼词，誓以杨杏佛的事业为事业，以杨杏佛的精神为精神。千古奇冤，使鲁迅悲愤难息。送殓归来，江南的春雨正纷纷而下，鲁迅似乎感到雨水中也充满了苦涩味。回到寓所，他禁不住握起了战斗的笔，用跟他思想一样锋利的笔尖，饱蘸着战士的珍贵血泪，写下了一首撼人心灵的七言绝句，寄托自己的哀思：

> 岂有豪情似旧时，花开花落两由之；
> 何期泪洒江南雨，又为斯民哭健儿。

第三十一章 写于深夜里

1933 年 10 月 8 日清晨，一队军警一律拿着手枪，冲进了国立杭州艺术专科学校。他们以"宣传普罗文化，与三民主义对立"为罪名，逮捕了该校木铃木刻社的三名骨干：曹白、郝力群、叶乃芬。

木刻艺术，原是中国早就有的东西。唐末的佛像、纸牌，以至后来的小说绣像、启蒙小图，就是至今还能够看见的实物。但外国新的印刷术传进中国后，中国的传统木刻却被埋没在地下，渐渐地归于消亡了。直到 20 世纪 30 年代，由于鲁迅的大力倡导，一种继承民族传统而又采用外国良规的新兴木刻艺术，才在榛莽中露出了健壮的新芽。因为木刻较其他艺术形式易于着手，用几柄雕刀，一块木板，就能制成许多表现现代社会魂魄的作品，所以鲁迅认为"这实在是正合于现代中国的一种艺术"。为了使新兴木刻的萌芽成为茂林嘉卉，鲁迅组织木刻队伍，举办木刻讲座，翻印木刻珍品，举办木刻展览，并将中国现代木刻的佳作介绍到国外，真是苦心孤诣，费了不少心血。

中国现代木刻艺术鲜明的政治倾向性和强烈的战斗性，在社会上引起了不同的反响：它一方面得到同情、拥护、支持；而另一方面却遭到蔑视、冷遇、迫害。木铃木刻社的历史就是一个例证。

木铃木刻社成立于 1932 年 12 月，它是继一八艺社被迫解散之后杭州艺专出现的又一个木刻团体，成员共有四十多人。"木铃"，在江浙方言中含有傻瓜的意思。当时的木刻青年就常被人嘲笑为"阿木铃"。但木铃木刻社的青年却明确宣称："以木造铃，明知是敲而不响的东西，但在最低的限度上，希望它总有一天会铮铮作巨鸣的。"木铃社成立后，在杭州举办了两次作品展览，共展出三百余幅木刻作品，大都表现工农和城市贫民的困苦、流离、呼号、挣扎。艺专的训育主任是国民党浙江省党部的政治情报员。他为了镇压学生的进步活动，便跟他在伪公安局工作的姐夫相勾结，首先拿木铃社的三个成员开刀。曹白等人被捕后，关押在杭州柴木巷拘留所。二十一天后，审讯开始了。拘留所的一间阴暗的小屋里，坐着两位老爷，一东一西。东边的是一个马褂，西边的是一个西装。警察将脸色苍白、衣服脏破的曹白连抓带拖地弄进了小屋，"马褂"问过曹白的姓名、籍贯、年龄之后，就随手拿出一张木刻的肖像——苏联文艺评论家卢那察尔斯基的头像。这幅作品，曾发表在当年四五月间的杭州的《民国日报》上。那位不学无术的"马褂"就抓住这幅头像大做文章："这是你刻的吗？"

"是的。"

"刻的是谁呢？"

"是一个文学家。"

"他叫什么名字？"

"他叫卢那察尔斯基。"

"他是文学家？他是哪一国人？"

"我不知道！"曹白想逃命，说谎了。

"不知道？你不要骗我！这不是俄国人吗？这不是明明白白的俄国红军军官吗？我在俄国革命史上亲眼看见他的照片的呀！你还想赖。"

"哪里！"曹白好像头上受了铁锤的一击，绝望地叫了一声。

"这是应该的，你是普罗艺术家，刻起来自然要刻红军军官呀！"

曹白不说话了。他十分明白，一辩即不免"从严办理"，因为"马褂"一流的逻辑是：只有坏人才爱抗辩。

1933年最后一个月的最后一天，曹白等三人被浙江省政府押解到了高等法院。检察官刚问完姓名、年龄、籍贯，就匆匆宣告审判结束。曹白跟他的同案又被法院押解到军人监狱。约莫隔了两个半月的样子，起诉书来了。没有多久，就开庭审判：根据《危害民国紧急治罪法》，曹白等各被判处有期徒刑五年；又因"年幼无知，误入歧途，不无可悯"，根据法律的第 × 千 × 百 × 十 × 条的优待条例，减为有期徒刑两年六个月。

1934年底，曹白取保获释，在上海新亚中学当教员。第二年，鲁迅支持的首届全国木刻联合展览会在北京、天津、济南、汉口、太原等地先后举行，10月又来到上海巡回展出。曹白由于技痒，刻了两幅新作作为展品：一幅是《鲁迅像》，另一幅是《鲁迅遇见祥林嫂》。然而上海市党部审查时，检查老爷却指着曹白刻的《鲁迅像》说："这不行！"这幅作品就这样被剔掉了。当时有人提出，要曹白再拓印一幅，高悬在展览大厅，以示抗议，但主持者为了顾全大局，不给妄图破坏展览会的敌人以口实，没有采取这种鲁莽的做法。此次上海展览跟在其他几个城市一样，盛况空前，观众终日川流不息，文化界人士为之欢呼。鲁迅看到《全国木刻联合展览会专辑》拟收的优秀之作，不禁回想起近五年来中国骤然兴起的木刻运动的艰难历程。他欣然命笔，为《专辑》撰写了一篇热情洋溢的序文："这选集，是聚全国出品的精粹的第一本。但这是开始，不是成功，是几个前哨的进行，愿此后更有无数的旌旗蔽空的大队。"

全国第一次木刻联合展虽然取得了成功，但《鲁迅像》被禁止展出却使曹白异常气愤。1936年3月18日，曹白在整理零乱的书籍杂物时，忽然又捡出了那幅被检查老爷斥为"不行"的木刻。为了表达对鲁迅的敬爱之情，以及揭露当局残酷迫害新兴木刻运动的卑劣行径，曹白决定把这幅木刻寄交鲁迅先生，并在信中说，他这粗笨而拙劣的作品，居然也引起了权力者和他们的巴儿狗们的恐惧。然而，曹白这幅作品的遭遇并不使鲁迅感到意外，因为他早知道，国民党官老爷不仅要千方百计堵塞他的言路，而且也费尽心机抹杀他的形象。1934年秋天，有一个美术青年陈光宗画了一张他的漫画像，托人先后投寄《文学》《太阳》《漫画与生活》和《芒种》四种杂志，都被国民党检察机关查禁。三天后，曹白喜出望外地收到了鲁迅的复信。

> 曹白先生：
>
> 　　顷收到你的信并木刻一幅，以技术而论，自然是还没有成熟的。
>
> 　　但我要保存这一幅画，一则是因为是遭过艰难的青年的作品，二是因为留着党老爷的蹄痕，三则由此也纪念一点现在的黑暗和挣扎。
>
> 　　倘有机会，也想发表出来给他们看看。
>
> 　　专此布复，并颂
>
> 　　时绥
>
> 　　　　　　　　　　　　　　　　　　　鲁迅　3月21日

　　就这样，一个普通木刻青年和中国新兴木刻园地的伟大开拓者之间开始建立了真挚的友谊。3月23日，曹白又写信向鲁迅诉说了自己的身世，特别是他那可怜而复可笑的坐牢故事。鲁迅读完后，感到十分骇异。他在4月1日的复信中说："为了一张文学家的肖像，得了这样的罪，是大黑暗，也是大笑话，我想作一点短文，到外国去发表。所以希望你告诉我被捕的原因、年月、审判的情形、定罪的长短（二年四月？），但只要一点大略就够。"4月4日，曹白在出题、批卷、评分的紧张工作之余，用了一整夜时间，写了一篇三千多字的《坐牢略记》寄给鲁迅。曹白在信中痛苦地说：

……有谁要看统治者的统治艺术的全般的么？那只要到军人监狱里去。他的虐杀异己，屠戮人民，不惨酷是不快意的。时局一紧张，就拉出一批所谓重要的政治犯来枪毙，无所谓刑期不刑期的。例如南昌陷于危急的时候（1933 年 4 月红军一度进逼南昌），曾在三刻钟之内，打死了二十二个；福建人民政府成立时（1933 年 11 月），也枪毙了不少。刑场就是狱里的五亩大的菜园，囚犯的尸体，就靠泥埋在菜园里，上面栽起菜来，当做肥料……

总结起来，我从被捕到放出，竟游历了三处残杀人民的屠场。现在，我除了感激他们不砍我的头之外，更感激的是增加了我不知几多的知识。单在刑罚一方面，我才晓得现在的中国有：一、抽藤条；二、老虎凳（都还是轻的）；三、踏杠，是叫犯人跪下，把铁杠放在他的腿弯上，两头站上彪形大汉去，起先两个，逐渐加到八人；四、跪火链，是把烧红的铁链盘在地上，使犯人跪上去；五、还有一种叫"吃"的，是从鼻孔里灌辣椒水、火油、醋、烧酒……六、还有反绑着犯人的手，另用细麻绳缚住他的两个大拇指，高悬起来，吊着打，我叫不出这刑罚的名目。

我认为最惨的还是在拘留所里和我同枕的一个青年农民。老爷硬说他是红军军长，但他死不承认。呵，来了，他们用缝衣针插入他的指甲缝里，用榔头敲进去，敲进去了一只，不承认，敲第二只，仍不承认，又敲第三只、第四只……终于十只手指都敲满了。直到现在，那青年的惨白的脸，凹下的眼睛，两只满是鲜血的手，还时常浮现在我的眼前，使我难于忘却！使我苦痛！……

　　这篇揭露国民党监狱黑幕的文章，当然找不到全文发表的处所。鲁迅只好从中摘录一点，细心地删去年月、地名，用讽刺的政治童话形式写成了著名的《写于深夜里》一文，刊登在 5 月 10 日出版的《夜莺》第一卷第三期上。《夜莺》是党领导下的一种文艺刊物，刊名沿用了英国诗人济慈的诗题，因为夜莺背色微红，形态美丽，夜间啼叫，声音特别动听，所以用"夜间"来象征国民党政府的黑暗统治，用"动听的声音"象征人民发自肺腑的心声。鲁迅担心《夜莺》"要被这篇文章送终"，但编者却宽慰说："这样也不要紧。"结果，正如鲁迅所料，《夜莺》出完四期，编辑部就被国民党特务协同法国巡捕房查封了。为了扩大这篇文章的影响，茅盾和史沫特莱又将此文译成英文，刊登在英文期刊《中国呼声》第一卷第六期上。史沫特莱回忆说："在所有我在中国看到的作品中，这一篇东西给我的印象最深刻。它是一种激动的呼喊，是在中国历史上最黑暗的夜晚中写成的。"

奴隶之爱

　　1934 年 11 月 30 日下午两点钟，在上海北四川路的一间咖啡馆里，鲁迅一家人亲切地会见了两位东北流亡青年：萧军和萧红。这间咖啡馆只有一间门脸，座位不多，光线有些昏暗，因此顾客颇为寥落。但鲁迅却常到这里来，一边喝红茶或咖啡，一边跟"左翼"文化战士聚谈。店主不知是犹太人还是白俄，胖胖的，听不太懂中国话；而且顾客一到，他就习惯地打开留声机放起唱片来。这种环境，对过着半公开半隐匿生活的鲁迅是十分适宜的。

　　萧军和萧红都是对温暖和爱怀着美好憧憬和执着追求的人，但他们的身世又都充满着悲凉和凄楚。萧军原名刘鸿霖，六个月的时候就失去了母亲。他从小醉心于武术，一心想要闯荡江湖，除暴安良。十八岁那年，他开始了戎马生涯；三年后，考入了张学良主办的东北陆军讲武堂。这一时期，他刻苦地自修文学，并发表了处女作《懦……》，控诉军阀蹂躏士兵的罪行。1930 年春，萧军因反抗学堂步兵教官的辱骂而被开除。"九一八"事变后，他密谋组织抗日义勇军，不幸失败。此后，他逃亡到哈尔滨，开始了坎坷曲折的文学生涯。

　　跟萧军比较起来，萧红的命运则显得更其不幸。萧红原名张迺莹，本是一个活泼而聪慧的姑娘。她的腿肚很细，跑起来脚尖向内，活像一只小麻雀。一犯困、一打哈欠的时候，她的泪水就浮上了双眼，俨然是一只小海豹。一遇到什么惊愕或高兴的事情，她的两只手就左右分张起来，跟一只小鹅一般。她的童年寂寞而黯淡。萧红二十岁那年，家里将她许配给了一个富家的浪荡公子，以图获取两千元的聘礼。萧红十分鄙弃那种锦衣玉食、一呼百诺的少奶奶生活。她斩钉截铁地回绝了这门亲事，逃出了她的故乡——号称"花都"的呼兰小城，流落到了纸醉金迷的哈尔滨。1931年，在未婚夫汪某百般无耻的纠缠和欺骗下，萧红被迫跟他在哈尔滨的东兴顺旅馆同居了半年多，积欠旅馆食宿费达六百多元。汪某托言回家取钱，把即将临产的萧红作为"人质"留在旅馆，自己逃之夭夭。旅馆将萧红幽禁起来，准备伺机将她卖进妓院押身抵债。在这种万分危急的情况下，萧红给当地的进步报纸《国际协报》写了一封凄切动人的求援信，该报副刊的编者委托萧军去核实一下情况。1932年夏季的一天黄昏，萧军在旅馆的一间霉气冲鼻的房间里找到了萧红。当他看到这位刚满二十二岁的女子头上竟长出了明显的白发，粗瓷碗中只剩下了半碗坚如沙粒的红高粱米饭的时候，便暗自决定竭尽全力拯救这晶莹美丽的灵魂，用自己的臂膀为萧红遮蔽暴风雨。当时正值松花江水位暴涨，洪峰呼啸着冲垮年久失修的江堤，淹进了市区。趁旅馆茶房忙于堵塞洪水的时候，萧红从窗口爬出，逃上一只柴船，逃离了虎口。这年秋天，萧红和萧军在哈尔滨的商市街结婚，开始在荆棘塞途的文学道路上携手并肩地跋涉。当东北文坛上充斥着歌颂"王道乐土"的汉奸文学和《长相思》《十二金钱镖》一类言情武侠小说的时候，萧军和萧红以其具有革命倾向性和鲜明时代性的作品揭开了东北革命文学新的一页。由于他们的创作活动跟中华民族的反帝爱国斗争息息相通，身穿长袍马褂、故意把帽檐压得很低的日伪特务在暗中盯上了他们。1934 年 6 月，萧军和萧红从哈尔滨秘密出走，乘"大连丸"邮船的四等舱流亡到了青岛。同年 11 月，他们又挤在日本船"共同丸"的货舱里，与咸鱼和粉丝等杂货为伍，一起漂流到了上海。从此，他们得到了鲁迅慈父般的关怀和教诲。还是困居在东兴顺旅馆的时候，萧红曾经写过一首《春曲》，抒发她对美好生活的热烈追求和向往之情："那边清溪唱着，这边树叶绿了，姑娘啊！春天到了。"然而，萧军和萧红文学生活中的春天，却是在结识鲁迅之后才真正开始的。

萧军和萧红清楚地记得，就是在咖啡馆的这次难忘的会见，鲁迅掏出早已准备好的二十块钱，帮助他们维持稍微安定一些的生活。萧红接过鲁迅用血汗换来的钱，觉得内心刺痛。鲁迅写信安慰说："……这是不必要的。我固然不收一个俄国的卢布、日本的金元，但因出版界上的资格关系，稿费总比青年作家来得容易，里面并没有青年作家的稿费那样的汗水的——用用毫不要紧。而且这些小事，万万不可放在心上，否则，人就容易神经衰弱，陷入忧郁了。"不久，鲁迅又对他们公开了自己的住处，使这两位看够了人间冷酷面孔的青年能够随时来访，感受到了家庭般的温暖。萧军常常想，他好比是一缸豆浆，而鲁迅却是一滴卤水，这卤水一滴下去，他思想中新的、向上的东西就渐渐上升，而浊的东西就渐渐下降了。命运比青杏还酸的萧红，内心常有难以排遣的哀怨，就像用纸包着的水，不可能不让它渗出来。但在鲁迅面前，她长期压抑在心底的郁闷常常会被驱散，如同阳光冲出了阴沉的乌云。最使萧军和萧红铭感不忘的，是鲁迅对《八月的乡村》和《生死场》这两株文苑新苗的精心扶植。

《八月的乡村》和《生死场》都是 1934 年初冬时节完成初稿的。同年 10 月底，萧军、萧红在青岛将《生死场》的文稿邮寄给了鲁迅；同年 11 月底，他们又把《八月的乡村》的抄稿交给了鲁迅。1935 年春，鲁迅开始认真审阅这两部字迹潦草而又细小的稿件，订正错字，修改格式，肯定优点，指出不足，并亲自撰写了序言。鲁迅热情地肯定了萧军的《八月的乡村》是一部很好的小说，因为它反映了中国共产党领导下东北人民的抗日斗争，揭露了国民党的不抵抗政策，"显示着中国的一部分和全部，现在和未来，死路与活路"。这部作品不仅驮载着作者个人过去的苦痛与欢情，也烙上了我们古老民族的耻辱和光荣的印记。审阅萧红的《生死场》时，鲁迅更吃惊于"女性作者的细致的观察和越轨的笔致"。就手法的生动而言，《生死场》似乎比《八月的乡村》更成熟一些。一位纤弱的小辫子姑娘，居然能把"北方人民的对于生的坚强，对于死的挣扎"，描绘得"力透纸背"，这是多么令人欣喜的事情啊！

《生死场》本来是准备争取合法出版的。但是，"稿子呈到中央宣传部书报检查委员会那里去，搁了半年，结果是不许可"。为了打破国民党政府对革命文艺书刊的查禁，萧军、萧红和另一个"左翼"作家叶紫找到一家可以欠债的印刷所自费印行他们的作品，除《生死场》，还印行了《八月的乡村》和叶紫的短篇小说集《丰收》。当书开始装订的时候，叶紫向萧军提议："我们的书虽然是'非法'出版的'私书'，也应该大大方方像本'公书'的样子，譬如有个'社名'，有个发行的'书店'，采用'私盐官售'的战法遮掩敌人的耳目。这于买书和卖书的人都方便些。"萧军欣然赞同。于是，叶紫虚构了一个"容光书局"的名字；萧军从《国际歌》的歌词"起来，饥寒交迫的奴隶"中受到启发，取"奴隶"二字作为社名。萧军解释说："我们本人和广大人民今天所处的境地还不正是这种'奴隶'的境地吗？奴隶和奴才在本质上有所不同，奴隶要反抗，奴才要顺从……"萧红和叶紫对是否确定这个社名感到举棋不定，大家决定还是请示一下鲁迅先生。鲁迅说："'奴隶社'这个名称是可以的，因为它不是'奴才社'，奴隶总比奴才强！"于是，"奴隶社"这一名称就正式确定下来了。从 1935 年 3 月至 12 月，《丰收》《八月的乡村》和《生死场》作为奴隶社出版的"奴隶丛书"先后问世。他们在《小启》中豪迈地宣布："只有战斗才能解脱奴隶的命运！"

　　"奴隶丛书"出版后，在进步读者中引起了强烈反响，初版很快就销售一空。鲁迅还将这些作品介绍到国外，使国际友人从中了解中国人民艰苦卓绝的斗争，并向世界显示中国"左翼"文艺运动的战绩。与此同时，"奴隶丛书"也受到了来自敌对营垒和"左翼"文艺阵营内部的攻击。首先跳出来猖猖狂吠的是国民党特务头子潘公展主办的上海的《小晨报》。该报在用化名发表的文章中，诬蔑叶紫的《丰收》内容"过火"，萧红的《生死场》内容"芜杂"。他们还造谣说萧军新近"自苏联归国，为共党走卒"，妄图进一步施加政治迫害。鲁迅对敌人的攻击极为藐视，他在致叶紫的信中说："……他们只管攻击去，这也是一种广告。总而言之，它们只会作狗叫……"但是，鲁迅又提醒叶紫等人保持高度的政治警觉。他在同一封信的附言中说："狗报上关于你的名字之类，何以如此清楚，奇怪！"

鲁迅的怀疑并不是多余的，长期的斗争实践使他懂得，正面的敌人固然必须提防，但最可怕的是自己营垒里的蛀虫，许多事都败在他们手里。敌对势力之所以能了解"左翼"文艺运动的一些内情，看来跟混进"左联"内部的"蛀虫"有着密切的关系。就在《小晨报》上的文章发表三个月之后，一个化名"狄克"的人在《大晚报》上发表了一篇题为《我们要执行自我批判》的文章，跟"狗报"的"狗叫"遥相呼应。这位"狄克"先生首先对《八月的乡村》勉强作了几句虚情假意的肯定，而后就阴阳怪气地进行含糊的指责，使人以为这部作品坏到了茫无边际的地步。他还力竭声嘶地呼吁批评家对《八月的乡村》和《生死场》"执行自我批判"，并且危言耸听地说，不这样做，就是"把一个良好的作者送进坟墓里去"。

《八月的乡村》和《生死场》艺术上不无粗糙或幼稚之处，这本来是毫无疑义的。鲁迅就曾直言不讳地指出，《八月的乡村》有些近乎短篇的连续，结构和描写人物的手段也比不上法捷耶夫的《毁灭》。他主张删减小说中那些"说明而非描写的地方"，因为在一部文学作品中，作者的主观议论以少为是。鲁迅还曾公开批评《生死场》"叙事写景，胜于描写人物"，换而言之，就是认为萧红描写人物的技巧不及她叙事写景的技巧。但是，鲁迅洞察到，"狄克"的所谓"自我批判"，并不是出于善意的批评，乃是盗用革命口号打击新生力量，用"求全责备"的手段扼杀进步文艺。这无异于在坦克车和烧夷弹尚未制成的情况下，就首先折断了对敌斗争的投枪。为了反击"狄克"之流的挑战，鲁迅专门撰写了《三月的租界》一文，揭露"狄克"在"正确"或"公平"的假象掩盖下，向国民党献媚或替他们缴械。《三月的租界》这一篇名，正与《八月的乡村》书名相对，辛辣地讽刺"狄克"之流躲在上海的租界里，一边"住洋房，喝咖啡"，一边干着扼杀革命的民族力量的勾当。无怪乎"狄克"读了这篇文章之后，指责《三月的租界》题目很伤了他的"感情"。1936 年 4 月，"狄克"又给鲁迅写了一封信。为了表示"最高的轻蔑"，鲁迅没有直接答复，而是在《〈出关〉的"关"》一文中再次揭露，"狄克"之流对"新作家的努力之作"是"群起而打之，唯恐他还有活气，一定要弄到此后一声不响，这才算天下太平，文坛万岁"。鲁迅就这样顺手一击，用论战的方式保卫了生机勃勃而一时还有些荏弱的文艺幼苗。

第三十三章 共产党人的诤友

　　九十多年前，中国革命的航船负荷着历史的重任，从嘉兴南湖的湖面起碇扬帆。一批中国早期的共产主义者屹立船头，高擎着镰刀斧头的战旗，在风暴、险滩、急流中指引着航向。从此，神州夜空升起了明亮的北斗，中国大地燃起了燎原的星火，垂危的东方古国透露了春天的信息……

　　当然，正如人们对任何事物的认识都有一个过程一样，鲁迅对中国共产党的认识也经历了一个过程。在第一次国内革命战争时期，鲁迅虽然与个别共产党人在思想文化战线协同作战，但一度寄希望于反抗北洋军阀黑暗统治的国民党。他的爱人许广平当时是国民党"左派"人士。鲁迅在北京主编过国民党派系的《国民新报》副刊乙刊，在厦门因北伐战争的顺利进行而欢欣鼓舞。鲁迅跟顾颉刚不和，据他说，原因之一就是顾发表了不满于国民党的言论。然而，国民党"右派"发动"清党"之后，鲁迅的政治态度发生了明显变化。究其原因，大约有四点：

一、1927 年的"清党"过程中滥杀无辜的情况相当严重，其手段的残酷也骇人听闻，无怪乎蔡元培先生以发动"清党"始，以反对"滥杀"终。作为一个深刻的人道主义者，鲁迅被这场血的游戏吓得目瞪口呆，以后就站到了被摧残镇压者这一边。

二、国民党政府 20 世纪 30 年代奉行的"攘外必先安内"的政策。自"九一八"事变后，民族危机日益严重并上升为国内的主要矛盾，"团结御侮"的口号深入人心，而"攘外安内"的政策实际上助长了侵略者的气焰，为广大热血青年所不取，促使了包括鲁迅在内的不少爱国主义者、民族主义者"左倾"。

三、20 世纪 30 年代西方世界的普遍萧条和苏联的存在以及社会主义建设的初步成功。鲁迅是一位具有顽强求实精神的思想家，他不轻信盲从一切教条而重事实的教训。他认为"十月革命"颠覆了沙皇俄国农奴制，有利于人权的解放；苏联由农业国转型为工业国，有利于生产力的解放，所以从当时的苏联看到了社会主义的前景。就连主张点滴改良、笃信实验主义的胡适博士，不也认为当时苏联进行的是一场"空前的伟大政治新试验"吗？

四、鲁迅对文艺本质的理解。鲁迅曾经说过，不满是向上的车轮，文艺的神圣使命是成为攻击社会弊端的投枪匕首。1927 年 12 月 21 日，鲁迅发表了题为《文艺与政治的歧途》的讲演，指出政治要维持现状，文艺不满现状；政治想维系现状使它统一，文艺催促社会进化使它渐渐分离，所以文艺跟革命方向一致，和政治则时时在冲突之中。所以鲁迅在 20 世纪 30 年代对成为执政党的国民党所持的批判态度，正是履行他所理解的文艺的社会职责。

　　鲁迅对处于革命低潮中的中国共产党的同情与支持，不仅深刻反映在他后期的全部文学活动中，而且明显地表现在他的政治实践上。1927年底，鲁迅加入了恽代英、张闻天等发起的中国济难会，多次捐款营救遭难的共产党人和革命群众，并从物质上支援浴血苦斗的红色根据地军民。1930年初，鲁迅参加了共产党领导下的政治团体——中国自由大同盟，为反对帝国主义和国民党的独裁政治，争取人民的政治自由而斗争，因而被国民党浙江省党部加上了"堕落文人"的罪名呈请通缉。1933年八九月间，中共中央责成江苏省委秘密筹备世界反帝大同盟远东会议，抗议日本帝国主义鲸吞中国，反对国民党政府对苏区发动第五次军事"围剿"。鲁迅跟其他进步作家联名发表《欢迎反战大会国际代表的宣言》，分别会见远涉重洋来到中国的法国、英国代表，并跟毛泽东、朱德等共同列名于大会名誉主席团主席名单。反帝反战代表大会的召开，像一道闪电，划破了法西斯的乌云；像一支火把，照亮了民族解放运动的大道。在20世纪二三十年代，处于幼年时期的党也一再犯过把马克思主义教条化和把外国经验神圣化的幼稚病。作为一个成熟的思想家，鲁迅在"左"的错误倾向面前保持了自己的原则立场。比如，谈起济难会每次来人都"大讲一通革命高潮"，鲁迅就爽朗地笑起来，在善意的讽刺里流露着深厚的同志爱。有人要求鲁迅发表赞同"左倾"观点的宣言时，他断然加以拒绝。他认为，面对气势汹汹的敌人，要采用散兵战、堑壕战、持久战的战术；如果赤膊上阵，一味冲锋，结果会反遭覆灭。谈到"左联"五烈士在上海东方饭店举行秘密集会时不幸被捕，鲁迅也十分痛惜地说："怎么会这样不留心！做法是还得想一想。"他再三强调："革命要成功，单凭党员英勇，革命者不怕流血牺牲，还是不够的，还要有明确的政纲，正确的策略和领导。"

鲁迅在残酷的斗争中认识了中国共产党，我们党也在严峻的考验中认识了鲁迅。党的早期领导人之一瞿秋白在致鲁迅的一封信中说："我们是这样亲密的人，没有见面的时候就这样亲密的人。"这封信集中地表达了中国共产党人对鲁迅无限信赖和无比亲切的感情。1933 年 2 月的一天，党在上海霞飞路的地下机关被敌人破坏。上海临时中央局的同志为瞿秋白夫妇的安全而担心，但一时又找不到合适的避难处所。这时，瞿秋白当机立断地说："只有一个地方可以去——鲁迅那里。"同年冬天，成仿吾受湖北省委派遣来到上海，为留在鄂皖苏区的红四军余部跟党中央接关系。当时，成仿吾身患重病，原接头地点又因时隔半年，按地下工作规定不能再予使用。在焦虑中，成仿吾忽然看到国民党的报纸骂鲁迅是"准共产党"，顿时觉得有了希望："找鲁迅先生去，他准会帮助的。"1935 年 1 月，方志敏在艰苦转战中不幸被俘。在幽暗狭小的囚室里，他以"头可断志不可夺"的英雄气概，机智镇定地给党中央写了遗言及五万余字的文稿。为了防备敌人突然袭击，信稿遭到破坏，方志敏烈士想到了一个可以信托的同志：鲁迅！方志敏相信，只要设法找人把密信和文稿送给鲁迅，鲁迅一定会妥善转交给党的。1935 年冬，中共北方局跟党中央失去了联系。北平市委指示当时担任北平学联秘书长的姚依林，让他在北平进步学生中物色一个直接或间接认识鲁迅的人。北方局相信，只要托人将接关系的密信送交鲁迅，北方局与党中央的联系就会很快恢复。同一时期，陈毅在江西、广东两省边界一带坚持游击战争。在"饥肠响如鼓""野菜和水煮"的艰苦岁月中，陈毅像挺直的青松，坚定而乐观。但是，跟党失去了联系，却使他像孩子失去亲娘般痛苦。这时，陈毅也想起了"并世不识面"的鲁迅，他写好了一封密信，以挺秀的笔法在信封上写下几行字：

上海北四川路内山书店转交

鲁迅先生启

鲁迅没有辜负这种同志式的信任。在严酷的白色恐怖下，他不避艰险，尽力做着保护、营救共产党人的工作，默默地为党"架桥""接线"。他多次掩护了被敌人追踪的瞿秋白。他帮助因张国焘的分裂活动而陷于困境的红四军余部找到了党中央。他使北方局跟党中央及时取得了联系。他还为党做了许多至今仍然不为人们所知的事情。为了严守党的纪律，他对夫人许广平也从不透露。他虽然不是共产党的组织上的一员，但是党永远也不会忘记：在中国黎明前最黑暗的年代，有一个"党外布尔什维克"鲁迅，曾经在革命行列中奋勇出击……

第三十四章

比黄金更贵重的心灵

　　金钱和声誉，这是自古以来一些人孜孜以求的目标。早在封建时代，就有人把金钱誉为"无翼而飞，无足而走"的"神物"，发出了"世人都晓神仙好，唯有金银忘不了"的咏叹。在金钱成为真正上帝的资本主义社会，那些商品拜物教的虔诚信徒更"像鹿渴求清水一样，他们的灵魂渴求货币这唯一的财富"。为了争名逐利，古往今来上演了多少尔虞我诈、巧取豪夺、铤而走险、出卖灵魂的丑剧！在号称"十里洋场"的上海，有些背上插着"作家"旗号的人，其实是"商人与贼"的混血儿，文学艺术在他们手中变成了猎取名利的"敲门砖"。鲁迅愤慨地说："近十年来，文学家的头衔，已成为名利双收的支票了，好名渔利之徒，就也有些要从这里下手。"

　　1935 年 4 月，正是旧中国文坛的铜臭味越来越浓的时候，鲁迅收到了日本友人增田涉的一封来信。增田涉在信中兴奋地说，他已经把鲁迅的学术专著《中国小说史略》译成日文交"赛棱社"出版了，日文版的《鲁迅选集》也被列为《岩波文库》之一由岩波书店发行。增田涉建议把《中国小说史略》日译本算作他跟鲁迅两人的"合译"。他同时告诉鲁迅，待《鲁迅选集》日文版出版后，书店还将馈赠作者一些礼物。

依照惯例，作家的作品被译成外文，是可以收取报酬的。至于《中国小说史略》的日译本以鲁迅和增田涉合译的名义出版，更是合乎情理的事。增田涉原是东京大学一位专攻中国文学的学生。早在大学时代，他就从讲授中国小说史的老师盐谷温先生那里了解到《中国小说史略》这本著作，知道这本书的作者鲁迅是一位值得尊敬的了不起的专家和学者。1931年3月，增田涉来到上海，经内山书店老板内山完造的介绍结识了鲁迅先生。能够有幸面聆鲁迅的教导，在增田涉看来真是千载难逢的机会。从这年4月中旬至7月17日，鲁迅几乎每天下午都用两三个小时为增田涉讲解《中国小说史略》。在持续三个月的时间里，鲁迅和增田涉总是并坐在书桌边。增田涉先把小说史的原文逐字译成日文念出来，念不好的地方鲁迅随时给以订正。无论字句还是内容有不明白的地方，增田涉都虚心地向鲁迅请教。鲁迅答疑时，对字句方面的解释是简明扼要的；在内容方面则要详细说明，所以相当花费时间。傍晚时分，鲁迅常邀增田涉在家用便饭。他用温和的语调对增田涉说："今天做了一点小菜，我们一起吃晚饭好吗？"这时候，增田涉就好像面对一位对人体贴入微的长辈，从鲁迅那里感受到无边的慈惠。讲完《中国小说史略》，鲁迅还为增田涉讲解了《呐喊》和《彷徨》。这年12月，增田涉学成归国，鲁迅作诗相赠，抒发了依依惜别之情。增田涉归国后，即着手翻译《中国小说史略》和鲁迅的小说。在翻译中，遇到新的疑难，再一一写信询问鲁迅。这样经过两年多的工夫，《中国小说史略》的日译本终于问世了。增田涉在《译者的话》中发自肺腑地说："假如这本译作多少有可取之处的话，这完全是著者恳笃的指教所赐。"由此可见，在厚达五百一十页的《中国小说史略》日译本中，的确每页都凝聚了鲁迅的心血。增田涉要求以他和鲁迅合译的名义出书，是完全可以理解的。

鲁迅读了增田涉的来信，感到十分快慰。这除了因为日译《中国小说史略》译文的精确和装帧的豪华，还因为这本书报了他的一桩"私仇"。早在1926年，现代评论派的"正人君子"对鲁迅进行人身攻击时，就曾诬蔑他的《中国小说史略》是整本地剽窃盐谷温教授的《支那文学概论讲话》的小说部分。现在盐谷温教授的著作有了中译本，鲁迅的著作也有了日译本，两国读者有目共见，他终于卸下了"剽窃"的恶名，并且将"谎狗"的旗子回敬了无端诬人的"正人君子"。岩波版的《鲁迅选集》对他也有特殊的意义。因为这部选集根据他的建议，特别收入了增田涉翻译的《藤野先生》，抒发了他对留日时期的这位恩师的绵绵怀念之情。鲁迅当时不知道藤野先生是否健在，但他希望有朝一日，藤野先生能手持放大镜看到他这篇文章，而后用抑扬顿挫的声音说："啊，周君居然还把我对他的一点点照顾特别感激在心……"

由增田涉信中提出的署名和报酬问题，鲁迅不禁又联想到了中国文坛上一些千奇百怪的腐败状况。当时上海滩上的一些文人，为了求名竟达到了不择手段的地步。他们有的编一本《文艺年鉴》，恬不知耻地进行自我吹捧；有的将他人的文章略加改动，写上自己的名字发表；有的设法办一份小报或期刊，竭力将自己的作品登在显著位置；有的冒他人之名为自己的作品写序，为自己高唱赞歌；甚至还有人编了一部《世界文学家辞典》，将自己和老婆、儿子悉数详细编入。至于那种从军阀手中领津贴，从洋人那里拿赏金，以及"拜侠客做干儿，给富翁当赘婿"的文人，也是屡见不鲜。目睹这些文坛怪象，鲁迅感到身着湿衣似的不舒服。

诚然，鲁迅从小就十分爱护自己的名誉，他也并非拒绝一切金钱。他深深懂得，经济权跟生存权、自由权往往是联系在一起的。人要吃饭，饭需钱买。自由固然并非用金钱所能买来，但能够为钱而卖掉。多年以来，他一直酝酿写一篇题为《穷》的杂文，鲁迅说过这样的话："穷并不是好，要改变一向以为穷是好的观念，因为穷就是弱。又如原始社会的共产主义，是因为穷，那样的共产主义我们不要。仅仅少数人致富固然不好，但每个人都穷也没有什么好。归根结底，以社会为前提，社会就穷不得。"但是，他又深深懂得，金钱本身并不能创造任何价值。尽管人有了物质才能生存，但有了理想才谈得上生活。鲁迅的理想并不是要向他人索取，而是要通过自己的劳动和斗争为社会多做贡献。因此，他不把个人的名誉作为追逐的目标，也不把金钱当作"具有永恒魔力的女神"顶礼膜拜。"随时为大家想想，谋点利益"——这就是他全盘的"人生计划"。他十分厌恶那种"以生命来放阎王债，想收得重大的利息"的人。这种人就像白蚁一样，一路吃过去，而遗留下来的却只是一条排泄的粪迹。早在 1927 年，他就明确反对友人为他进行争取诺贝尔文学奖奖金的活动。为了防止殖民主义者利用诺贝尔文学奖奖金笼络人心，从事文化侵略，他甘愿"照旧的没有名誉而穷之为好"。1929 年，当《阿 Q 正传》的俄译本由列宁格勒的激浪出版社出版时，他又谢绝了俄译者王希礼准备寄来的版税。在国民党御用文人诬蔑中国革命作家为金光灿灿的卢布所收买的时候，他时刻提醒自己保持高度的政治警觉，不给敌人以任何可乘之隙。他还毅然决定，今后无论哪一国翻译他的作品，他都不取版税，只要他的心血能汇入世界进步文化的长河之中，就实现了他的愿望，名义和报酬都是微不足道的。在这种崇高思想的支配下，鲁迅在 4 月 30 日给增田涉写了一封恳切而幽默的回信。他那比黄金更贵重的美好心灵，在信的字里行间熠熠闪光："《小说史略》有出版的机会，总算令人满意。对你的尽力，极为感谢。'合译'没有意思，还是单用你的名字好……再，如得到《选集》版税，请勿给我送任何东西，否则，东西一多，搬家大不方便。"

第三十五章 壮烈的冲刺

　　由于环境的艰苦，论战的频繁，明明暗暗的敌人迫害，从1935 年开始，鲁迅的健康情况日趋恶化。但是，疾病并没有征服他的钢铁意志。每当病后休养，鲁迅总是想到体力恢复之后应该动手做的事情：作什么文章，翻译或印行什么书。想完之后，就决定道：就这样罢——但要赶快做！他知道，在中国要做的事很多，正需要肯做苦工的人。他愿把紧握的毛笔化为一支巨大的焊枪，喷射出全部的光和热；他愿把自己的每一分钟都作为无私的赠礼，敬献给哺育了他而又受他哺育的中国民众……

　　1935 年 12 月 26 日，鲁迅编定了小说集《故事新编》并作序言。29 日，他将 1934 年所写的六十一篇杂文编为《花边文学》并且作了序言。30 日，他将 1934 年发表的其他三十六篇杂文编为《且介亭杂文》，并且作了序言和附记。31 日，除夕之夜，他将 1935 年发表的四十八篇杂文编为《且介亭杂文二集》，并且作了序言和后记。在《后记》中，他满怀欣慰之情地总结道：
"今天我自己查勘了一下，我从在《新青年》上写《随感录》起，
到写这集子里最末一篇止，共历十八年，单是杂感，约有八十万
字。后九年中的所写，比前九年多两倍；而这后九年中，近三年
所写的字数，等于前六年……"在这篇后记的结尾，鲁迅标明了
写讫的时间："1935 年 12 月 31 日夜半至 1 月 1 日晨。"鲁迅
就是以这种生命不息、冲锋不止的精神状态，迎来了他生命中的
最后一个春天。

1936 年 4 月下旬，鲁迅会见了受中共中央派遣由陕北来到
上海的冯雪峰。看到经过长征考验的冯雪峰从外表到内里都成了
铁打似的一块，鲁迅高兴极了。冯雪峰向鲁迅传达了党中央关于
建立抗日民族统一战线的新政策。鲁迅认真地听着，胸中洋溢着
胜利的豪情，脸上流露出神往于美好事物时的微笑。他一只手横
在胸前，托着另一只夹着香烟的手肘，用平缓而充满自信的声音
说："我想，为了民族和社会，我做一个小兵还是胜任的，用笔！"
这时候，鲁迅的身姿很像一座壮美的塑像，他的思想升华到了崇
高的境界。

5 月中旬，鲁迅病情继续恶化。5 月 31 日，史沫特莱特意邀
请了当时在上海的美国著名肺科专家邓医生为鲁迅看病，茅盾担
任翻译。经过诊断，邓医生虽然称赞鲁迅为最能抵抗疾病的典型
的中国人，然而同时又宣布他病情严重，恐怕过不了年；并且
说，倘是欧洲人，则在五年前就会死掉了。邓医生建议鲁迅找一
家设备好的外国医院进行全面检查，鲁迅谢绝了。他想，邓医生
的医学是从欧洲学来的，一定没有学过给死了五年的病人开方的

法子。他还对友人说："与其不工作多活几年，倒不如赶快工作少活几年的好……"

1936 年 6 月，"左翼"文艺阵营内部发生了"两个口号论争"。这是使临终前的鲁迅情绪十分愤慨、心情格外苦痛的一场论争。这场论争虽然是由建立新的更为广泛的抗日民族统一战线引发的，但实际上与鲁迅跟"左联"某些领导人长期存在的隔膜和分歧密不可分。比如 1932 年鲁迅批评周扬主编的《文学月报》上刊登文风不正的诗歌，被某些"战友"视为"落入了'右倾'机会主义的陷阱"。1934 年，又先后发生了廖沫沙挖苦鲁迅杂文是"花边文学"和田汉指责鲁迅跟叛徒杨村人"调和"的事件。事实上，周扬率先提出的"国防文学"口号和鲁迅嗣后提出的"民族革命战争的大众文学"口号，都是文学战线抗日救亡的口号，但"国防文学"的倡导者在对这一口号进行阐释的过程中有"左"的（如排斥非国防题材的作品）或"右"的（如忽视统一战线内部的斗争与相互批评）错误，而鲁迅对新口号的解释则更明确、更深刻、更有内容，既坚持了无产阶级的领导责任，又抵制了以创作题材划分政治战线的关门主义倾向。他赋予新口号的含义是：一、文艺家在抗日问题上的联合是无条件的；二、但在文学问题上仍可以互相批评；三、在文艺界的统一战线中，绝非革命文学要放弃它的阶级的领导责任，而是要将它的责任更加重、更放大。但论争中夹杂了人事纠葛与意气成分，以致影响了团结，分散了力量，这在鲁迅 1936 年 7 月 17 日致瞿秋白夫人杨之华的信中得到了集中反映。信中写道："今年得了两场大病。第一场不过半个月就医好了，第二场到今天十足两个月，还在发

热，据医生说，月底可以退尽。其间有一时期，真是几乎要死掉
了，然而终于不死，殊为可惜。当病发时，新英雄们正要用伟大
的旗子，杀我祭旗，然而没有办妥，愈令我看穿了许多人的本相。
本月底或下月初起，我想离开上海两三个月，作转地疗养，在这
里，真要逼死人。"信中所说的"新英雄们"，指的就是一部分
年轻的"国防文学"倡导者。他们指责鲁迅"不理解基本政策""破
坏统一战线和文艺家协会"，使鲁迅"心绪很恶劣，连写信讲讲
的勇气也没有了"。

然而鲁迅并没有把中国共产党的成员看作铁板一块，更没有
因为革命征途中出现的坎坷曲折而动摇对革命前途的坚定信念。
就是在这种"几乎死掉了"的情况下，他仍然抱病编辑出版瞿秋
白的译文集《海上述林》。瞿秋白除了译文还有创作，译文中译
名有时前后没有统一，也有误译之处。这些存留的问题，鲁迅都
留待将来"中国的公谟学院来办"（1936 年 10 月 15 日致曹白
的信）。"公谟"，是 Communism 的音译，即共产主义。"公
谟学院"即共产主义学院，指革命政权建立的权威学术机构。这
也表明，直到临终前，鲁迅仍坚信黎明前的黑暗必将逝去，风雨
后的彩虹必将绚丽地出现在天际。

然而，当时中共中央的主要负责同志对鲁迅是理解、信任、
敬重的。1936 年 7 月 6 日，张闻天、周恩来以"洛恩"（洛甫、
恩来）的联合署名给冯雪峰致函，要他转达对鲁迅的问候。信中
说："你老师（指鲁迅）送的东西（指火腿）虽是因为交通的关
系尚未收到，但我们大家都很感激。他们（指鲁迅、茅盾）为抗
日救国的努力，我们都很钦佩。希望你转致我们的敬意，对于你

老师的任何怀疑，我们都是不相信的。请他也不要为一些轻薄的议论而发气。"信中还尖锐地指出："关门主义在目前确是一种罪恶，常常演着同内奸同样的作用。但这些人同内奸是不同的，解决的方法也完全不同。"这封信不仅对当时党内的反倾向斗争做出了及时而正确的指导，而且径直地对晚年的鲁迅表达了感激、钦佩与关切之情，具有重要的历史文献价值。

9月30日，鲁迅跟他"十年携手共艰危"的爱侣许广平及爱子海婴度过了最后一个中秋佳节。"每逢佳节倍思亲"，鲁迅深深缅怀着在罗汉岭前从容就义的瞿秋白。他发着低烧，仍坚持校完了瞿秋白的译文集《海上述林》的下卷，以此作为对战友无言的纪念。不久，装帧精美的《海上述林》上卷印成了，接受冯雪峰的建议，鲁迅亲自选出一本皮脊的送给毛泽东，另一本蓝绒面的送给周恩来。后来这两本书通过内部交通经由西安送到了延安。

10月8日，鲁迅抱病前往上海八仙桥青年会参观"第二次全国木刻联合流动展览"，对他辛勤浇灌的革命美术园圃作了最后一次巡礼。16日，他撰写了一篇未完成的杂文——《因太炎先生而想起的二三事》。18日凌晨，他病情急剧逆转，给内山完造写的一张延医就诊的便条，成了他的绝笔。19日凌晨五时二十五分，一颗美丽的长庚星陨落在天际。经历了一生酣战的鲁迅没有来得及看到天明，就永远合上了双眼，似乎是在战壕中作短暂的、静谧的休息……

第三十六章

伟大的民众祭

星陨山颓，万众同悲。鲁迅去世的噩耗像一个巨大的铁锤，沉重地敲击在人们的心头。10月19日清晨，小海婴刚从睡梦中醒来，保姆就向他报告了父亲的死讯。海婴没有思索，立即奔向父亲的卧室。他看到，母亲正垂泪伫立在父亲的灵床前，而父亲已不能再亲昵地叫他"小红象"，不能再用那粗硬的胡须来扎他细嫩的双颊了……

鲁迅安详地躺在卧室的床上。他额上的皱纹，是历史的大波浪留下的印痕；浓黑的双眉，好像勇士破敌的利剑。爱和恨的线条，交织在他刚毅的眼角。他面孔清癯，颧骨高耸，两颊下陷，黑发中夹着缕缕银丝，显示着他坚忍倔强的个性和鞠躬尽瘁的品德。床边，是鲁迅打腹稿时常坐的破旧藤躺椅。靠门的旧式红漆木桌上，整齐地堆放着鲁迅的参考书，以及未完成的文稿；两支"金不换"毛笔挺立在笔插里。鲁迅正是用这种价廉物美的绍兴土产毛笔，绵绵不断地写下了约七百万字的译文和著作，好像春蚕在悄然无声地吐丝做茧，直至耗尽最后的一丝精力；好像耕牛紧拽着犁杖，在莽原上不知疲惫地耕耘……那衣橱中，依然挂着鲁迅最后出门时所穿的一件破旧的黑哔叽长袍。鲁迅生前，"囚首垢面而读诗书"，从不注意自己的穿着。直至最后一年，因身体瘦弱，不堪重压，才特地做了一件丝绵的棕色湖绉长袍，不料这竟成了他临终穿在身上的寿衣……

闻讯赶来吊唁的人渐渐增多，还有前来拍摄遗体照和录制电影的。人们都屏息沉默着，泪水扑簌簌地夺眶而出。突然，楼梯咚咚地震响起来，一个彪形大汉狮子似的扑向灵床，石破天惊地号啕大哭。他的帽子掉在床上，沿着鲁迅的身体急速滚动，一直滚到床边。这位悲痛呼号的吊客就是萧军，鲁迅支持的"奴隶社"的成员。如今，中国文艺战线"起义奴隶"的首领溘然长逝了，他以"奴隶之爱"哺育过的"小奴隶"怎能不悲痛欲绝呢？这时候，画家力群和曹白为先生遗容画了速写，日本牙医奥田杏花又用石膏浆为先生翻了面模，这些都为后世留下了珍贵的纪念。

据冯雪峰在 1962 年 2 月 10 日致上海鲁迅纪念馆的复信中回忆，鲁迅去世当天凌晨，他根据党的指示跟宋庆龄、蔡元培、沈钧儒、许广平共同商议之后，发布了治丧委员会名单。据 20 日上海《日日新闻》中文版报道："葬仪委员已决定为宋庆龄、蔡元培、毛泽东、斯梅达列（即史沫特莱）夫人、内山完造、沈钧儒、茅盾、萧参（即萧三）等八氏，其中列有中国共产党巨人毛泽东氏之名，极堪注意。"

奔腾泪浪滔滔涌，吊唁人潮滚滚来。鲁迅的去世，像一座巨大的天平，一端是留赠后人的无法估量的精神财富，另一端是亿万人民难以计量的无尽哀思。19日下午三时，鲁迅遗体被移至上海胶州路万国殡仪馆。殡仪馆门前悬挂着"鲁迅先生丧仪"的大字横幅。20日上午至22日上午，上海一百五十六个团体近万名群众络绎不绝地前来瞻仰鲁迅的遗容。灵堂布置得庄严、肃穆而简朴。鲁迅的遗体被安置在一张像沙发式样的灵床上。人们佩着白花，戴着黑纱，十人一批依次进入灵堂，静悄悄地环绕着灵床，移动着沉重的步子，拭着眼泪，向这位民族与民主的斗士致敬。悼唁人群中有作家、教授、学者，也有粗布短衫的工人。上海工人救国会在挽联上写着"民族之光"。上海丝厂工人在挽联上写着"我们的朋友"。身背书包的小朋友在鲁迅灵前失声痛哭，他们耳边响彻着鲁迅"救救孩子"的急切的呼声。有的学生红着眼圈央求工作人员："让我再看一眼。这是初次见面，也是最后诀别……"这感人肺腑的场面，就是人民的选择，大众的悲哀，历史的评价！

10月22日下午二时，在悲壮肃穆的气氛中人们为鲁迅举行了出殡仪式。送葬行列的前头，是一幅"鲁迅先生丧仪"的白布横额，紧跟着的是挽联队、花圈队、挽歌队、画家司徒乔赶绘的大幅鲁迅遗像，画像上的鲁迅巨人似的用刚毅不屈的眼光望着人们。后面是安放着鲁迅灵柩的灵车。灵车后面是家属车，夫人许广平默默地流着泪，捧着奉献给鲁迅的《献词》："鲁迅夫子，悲哀的氛围笼罩了一切，我们对你的死，有什么话说！你曾对我说'我好像一只牛，吃的是草，挤的是牛奶，血'。你'不晓得，什么是休息，什么是娱乐'。工作，工作！死的前一日还在执笔。

如今……希望我们大众，锲而不舍，跟着你的足迹！——许广平敬献。"再后面是执绋者，其中有蔡元培、宋庆龄、沈钧儒、郁达夫、郑振铎、夏丏尊、叶圣陶、许钦文等数十人。再后面是徒步送殡者、乘车送殡者，其中有老年人、小学生，还有不少外国作家、记者。送殡者用《打回老家去》的曲调唱着悲壮的《悼歌》："哀悼鲁迅先生！哀悼鲁迅先生！他反对帝国主义！他反对黑暗势力！他是我们民族的灵魂，他是新时代的号声，唤起大众来争生存……"队伍经过租界路面时，巡捕房竟派出了一批批穿着黑皮靴的西洋巡捕和裹着花条纹头巾的印度巡捕。他们骑着大马，手执长矛，在殡仪队伍四周巡查监视。人们的民族自尊心受到了极大的侮辱。队伍走到哥伦比亚路和虹桥路时，千万人终于火山爆发般地喊出了震天的口号："鲁迅先生不死，中华民族永生！"

　　下午四时半左右，队伍来到了虹桥万国公墓。公墓门上，挂着"丧我导师"的横联。当澎湃的人潮涌来时，宽阔的公墓大门顿时显得窄小低矮起来。在鲁迅墓前，蔡元培、沈钧儒、宋庆龄、内山完造、章乃器、邹韬奋等人先后发表了安葬演说；萧军代表"治丧办事处"同人及《译文》《作家》《中流》《文季》四个杂志社的同人作了简短致辞。宋庆龄说，现在鲁迅先生死了，可是鲁迅先生的革命工作尚未完成，我们要继承鲁迅先生的精神，必须打倒帝国主义，消灭一切汉奸，完成中华民族的解放事业。接着，胡愈之朗读了哀辞，然后在凄绝的哀乐、哀歌声和嘤嘤的啜泣声中，上海民众代表王造时、沈钧儒、章乃器、李公朴将一幅长二百零二厘米，宽一百零三厘米的白地黑字锦旗覆盖在鲁迅的灵柩上，旗上由沈钧儒题写了三个大字"民族

魂"。六时许，在苍茫的暮色中，鲁迅的楠木灵柩由巴金、胡风、黄源、欧阳山、萧军、张天翼、陈白尘、靳以、吴朗西、萧乾、聂绀弩、周文、曹白、黎烈文、孟十还等人扶着冉冉垂落进墓穴。为祖国奋战了一生的鲁迅，如今又回到了祖国的泥土里。这时，悲哀与热忱交织着的人群又喊出了"鲁迅先生万岁！""中华民族万岁！""弱小民族解放万岁！"的口号。葬仪结束时，一弯愁惨的上弦月升上了天空，将银光倾泻在墓地的黄杨和梧桐树叶上。墓地上空似乎还在回荡着动人的哀歌，缅怀民众赞颂着的民族之魂——鲁迅：

　　　　你的笔尖是尖枪，

　　　　刺透了旧中国底脸；

　　　　你的声音是晨钟，

　　　　唤醒了奴隶们底迷梦。

　　　　在民族解放的斗争里，

　　　　你从不曾退却，

　　　　擎着光芒的大旗，

　　　　走在新中国的前头。

　　　　呵，导师！

　　　　呵，同志！

　　　　你死了，

　　　　在艰苦的战地；

　　　　你没有死去，

　　　　你活在我们心里。

······

我们会踏着你的路，

那一天就要到来，

我们站在你底墓前，

报告你我们完成了你底志愿。

献给民族魂／田间

大字献陈仪先生。

为鲁迅葬礼上，送之群众以"民族魂"三个

纪念鲁迅逝世一百周年。一九三五年，

献给民族魂

一

生有革命骨，

不作他人奴；

风中雨中你自笑，

笑迎窗外将新曙。

挥起那神斧，

砍开生之路；

光明啊有如海燕，

暴风雨中正飞逐。

二

窗外镣铐响，

又见屠刀扑；

捧起血珠向天掷，

多少冤魂已难数。

为了自由之故，

欲泣已无泪珠；

刀山伸来仇者手，

血海埋有亲者墓。

三

甘当孺子牛，

冷对千夫指；

那时的中国血海，

暴雷古树也发怒。
巍然民族魂，
站立在高处；
中国你往何处去，
北方已有红星出。

四

我的民族之魂，
高高昂起头颅；
滔滔热血火之种，
升起一支支火柱。
红军在汇合，
铁流在集聚；
取出林中的响箭，
射杀吃人的暴徒。

五

你的生——控诉，
你的死——血书；
泪声已经变刀声，
揭开旧中国一幕。
求生者的腾沸，
烈火熊熊奔赴；
我看见你那光柱，

星花啊满天飞舞。

六

当你长眠时，
难闭的双目；
面对千百万骨肉，
灼灼光柱照千古。
祥林嫂的门槛，
终于已呈新绿；
神圣嘱咐我不负，
奏响我的号与鼓。

七

历史红色闸门，
长起丛丛花树；
民族魂不朽之声，
仍响在我的肺腑。
阿Q的村铺，
已是新国土；
毋忘多少艰险处，
奔啊奔啊向前去！

一九八一年稿

鲁迅先生年谱 / 许寿裳

凡例

一、先生自民国元年五月抵京之日始，即写日记，从无间断，凡天气之变化如阴、晴、风、雨，人事之交际如友朋过从、信札往来、书籍购入，均详载无遗，他日付印，足供参考。故年谱之编，力求简短，仅举荦荦大端而已。

二、先生著作既多，译文亦富，另有著译书目，按年排比，故本谱于此二项，仅记大略，未及详焉。

三、先生著译之外，复勤于纂辑古书，抄录古碑，书写均极精美，谱中亦不备举。

四、先生工作，毕生不倦，如编辑各种刊物，以及为人校订稿件之类，必忠必信，贡献亦多，谱中亦从略不述。

五、本谱材料，有奉询于先生母太夫人者，亦有得于夫人许广平及弟作人建人者，合并声明。

民国前三十一年（清光绪七年辛巳，西历 1881 年）先生一岁

八月初三，生于浙江绍兴城内东昌坊口，姓周，名树人，字豫才，小名樟寿，至三十八岁，始用鲁迅为笔名。

前二十六年（十二年丙戌，1886 年）六岁

是年入塾，从叔祖玉田先生初诵《鉴略》。

前二十四年（十四年戊子，1888 年）八岁

十一月，以妹端生十月即夭，当其病笃时，先生在屋隅暗泣，母太夫人询其何故，答曰："为妹妹啦。"

是岁一日，本家长辈相聚推牌九，父伯宜公亦与焉。先生在旁默视，从伯慰农先生因询之曰："汝愿何人得赢？"先生立即对曰："愿大家均赢。"其五六岁时，宗党皆呼之曰"胡羊尾巴"，誉其小而灵活也。

前二十年（十八年壬辰，1892 年）十二岁

正月，往三味书屋从寿镜吾先生怀鉴读。在塾中，喜乘间描画，并搜集图画，而对于《二十四孝图》之《老莱娱亲》《郭巨埋儿》独生反感。

先生外家为安桥头鲁姓，聚族而居，幼时常随母太夫人前往，得在乡村与大自然相接触，影响甚大。《社戏》中所描写者，皆安桥头一带之景色，时正十一二岁也。外家后迁皇甫庄、小皋步等处。

十二月三十日，曾祖母戴太君卒，年七十九。

前十九年（十九年癸巳，1893 年）十三岁

三月，祖父介孚公丁忧，自北京归。

秋，介孚公因事下狱，父伯宜公又抱重病，家产中落，出入于质铺及药店者累年。

前十六年（二十二年丙申，1896 年）十六岁

九月初六，父伯宜公卒，年三十七。

父卒后，家境益艰。

前十四年（二十四年戊戌，1898 年）十八岁

闰三月，往南京考入江南水师学堂。

前十三年（二十五年己亥，1899 年）十九岁

正月，改入江南陆师学堂附设矿路学堂，对于功课并不温习，而每逢考试辄列前茅。

课余辄读译本新书，尤好小说，时或外出骑马。

前十一年（二十七年辛丑，1901 年）二十一岁

十二月，矿路学堂毕业。

前十年（二十八年壬寅，1902 年）二十二岁

二月，由江南督练公所派赴日本留学，入东京弘文学院。

课余喜读哲学与文艺之书，尤注意于人性及国民性问题。

前九年（二十九年癸卯，1903 年）二十三岁

是年为《浙江潮》杂志撰文。

秋，译《月界旅行》毕。

前八年（三十年甲辰，1904 年）二十四岁

六月初一，祖父介孚公卒，年六十八。

八月，往仙台入医学专门学校。

前六年（三十二年丙午，1906 年）二十六岁

六月回家，与山阴朱女士结婚。同月复赴日本，在东京研究
文艺，中止学医。

前五年（三十三年丁未，1907 年）二十七岁

是年夏，拟创办文艺杂志，名曰《新生》，以费绌未印，后
为《河南》杂志撰文。

前四年（三十四年戊申，1908 年）二十八岁

是年从章太炎先生炳麟学，为"光复会"会员，并与二弟作
人译域外小说。

前三年（宣统元年己酉，1909 年）二十九岁

是年辑印《域外小说集》二册。

六月归国，任浙江两级师范学堂生理学和化学教员。

前二年（二年庚戌，1910 年）三十岁

四月初五，祖母蒋太君卒，年六十九。

八月，任绍兴中学堂教员兼监学。

前一年（三年辛亥，1911 年）三十一岁

九月，绍兴光复，任绍兴师范学校校长。

冬，写成第一篇试作小说《怀旧》，阅二年始发表于《小说月报》第四卷第一号。

民国元年（1912 年）三十二岁

一月一日，临时政府成立于南京，膺教育总长蔡元培之招，任教育部部员。

五月，航海抵北京，住宣武门外南半截胡同绍兴会馆藤花馆，任教育部社会教育司第一科科长。

八月，被任命为教育部佥事。

是月，公余纂辑《谢承后汉书》。

二年（1913 年）三十三岁

六月，请假由津浦路回家省亲，八月由海道返京。

十月，公余校《嵇康集》。

三年（1914 年）三十四岁

是年公余研究佛经。

四年（1915 年）三十五岁

一月，辑成《会稽郡故书杂集》一册，用二弟作人名印行。同月刻《百喻经》成。

是年公余喜搜集并研究金石拓本。

五年（1916 年）三十六岁

五月，移居会馆补树书屋。

十二月，请假由津浦路归省。

是年仍搜集研究造像及墓志拓本。

六年（1917 年）三十七岁

一月初，返北京。

七月初，因张勋复辟乱作，愤而离职，同月乱平即返部。

是年仍搜集研究拓本。

七年（1918 年）三十八岁

自四月开始创作以后，源源不绝，其第一篇小说《狂人日记》，以鲁迅为笔名，载在《新青年》第四卷第五号，抨击家族制度与礼教之弊害，实为文学革命、思想革命之急先锋。

是年仍搜罗研究拓本。

八年（1919 年）三十九岁

一月，发表关于爱情之意见，题曰《随感录四十》，载在《新青年》第六卷第一号，后收入杂感集《热风》。

八月，买公用库八道湾屋成，十一月修缮之事略备，与二弟作人俱移入。

十月，发表关于改革家庭与解放子女之意见，题曰《我们现在怎样做父亲》，载《新青年》第六卷第六号，后收入论文集《坟》。

十二月，请假经津浦路归省，奉母偕三弟建人来京。

是年仍搜罗研究拓本。

九年（1920年）四十岁

一月，译成日本武者小路实笃著戏曲《一个青年的梦》。

十月，译成俄国阿尔志跋绥夫著小说《工人绥惠略夫》。

是年秋季起，兼任北京大学及北京高等师范学校讲师。

是年仍研究金石拓本。

十年（1921年）四十一岁

二、三两月，又校《嵇康集》。

仍兼任北京大学、北京高等师范学校讲师。

十一年（1922年）四十二岁

二月、八月，又校《嵇康集》。

五月，译成俄国爱罗先珂著童话剧《桃色的云》。

仍兼任北京大学、北京高等师范学校讲师。

十二年（1923年）四十三岁

八月，迁居砖塔胡同六十一号。

九月，小说第一集《呐喊》印成。

十二月，买阜成门内西三条胡同二十一号屋。同月《中国小说史略》上卷印成。

是年秋起，兼任北京大学、北京师范大学、北京女子高等师范学校及世界语专门学校讲师。

十三年（1924 年）四十四岁

五月，移居西三条胡同新屋。

六月，《中国小说史略》下卷印成。

同月又校《嵇康集》，并撰校正《嵇康集》序。

七月，往西安讲演，八月返京。

十月，译成日本厨川白村著论文《苦闷的象征》。

仍兼任北京大学、北京师范大学、北京女子高等师范学校及世界语专门学校讲师。

是年冬起，为《语丝》周刊撰文。

十四年（1925 年）四十五岁

八月，因教育总长章士钊非法解散北京女子师范大学，先生与多数教职员有校务维持会之组织，被章士钊违法免职。

十一月，杂感第一集《热风》印成。

十二月，译成日本厨川白村著《出了象牙之塔》。

是年仍为《语丝》撰文，并编辑《国民新报》副刊及《莽原》杂志。

是年秋起，兼任北京大学、北京女子师范大学、中国大学讲师、黎明中学教员。

十五年（1926 年）四十六岁

一月，女子师范大学恢复，新校长易培基就职，先生始卸却职责。

同月教育部金事恢复，到部任事。

三月，"三一八"惨杀案后，避难入山本医院、德国医院、法国医院等，至五月始回寓。

七月起，逐日往中央公园，与齐宗颐同译《小约翰》。

八月底，离北京向厦门，任厦门大学文科教授。

九月，《彷徨》印成。

十二月，因不满于学校，辞职。

十六年（1927 年）四十七岁

一月，至广州，任中山大学文学系主任兼教务主任。

二月，往香港演说，题为《无声的中国》，次日演题《老调子已经唱完》。

三月，黄花节，往岭南大学讲演。同日移居白云楼。

四月，至黄埔政治学校讲演。

同月十五日，赴中山大学各主任紧急会议，营救被捕学生，无效，辞职。

七月，演讲于知用中学及市教育局主持之"学术讲演会"，题目为《读书杂谈》《魏晋风度及文章与药及酒之关系》。

八月，开始编纂《唐宋传奇集》。

十月，抵上海。八日，移寓景云里二十三号，与番禺许广平女士同居。同月《野草》印成。

沪上学界，闻先生至，纷纷请往讲演，如劳动大学、立达学园、复旦大学、暨南大学、大夏大学、中华大学、光华大学等。

十二月，膺大学院院长蔡元培之聘，任特约著作员。

同月《唐宋传奇集》上册出版。

十七年（1928年）四十八岁

二月，《小约翰》印成。

同月为《北新》半月刊译《近代美术史潮论》及《语丝》编辑。

《唐宋传奇集》下册印成。

五月，往江湾实验中学讲演，题曰《老而不死论》。

六月，《思想山水人物》译本出。《奔流》创刊号出版。

十一月，短评《而已集》印成。

十八年（1929年）四十九岁

一月，与王方仁、崔真吾、柔石等合资印刷文艺书籍及木刻《艺苑朝花》，简称朝花社。

五月，《壁下译丛》印成。

同月十三，北上省亲。并应燕京大学、北京大学、第二师范学院、第一师范学院等校讲演。

六月五日，回抵沪上。

同月普列汉诺夫作《艺术论》译成出版。

九月二十七日晨，生一男。

十月一日，名孩子曰海婴。

同月为柔石校订中篇小说《二月》。

同月卢那卡尔斯基作《文艺与批评》译本印成。

十二月，往暨南大学讲演。

十九年（1930 年）五十岁

一月，朝花社告终。

同月与友人合编《萌芽》月刊出版。开始译《毁灭》。

二月，"自由大同盟"开成立会。

三月二日，参加"左翼作家联盟"成立会。

此时浙江省党部呈请通缉"反动文人鲁迅"。

"自由大同盟"被严压，先生离寓避难。

同时牙齿肿痛，全行拔去，易以义齿。

四月，回寓。与神州国光社订约编译《现代文艺丛书》。

五月十二日，迁入北四川路楼寓。

八月，往"夏期文艺讲习会"讲演。

同月译雅各武莱夫长篇小说《十月》讫。

九月，为贺非校订《静静的顿河》毕，过劳发热。

同月十七日，在荷兰西菜室，赴数友发起之先生五十岁纪念会。十月四、五两日，与内山完造同开"版画展览会"于北四川路"购买组合"第一店楼上。

同月译《药用植物》讫。

十一月，修正《中国小说史略》。

二十年（1931年）五十一岁

一月二十日，柔石被逮，先生离寓避难。

二月，梅斐尔德《士敏土之图》印成。

同月二十八日回旧寓。

三月，先生主持"左联"机关杂志《前哨》出版。

四月，往同文书院讲演，题为《流氓与文学》。

六月，往日人"妇女之友会"讲演。

七月，为增田涉讲解《中国小说史略》全部毕。

同月往"社会科学研究会"演讲《上海文艺之一瞥》。

八月十七日，请内山嘉吉君教学生木刻术，先生亲为翻译，至二十二日毕。二十四日，为一八艺社木刻部讲演。

十一月，校《嵇康集》以涵芬楼影印宋本。

同月《毁灭》制本成。

十二月，与友人合编《十字街头》旬刊出版。

二十一年（1932年）五十二岁

一月二十九日，遇战事，在火线中。次日避居内山书店。

二月六日，由内山店友护送至英租界内山支店暂避。

四月，编1928及1929年短评，名曰《三闲集》；编1930至1931年杂文，名曰《二心集》。

五月，自录译著书目。

九月，编译新俄小说家二十人集上册讫，名曰《竖琴》；编下册讫，名曰《一天的工作》。

十月，排比《两地书》。

十一月九日，因母病赴平。

同月二十二日起，在北京大学、辅仁大学、北平大学女子文理学院、北京师范大学、中国大学等校讲演。

二十二年（1933年）五十三岁

一月四日，蔡元培函邀加入"民权保障同盟会"，被举为执行委员。

二月十七日，蔡元培函邀赴宋庆龄宅，欢迎萧伯纳。

三月，《鲁迅自选集》出版于天马书店。

同月二十七日，移书籍于狄思威路，租屋存放。

四月十一日，迁居大陆新村九号。

五月十三日，至德国领事馆为"法西斯蒂"暴行递抗议书。

六月二十日，杨铨被刺，往万国殡仪馆送殓。时有先生亦将不免之说，或阻其行，先生不顾，出不带门匙，以示决绝。

七月，《文学》月刊出版，先生为同人之一。

十月，先生编序之《一个人的受难》木刻连环图印成。

同月"木刻展览会"假千爱里开会。

又短评集《伪自由书》印成。

二十三年（1934年）五十四岁

一月，《北平笺谱》出版。

三月，校杂文《南腔北调集》，同月印成。

五月，先生编序之木刻《引玉集》出版。

八月，编《译文》创刊号。同月二十三日，因熟识者被逮，离寓避难。

十月，《木刻纪程》印成。

十二月十四夜，脊肉作痛，盗汗。病后大瘦，义齿与齿龈不合。

同月短评集《准风月谈》出版。

二十四年（1935 年）五十五岁

一月，译苏联班台莱夫童话《表》毕。

二月，开始译果戈理《死魂灵》。

四月，《十竹斋笺谱》第一册印成。

六月，编选《新文学大系·小说二集》并作导言毕，印成。

九月，高尔基作《俄罗斯的童话》译本印成。

十月，编瞿秋白遗著《海上述林》上卷。

十一月，续写《故事新编》。

十二月，整理《死魂灵百图》木刻本，并作序。

二十五年（1936 年）五十六岁

一月，肩及肋均大痛。

同月二十日与友协办之《海燕》半月刊出版。

又校《故事新编》毕，即出书。

二月，开始续译《死魂灵》第二部。

三月二日下午，骤患气喘。

四月七日，往良友公司，为之选定《苏联版画》。

同月编《海上述林》下卷。

五月十五日再起病，医云胃疾，自后发热未愈，三十一日，史沫特莱女士引美国邓医生来诊断，病甚危。

六月，从委顿中渐愈，稍能坐立诵读，可略作数十字。

同月病中答访问者 O.V. 《论现在我们的文学运动》。

又《花边文学》印成。

七月，先生编印之《凯绥·珂勒惠支版画选集》出版。

八月，痰中见血。

为《中流》创刊号作小文。

十月，称体重八十八磅，较八月一日增约二磅。

契诃夫作《坏孩子和别的奇闻》译本印成。

能偶出看电影及访友小坐。

同月八日，往青年会观第二回"全国木刻流动展览会"。

十七日，出访鹿地亘及内山完造。

十八日未明前疾作，气喘不止，延至十九日上午五时二十五分逝世。

注：以上月份、日期均系阴历，录自《鲁迅先生纪念集》，文化生活出版社 1937 年 10 月印行。

新版后记

在鲁迅研究界，我自认为是一个寂寞的人，单打独奏，形影相吊。我出的书虽然数量多，但很少畅销——只有这本《民族魂》属于特例。

早在四十二年前，这本书的很多章节已在《中国青年报》连载；若干年后又在《解放日报》连载。1983 年，经过扩写，这些文字集结成书，由浙江文艺出版社初版，沈钧儒先生之女沈谱在封面题字下钤盖了她父亲的印章，被闻一多誉为"时代的鼓手"的诗人田间为本书题写了序诗。后来根据不同出版社的需求，这本书陆续再版了五次，不过每次都有不同程度的修订，情况也都在不同版本的后记中作了说明。

此次修订的重要部分是增加了有关瞿秋白和冯雪峰的文字。瞿秋白被鲁迅视为人生知己，冯雪峰是研究鲁迅的"通人"。补充他们跟鲁迅交往的内容，使这本书的质量又上了一层台阶。细心的读者会发现，鲁迅留日时期的叙述也增添了不少新的资料。全书文字经宋娜博士审校，她是我的学生，也是我的合作者，现任文化发展出版社社长兼总编。她在百忙之中替我打工，我自然是感谢并引以为荣的。

陈漱渝

2023 年 4 月 4 日夜